"老艺术家口述历史"丛书

上海音像资料馆　组编
丛书总主编　乐建强　沈小榆
丛书执行主编　李丹青

我的木偶戏生涯

陈娅　主编

上海大学出版社

图书在版编目（CIP）数据

我的木偶戏生涯 / 陈娅主编. —上海：上海大学出版社，2020.8
（老艺术家口述历史 / 乐建强，沈小榆总主编）
ISBN 978-7-5671-3905-3

Ⅰ.①我… Ⅱ.①陈… Ⅲ.①木偶剧-戏曲家-访问记-中国-现代 Ⅳ.①K825.78

中国版本图书馆 CIP 数据核字（2020）第 111831 号

本书由上海文化发展基金会图书出版专项基金、上大社·锦珂优秀图书出版基金资助出版

责任编辑　陈　强
助理编辑　祝艺菲
封面设计　柯国富
技术编辑　金　鑫　钱宇珅

"老艺术家口述历史"丛书
我的木偶戏生涯
上海音像资料馆　组编
陈　娅　主编
上海大学出版社出版发行
（上海市上大路99号　邮政编码200444）
（http://www.shupress.cn　发行热线 021-66135112）
出版人　戴骏豪

*

南京展望文化发展有限公司排版
江阴金马印刷有限公司印刷　各地新华书店经销
开本710mm×1000mm　1/16　印张24.75　字数320千
2020年8月第1版　2020年8月第1次印刷
ISBN 978-7-5671-3905-3/K·217　定价 69.00元

版权所有　侵权必究
如发现本书有印装质量问题请与印刷厂质量科联系
联系电话：0510-86626877

丛书编委会

总 主 编

乐建强　沈小榆

执行主编

李丹青

撰　　稿

李丹青　陈家彦　陈姿彤　田　虹
陈　娅　柴亦文　马玉娟

丛书总序

致敬前辈　继往开来

　　岁月如梭，位居长江入海口的上海，以其优越的地理位置，经过无数生活在这片土地上的人民的勤奋耕耘，历经沧桑巨变，从昔日一个小小的渔村发展成为如今的国际化大都市。东西方文化在此交汇，不同国家、不同民族、不同地区、不同流派的文化在此交融碰撞，从而形成了海纳百川、兼容并蓄、别具一格、创新精致的海派文化。

　　在上海城市文化艺术的发展历程中，除了本土的沪剧之外，京剧、昆曲、粤剧、甬剧、锡剧、扬剧、绍剧、越剧、淮剧、花鼓戏等地方戏剧，评弹、相声、大鼓、单弦、山东快书等曲艺形式，以及杂技、木偶、皮影戏等多种演出门类，相继进入上海，它们有的走街串巷，有的登堂入室，有的在民间迁移流转，有的在茶楼戏院进行表演，更有的直接进入了正规剧院，可谓百花齐放，各显风采。

　　尤其是新中国成立以来，上海的文化艺术事业飞速发展，发生了与时代相适应的深刻变革。十一届三中全会召开之后，改革春风吹遍神州大地，上海的文化艺术事业也迈开了新的步伐。各大文艺院团不断探索、积极完善人才培养体系，广大文艺工作者积极深入生活，创作、编排了一大批反映改革发展、富有时代精神的新作品，极大地丰富了人民群众的文化艺术生活。在此期间,涌现出了话剧《陈毅市长》《商鞅》《秦王李世民》《中国梦》;昆剧《蔡文姬》《司马相如》《游园惊梦》;京剧《曹操与杨修》《贞观盛世》《廉吏于成龙》《盘丝洞》;越剧《三月春潮》《深宫怨》;沪剧《明月照母心》《清风歌》;淮剧《金龙与蜉蝣》《西楚霸王》;木偶剧《哪吒神遇钛星人》《皮影趣事》;杂技《大跳板》《牌技》等一大批优秀作品,门类涵盖各个剧种,内容涉及古今中外,既弘扬了主旋律、突出了正能量,又呈现出多样化的表演风格与艺术风采。

大多数普通观众往往只能看到艺术家们在舞台上的精彩演出,但对舞台之下他们的艺术生涯并不了解。在这些艺术家的成长过程中,他们付出的汗水与泪水,在艺术创作过程中的辛酸与喜悦,他们的感悟与收获,对自己从事了一辈子的事业的热爱与迷恋,他们的信念与坚持,这些正是培养老艺术家们毕生艺术成就的土壤,给予他们艺术创作源源不断的营养。

一则则舞台背后的故事,既绘就了一位位老艺术家的人生轨迹,也将整合为包含各艺术门类创作者心路历程的全景式画卷。而我们口述历史工作的意义也正在于此——一方面,通过对亲历者和当事人口述历史的记录,将为正史增加鲜活的细节和不同角度的观照;另一方面,通过收集老艺术家回忆中的吉光片羽,勾连起他们的艺术人生,再将其传递给更多的读者。而读者们将会随着老艺术家们的讲述,回到那往昔岁月,感受他们曾经的喜怒哀乐,了解那些教科书里学不到的历史。

他们是随着新中国成长起来的一批优秀艺术家,见证了祖国飞速发展的沧桑巨变;他们来自不同院团的多种岗位,个个都是业内翘楚,都是我们的老师前辈,由他们谈创作、谈经验,通过发自切身的情感传递,更显生动具体;他们经历过剧种的兴衰沉浮,对整个艺坛有着深刻的认识与思考。通过此套丛书的字里行间,我们能够感受到他们每个人对艺术的执着与热爱、智慧和涵养,让我们受益良多。

习近平总书记在全国文艺工作座谈会上指出:"中华民族有着强大的文化创造力。每到重大历史关头,文化都能感国运之变化、立时代之潮头、发时代之先声,为亿万人民、为伟大祖国鼓与呼。中华文化既坚守本根又不断与时俱进,使中华民族保持了坚定的民族自信和强大的修复能力,培育了共同的情感和价值、共同的理想和精神。"在过去,上海老艺术家们创作了一大批"立时代之潮头、发时代之先声"的优秀舞台作品,教育和鼓舞了一批又一批青年为建设祖国而奋勇前进。如今,接力棒交到了新一代年轻人的手中,希望青年文艺工作者们能够继承和发扬老一辈文艺工作者的精神,创作出更多"不辜负时代召唤、不辜负人民期待"的文艺精品,向优质文化的高峰不断迈进!

上海市文联副主席
上海电视艺术家协会主席 滕俊杰

二〇二〇年四月十日

目 录

面对自己真实的人生
　　——王华口述 / 001

把演员自己的生命力灌注给木偶
　　——卢萍口述 / 020

没有灯光，舞台就没有生命了
　　——孙锦年口述 / 039

孩子高兴，我就高兴
　　——孙毅口述 / 060

木偶世界，天地广阔
　　——陆扬烈口述 / 073

木偶剧音乐要使儿童喜闻乐见
　　——陆建华口述 / 090

音乐是木偶剧的灵魂
　　——林永生口述 / 104

我深深地热爱木偶事业
　　——易美麟口述 / 127

我们问心无愧，我们觉得很自豪
　　——周七康口述 / 144

我永远是"木偶人"
　　——周渝生口述 / 159

一辈子为木偶剧配音
　　——郑如桂口述 / 173

二十年木偶情缘
　　——赵玉美口述 / 197

我一生都在玩木偶
　　——赵根楼口述 / 211

木偶是我生命中的一部分
　　——柳和海口述 / 244

写木偶需要想象能力
　　——钟晓婷口述 / 264

木偶戏太好玩了
　　——钱时信口述 / 281

有一些传统是可以放弃的
　　——徐进口述 / 307

任何困难都不怕
　　——黄大光口述 / 329

木偶戏，常常需要三位一体
　　——童丽娟口述 / 345

不断创新，敢为人先
　　——翟羽口述 / 360

后记：留下一扇记忆的窗户 / 379

面对自己真实的人生
——王华口述

王华，1955年出生，国家一级演员，上海市非物质文化遗产项目海派木偶戏代表性传承人，中国戏剧家协会上海分会会员，中国木偶皮影学会会员。1976年上海戏剧学院木偶艺术表演班毕业，并进入上海木偶剧团担任主要演员。进团一年后，凭借《草原英雄小姐妹》的舞蹈表演在众多参赛者中脱颖而出，获得上海青年文艺汇报演出"优秀表演奖"。

三十多年木偶表演艺术生涯中，出演了几十台各类木偶戏，共饰演过四十余个角色，如在《孙悟空三打白骨精》中饰演白骨精、《智勇少年》中饰演小琴、《特别使命》中饰演家雄等，并能自由驾驭儿童剧、戏曲、音乐舞蹈等各类剧种的特色，擅长杖头木偶、横挑木偶、人偶同台表演、皮影等种类的偶形表演。其在塑造人物时达到了人偶一体的境界，表演细腻，富有张力和感染力，成为她的表演特色。她在《白雪公主》中成功地塑造了白雪公主的形象，并因此获得"我最喜爱的儿童剧演员"称号。

作为优秀演员，王华于20世纪80年代就担任了"巴基斯坦木偶班"的主教老师，辅导的学生日后均成为巴基斯坦国家木偶剧团表演的主要力量。2007年起为充实上海戏剧学院及附属戏曲学校的木偶教学,在学校先后担任班主任、教研组长和木偶专业课主教老师、台词老师。

采访人: 王老师,首先请您先自我介绍一下。

王华: 我叫王华,是上海木偶剧团的一级演员,出生于1955年11月26日。我从小生长在嘉定的革命干部家庭。在进上海木偶剧团之前考取了许多剧团,可是我的父母不同意,不让我去,他们觉得离家太远了。当时我还跟他们赌气,整整一个星期不跟大人说话。后来上海木偶剧团来招人,我对木偶不了解,不想去考。但是我爸爸觉得,上海木偶剧团在上海,而且还能出国演出,就叫我去试试。我当时根本不在意,也不了解,就去考了。考试内容是有关声台形表的,之后我经过初试、复试就考取了。我们还到上海戏剧学院实习了一个学期,就是大家住在一起,让老师看看你们的品行之类的。

采访人: 在这之前您学过表演吗?

王华: 没学过,但是从小比较喜欢这方面。我哥哥、姐姐、妹妹唱歌都挺好听的。我妈妈的声音条件很好,偶尔会唱女中音,但是她的音不太准。我爸爸五音不全,但是他很喜欢唱歌。当时那个年代的娱乐生活是听半导体,一个礼拜左右会有一首新歌出来,然后我妹妹就写谱,我填词。那时候还没录音机,每次播放都有固定的时间,大家一遍遍听,然后记住。我在嘉定的时候是学校里的文艺积极分子,老师派我去考歌舞团,后来考上了,部队文工团发来通知要我去报到,但是家里不同意,不让我去。

采访人: 您是这件事之后决定考上海木偶剧团的吗?

王华: 考上海木偶剧团之前,上海戏剧学院也曾经到嘉定来招生。当时他们要工农兵,也就是学生毕业以后要参加工作满两年才能去考。我那时候还在念书。他们没有招到符合要求的人,之后有人把我介绍给上戏的老师,我就去他们住的宾馆面试了。这些老师看到我,问了我一些问题,还叫我唱个歌。我当时还没学过跳舞,就随便做了下动作。老师一看,感觉很好,我们要的就是这样子的人。可因为制度的原因,我还是学生,不能参加他们的考试。他们就跟我说,你再过一年就毕业了,明年我们还要来招人的,你到时候再来。过了半年,正好上海木偶剧团有招生,我爸爸就让我去试试看。当时是在上海戏剧学院报到、培训。回来我跟我爸爸说我们木偶班是在上戏培训。我爸爸说,好了,你已经在上海戏剧学院了,何必第二年再去考上戏呢?

采访人: 当时在木偶班学了些什么内容?

王华: 身台形表都要学的。那个时候我记得很清楚,我们曾计划开表演课,但后来没开成。我不知道老师们当时是怎么考虑的,但我觉得他们没考虑周到,这是一个失算,挺遗憾的。我们的表演知识是自己偷学的,潘虹、奚美娟等当时是甲班、乙班的,那个时候他们在舞台上排

1976年9月,学形体的木偶班学员

练，我们就跑去看。看着别人表演自己心里就默记，他这个地方不应该这样，他那个地方应该那样走，心里得有谱。我看戏有一个习惯，看的时候我脑子一直在思考演员应该怎么走，我就记住。人家走一步或者说一句话，需要停顿多久以及表情，我马上暗暗地在心里琢磨了。这其实是一个下意识的好习惯。

学校的老师对我也挺好的，我在这里待了三年。前两年我还主持过学校的校庆，当时那叫报幕员，现在叫节目主持人。

木偶班第一天开学时候的情景我记得很清楚，我们女孩子在舞台上站成一排唱《我家小弟弟》。我很抵触，心里很不高兴，我当时不知道木偶是什么，心里嘀咕着为什么要让我们唱小孩子的歌曲。但是老师叫你唱，你就必须到台上去表演。我们唱了以后，别人以为我们都很小，其实我们都是十几岁的人了，可能也就比他们工农兵学员小一点，但是后来其他班的学生都叫我们"小朋友"。

1976年9月，在上戏学习结束时进行声乐汇报

采访人：您上第一节木偶课时感到很新奇吗？

王华：第一次上木偶课，大家都不懂。基本功是由钱时信老师教的，要用左手举木偶，我刚开始很不习惯。基本功是一板一眼的，看着很简单，但其实很难。刚学了没多久，学校要搞一个活动，要求我们排一个节目。老师说排一个西藏舞，然后就向团里借了西藏舞的木偶过来。老师说，要让木偶跳得像人在跳舞一样。大多数人拿着钎子，木偶是直的、不动的。我对舞蹈挺有天赋的，所以我在操作木偶跳舞的时候挺有心得。我从学木偶戏开始，第一步就是思考，然后就逐渐地把动作做出来了。我们女生在台上跳，男生在下面看，跳完了他们就跑上来，说谁谁谁跳得最好，我听了很得意。

我们刚开始是学舞蹈，也不可能有什么戏可以演，因为都还不会操作木偶。后来老师专门给我排了一个新疆舞，舞蹈老师就把人的动作教会我，然后我自己每天在舞蹈教室里照着镜子一边跳一边练。我可能走了一个捷径，我一直都要求木偶跟人一样，所以我不是简单地做木偶动作，而是从一开始就觉得它要像我这个人，否则我就很难受。它本来是没有腰的，但是我必须要让它看起来是有腰的，要有身段的感觉。我本身基础比较好，老师说我悟性挺高的。

采访人：您还记得演的第一部小戏是什么？

王华：小戏是《草原小姐妹》。《草原小姐妹》主要是蒙古风格的舞蹈。我演一个小姑娘，名字我记不清了，因为已经很久了。这个小姑娘是一排人里面最矮的，但是她要给观众的感觉是最可爱、最活泼、最伶俐。

采访人：请和我们聊聊您的第一部大戏。

王华：后来排的大戏就是《白雪公主》。当时我的形体老师极力推荐我，说我上手快，接受能力强。这是第一版的《白雪公主》。舞蹈是我的强项，但是把演员内心的感觉传到木偶上，这个感觉我还达不到，毕竟没有这方面的经验。因为在学校没有这方面锻炼，只有在

1976年，培训班毕业照（前排中间老人为郭兵）

形体上的锻炼，所以第一次排的《白雪公主》，作为学生来说挺好的，但是我始终觉得木偶内在的东西还是缺失的。后来第二次排的时候就不一样了，我成熟了，已经演过好多戏了。感悟是要自己琢磨的，不是天生的。哪怕老师再怎么认真教学生，学生再怎么有悟性，也一定是有过程的。所以第二次排《白雪公主》的时候，我就比第一次自如很多。

第一次排《白雪公主》的时候，我排的是A组，陈为群老师是B组。他演的时候我就观察，我能感受到他内在的东西。比如我要跟你说话，体现在木偶上就是头动，身体的内在感觉带动。他不是，他有个呼吸在那，他能把自身的呼吸气息移到木偶上。我当时也想这样做，但是我做不到。陈老师是比较保守的，不肯教学，那我只能自己去看，去悟。

原来全是纯木偶在舞台上表演，后来第二次复排就是人偶同台。这是上海木偶剧团的创新，要求演员自己要会唱会跳，还要像演话剧那样在台上说台词。观众直接就能看到演员跟木偶交流，还有演员拿着木偶跟对方的木偶交流。木偶的节奏要跟着演员的呼吸进来，演员的形体与木偶也要统一。导演如果进行调度的话，我们演员都很自觉地在台词中间过渡，自己能够自然地磨合好，没有什么多余的排演。导演跟我说，《白雪公主》我不给你排，你自己演，其他的小矮人等，我要帮他们排的。当时我也不知道导演是什么意思，我就说那可以，我就按照我自己的理解去做了。导演后来也很满意，觉得就是他想要的。内在和外在的东西，还有交流方面的东西，以及剧情、人物间的矛盾等我们都表现得很清楚。

第二次复排的《白雪公主》公演结束，幕一关，观众全站起来，家长带着孩子往我们台上冲。后来没办法，赶快把大幕打开，把我们再叫回来。观众摸着木偶，都好喜欢。他们觉得木偶好像就是人了，都在跟木偶说话了。小孩子也会摸摸它，跟它讲话。家长们说，你们演得真好，我请你吃饭。南京路对面就是刚开的肯德基，他们说请我去吃肯德基。我说，我怎么能跟你们吃饭去，谢谢你们的好意，你们带孩子们去吃吧，我还有工作呢。后来还有家长问，你刚才怎么扫地的？小朋友就说，我要看你扫。我就表演木偶拿着扫把边扫地边跳舞，他们都特别开心。

这部戏中有一个场景让我记忆深刻，皇后要叫白雪公主把在花园里采摘的花撕了。小姑娘喜欢美好的事物，让她撕花，她很痛苦，非常不愿意，就把手藏到后头去，往后退了一步。皇后三次逼白雪公主撕，她只能往后退。木偶手上拿着花，我就靠这两只手的钎子来控制撕花的动作。一般的道具花是钉死的，撕不下来的，我这个是特制的。当时我说，手指头不一定能抓准确，是否能在大拇指上装个钉子。后来按照我这个方法，效果真的很好。这段戏，我挺喜欢的。我觉得我们这版在剧情方面或对于演员的要求来说，都是比较正规化的。

采访人：您排《孙悟空三打白骨精》时有什么趣事吗？

王华：《孙悟空三打白骨精》是传统剧目。上海木偶剧团在"文革"后复排《孙悟空三打白骨精》,他们就邀请我们这些刚毕业的学生,一起跟他们现场大合唱。我第一次看到老师们的表演,他们特别认真投入,非常感染人。我进团以后,团里让我们这些年轻人也开始学这出传统戏了。周渝生老师引导我去演白骨精。当时还有位陈宏昌老师也是演白骨精的,他年纪大一点,是男老师。我看了两版白骨精后,对陈老师的表演印象很深,不是说周老师不好,而是我更喜欢陈老师的那个架势,他的木偶站在那,就特别有气场。白骨精是"精",是白骨洞的王,她一定要有架势、有气场,所以陈老师的表演很有力度,显得特别震撼。陈老师是一位非常好的老师,他很耐心地教我。我一开始是模仿他的动作,因为我还不知道怎么做,肯定是要模仿他的。他会教我节奏,他的表演很有味道具有一种内在的力量,我从他身上学到很多。

木偶很重,我一开始拿不动木偶,手也抽筋了。2016年夏天,我教学生操纵白骨精的时候,有个男孩子举不动,他说王老师太重了,你怎么举

《孙悟空三打白骨精》剧照

《孙悟空三打白骨精》演出照

得动？我说，刚开始练的时候我手抽筋，疼得我眼泪都出来了。你们是一定要经历这个过程的，第一关不过的话，下面的动作根本做不了。有个学生还跟我说，王老师，可不可以把木偶制作得轻一点？以前的木偶是实木做的，上面还有好多的装饰，头颈挺细的，但是头很沉。刚开始学的时候大家几乎都拿不动这么重的木偶，木偶亮相的时候它的头一直会抖，必须经过一段时间的刻苦训练才能掌握操纵技能，演员要控制住自己的心理节奏，手上要用力。我的力可以说是通过白骨精找到的，慢慢开始学会控制住力量，这种感觉是内在的，也是跟演员的气息同步的。可能是我自己的形体相对要比老师好，在老师原有的基础上，我加上了自己对戏曲的理解，以及气息、步态的感觉，所以最后出来的效果还是不错的。我手上的力度跟以前比长进了不少，有霸气的感觉，但是这个力度相对于我们陈老师来说，还是有差距的，他的力度真是大得不得了。

采访人：《孙悟空三打白骨精》在国外演出的反响如何？

王华：我们到美国去演出的时候，美国观众很喜欢白骨精。在中国人的传统观念里白骨精是妖怪,是反面角色。但是外国人看了以后,反而喜欢白骨精,他们觉得这个女人既漂亮又能干。外国人不太清楚故事的情节,就觉得这个女人怎么这么强悍,跟男人打架也不落下风。我们在国外演出的时候,有些木偶迷会自己开着车追着我们跑到这跑到那。

我能把白骨精这个角色掌握好真的不容易,心里蛮自豪的,也取得了很多技术上的长进。

采访人：木偶是怎么制作的呢?

王华：木偶不是专门为我们演员定制的。图纸定样好之后就给工厂间,工厂间再分配下去,头、脸、身体、钎子、竹竿等都是有专人做。设计师一般都会自己翻模子,然后再让工人糊壳,工艺蛮复杂的。

采访人：每位演员的手是不一样的,可能会用得不顺手,会不会对木偶进行微调?

王华：对,有的时候不顺手可以调整,但是如果时间紧的话就根本就顾不了。像《孙悟空三打白骨精》这种经典剧目,已经磨了好久,基本上定型了,剧里的木偶都是改良过的,比较好操作。

但是后来排的戏,有些因为时间的关系,用起来就不是很顺手了。比如2003年左右有个关于SARS的戏,一个月内我们仓促地排了出来,舞台等方面并不是很精致,人物造型也并不是很理想。比如排戏的时候是拟人化的木偶,结果做出来的木偶是一个动物脸。所以有的时候需要互相沟通,设计师在设计的时候就应该给我们看。

采访人：您在《红宝石》中饰演凤凰,请您谈谈这个角色。

王华：这出戏也是传统剧目,凤凰是女主角,我记得是我刚毕业的时候演的。我们那个时候分演员一队、二队。一队都是老演员,二队都是年轻人,我是年轻女演员中挑大梁的,所以我就演凤凰。当时其实是没人教的,只是看过老师们演。我已经演过几出戏了,有经验,就拿着凤凰走位。没人来给你专门排戏的,老师最多讲讲这个"地位"的问题,这个地方需要跟谁打,那个地方需要跟谁对戏,什么时候你们两个需要转身。基本上我们都是自己上手的,一出来袖子一甩,往台前飘过去,那个感觉特别好。我的特点是善于总结前辈的经验,看人家演的时候自己心里琢磨前辈的表演好在哪里,我要怎么样才能表现得更好。另外我的形体表现力很好,凤凰这个角色的台词很少,主要的表演形式是舞蹈,所以相对简单,能发挥我的长处。排练的时候,我几乎都是一遍过的,排下来比较顺利。

采访人:您演《白雪公主》时有什么独特体验吗?

王华:我记得在《白雪公主》里,演员要在舞台上一个人跳。到了大森林那段,演员拿着木偶一个人在台上演,要尽力表现出迷茫、然后呼喊的样子,必须一个人把这一段戏控制住,抓住人心。当时好多人过来看,包括团里同事,大家都说太好了,特别吸引人。一般演这段戏的时候,为了表现白雪公主在森林里一个人行走的孤寂感,舞台上要打干冰,可是舞美没给我弄干冰,但是我一个人把这整场戏都给铺垫好了。

《白雪公主》公演的那天,导演把儿艺的老院长请来看戏。老院长说,这个演员一看就是很有功底的,真不错。那个时候我已经40岁了,其实好久不练功了,还要在台上唱、说、跳。后来我只能想办法自己练习,就在楼梯上跑,一边跑一边唱,最后做到气不喘。那时候好多人看了我的演出后,说我是天生的演员。怎么可能会是天生的呢?演员背后付出的思考、磨炼是别人看不到的,不下苦功是不行的。

采访人:您表演的特点是什么?

王华:我是根据人物性格走的,必须找到人物个性行为动作。不管男的、女的、老的、少的,我都先抓住人物性格。要先弄清楚在特定的剧情中,人物是什么样的身份,然后他的个性马上就能出来了。

打个比方,《特别使命》是讲红军时期的故事,红三团在一次激烈的战役中牺牲了好多人，在老战士的帮助下，有两个小战士幸存下来，这两个小战士是主角，一男一女。上级派他们突围送一封信，这两个孩子要通过很多封锁线，路上布满了岗哨，信送不出去。保长家里有一个孩子叫家雄，我就演这个家雄。两个小战士出不去，只能动脑筋，跑来找家雄套近乎。小战士为了突围化妆成了讨饭的乞丐，家雄家里有吃有用，条件很好，一开始是看不起他们的。

　　我给家雄设计了一系列的人物特有的形象，我觉得他应该是戴眼镜的，以此体现家里有钱供他读书。另外，我觉得他家里伙食好，每天大鱼大肉。我就把他的外形设计成胖胖的，挺着肚子走路，有点朝天的感觉。长辈在封锁线很紧的情况下，肯定会告诫家雄一些话，所以他刚看到那些小乞丐时，会很警惕地去观察他们。家雄是近视眼，眼睛围着小乞丐身上转，从上朝下转一圈，然后再这样跑过来、跑过去。我就是用这样一种造型感去表现这个家雄。家雄的语气也是趾高气扬的，突出一种霸气感。当时我们有同事跟我说，演坏人的话，你按照傻瓜的路数来就好了。我说为什么要演成傻瓜？傻瓜最好骗了，后面的戏也不好继续演下去了。我不让别人看出来我是坏人，而且我还跟你们乞丐亲近。红军小战士说我要跟你借个毛驴，家雄会说"你借毛驴干什么？我给你吃的"。所以在这里，家雄就跟红军小战士周旋、交流，我要尽力体现他的聪明伶俐，把他表演成一个很机智的小坏蛋。虽然家雄看不起乞丐，但是因为出身的关系没同龄人陪他玩，他又很寂寞，所以他也愿意和乞丐小孩玩。我给你吃的，你跟我玩，他就是这样的心态。我就让家雄一会儿警惕，一会儿机智，一会儿霸道，既有咋咋呼呼，又有贼头贼脑的那种特质。我从多方面地来体现这个人物。家雄虽然不是主要角色，但到最后上演的时候，好多老师都说好。导演把本来应该是给主角的费用，反过来放到家雄的身上了，主角的费用当时大概比其他的角色能多加50块钱。然后导演觉得家雄身上很有戏，于是在这个人物上也加出来好几场戏。因为只有家雄机智才能衬托出小红军机智。

采访人： 我们聊一聊《海的女儿》吧。

王华： 《海的女儿》我是为女王配音。那个时候我生病了，心脏不好，说话气喘，连木偶都拿不动了，我已经觉得自己没法做这行了，后来团里决定让我去学校担任教学工作。那个时候剧组正在排这个戏，我就帮着他们一起排练。导演说我的声音比较富贵，让我配女王的音。

采访人： 您接触过皮影吗？

王华： 我记得在北京演出的时候，为了到捷克去参加比赛，花了一个月的时间排了部皮影戏。故事背景是发生在大森林里的，里面有好几个戏，都是拟人化的动物形象。当时我演了小猫和大公鸡，都是跟另外一位演员配合演出的，因为皮影戏没法一个人完成。当时也是我第一次排皮影戏，很多东西都不太清楚。一开始怎么排都不顺手，在排演的过程中我们慢慢找感觉。可能艺术方面的东西是相通的，慢慢我也能悟到皮影里面的精髓了。通过比赛，我觉得自己这方面成熟了，熟能生巧，最后就能操作自如了。

采访人： 不同种类的木偶，在技术上的要求是不是也会不一样？

王华： 完全不一样。杖头木偶是拿一个木偶一个功，比如说操纵白骨精。我拿过白骨精不等于我会拿孙悟空，同理我会拿孙悟空不等于我会拿白骨精。但是如果会拿孙悟空，那么操纵剧里的那个老丈人就方便了，因为他这个角色是不需要操纵技巧的，要看演员的技能。大的角色不是随便谁都可以轻易驾驭的。横挑木偶一般需要三个人来配合的，如果不磨，一上手就想有效果，那是不可能的。

但是我觉得对我来说木偶表演不能成为"搬动木偶"，现在我们木偶界有好多人都会在总结会上说"设计"两个字，也就是动作要事先设计好，我不喜欢，我觉得不应该设计。设计可以设置些什么呢？比如人物的性格应该事先设计好，他应该往哪条路走，他的行动线是怎样的,他的行为不能走偏了本身的特性。根据演员对剧本的理解去设计人物是对的。但是如果连动作都要去设计,那就变成了"搬动木偶"。我的主张是表演要体现自然,当然这个自然要演员自己去理解、去体会,你只有达到了一定的高度,那么你的表演才会让人感觉是生动的,不是单纯在拗造型。所以我在表演上的特点是——演得像人,不像木偶。

我在《卖火柴的小女孩》里演一条很不起眼的小鱼。小姑娘在梦境中看到一条鱼游向了她。虽然是在梦境中出现的东西,可是这条鱼的出现,让整个气氛都活跃了,这个小女孩心里特别高兴。冬天是多么冷啊,小女孩看到这条鱼后跟它一起舞动,她又是多么地兴奋,她的童真由此焕发。当时让我演这条鱼,对我来说这真的算是一个很小的角色了,但是我依然认真对待。我记得很清楚,当时给我这个角色后,并没有给我排过戏。那天在台上合成,我候场的地方是暗的,然后就听到"扑通、扑通"的乐声,我很自然地就做出相应的动作了。接着背景音乐出现,我就在追光过来的地方游起来了。慢慢游到台中线那里,导演在下面拿着喇叭说,跟小女孩交流。我就过去跟女孩子互动,小嘴在她的腿边啄一下,逗她开心。虽然没什么大的剧情,但是画面很温馨美好。这条鱼虽然不是主角,但是给观众的印象很深。《卖火柴的小女孩》这个故事本身很优秀,剧情也改编得比较好,这次的配音真的很不错,音色很好听,很适合这个角色。

我不会让角色像"搬动木偶"那样机械化,我肯定会演成"人",让观众想不到它是木偶。不能因为是木偶,我就去演木偶动作。不能机械化地去演,整个木偶的表演要体现出胸、手、脚等。要活起来,要有呼吸气息,更要有激情、生命力,这样才能生动。

采访人: 什么是木偶独有的特色?有时候木偶真起来比真人还要逼真,这个就是您说的拟人化?这是您的特色吗?

王华: 对,就是拟人化。有的戏不要拟人化,但是你如果要演成让观众真的信它是人，要进入这个戏的话，就一定要拟人化。表演的最高境界就是要像人，否则就还是木偶了，因为如果你的技术达不到，就只能成为木偶。木偶演木偶，谁都能演，哪怕是业余的，只要随便培训一下，也能动两下。我觉得要把木偶演得像人，这才是最高级的，我欣赏的是这样的木偶表演。我曾经在美国看过一位木偶艺术家的表演，印象很深刻。虽然在那个年代来看，他的戏不太雅观，但是他把提线木偶演得很逼真。我们看了哈哈笑，又很害羞。我很欣赏他，觉得他演得很好。我觉得木偶戏的最高境界就是真真假假。你要让木偶假，就必须假，但是你让它真，就必须得真。你一定要让观众信服你的表演，让他们称赞你，说你的技术怎么那么高，真像人，这就对了。

采访人：我们常常说，拟人、动作、情感是木偶的三要素，要表达内心的情感，要做到人偶合一，请问这是您追求的最高境界吗？

王华：是的。如果没有情感，那你就是在拗造型。现在有好多角色虽然配音配得好，但是情感不深，还是差那么点火候。情感的投入不是单纯拗造型。比如像何晓琼为"妈妈"配音，她是从心里叫"妈妈"。内在的东西一定要出来。海派艺术就是要夸张，还要有创造性，跟人家不一样。现在上海木偶剧团有许多海派剧目，包括横挑木偶也是他们从国外观摩学来，然后再转换到戏中的。海派艺术吸取了各种各样的剧种，把题材、样式等重新融会贯通，再加上自己的东西，这就是创新。

采访人：那作为木偶演员和木偶技术的传承者，您在海派木偶艺术的体现、传承、传播方面做了哪些工作呢？

王华：我在学校教课的时候，就开始在传授海派木偶了。我当时是2007届本科生的班主任，他们每次考试、每次汇报，我都要给他们提出指导意见。上海市戏曲学校中专那一批，我也是按照我的方式来培养他们的。一般的老师都是手把手去教，全部是按照模仿去演戏。学生们刚刚学会基本功,我马上让他们开始自己创作角色,他们都不会的。让学生根据人物去做动作,他们就僵掉了,不会动了,就像从来没拿过木偶一样。我说你们要把学的基本功用上去。

采访人: 您在教学方面挺有经验的,您曾经在巴基斯坦班里上过课,能跟我们说说这个班吗?

王华: 巴基斯坦曾经来过一批学员,陈为群等教过第一批,我教的是第二批,大概是1978年来中国的。其中有两姐妹里的妹妹给我印象很深,她学白骨精,我说实在的,她是班级里把白骨精演得最好的人,很有悟性。因为只有半年的教学时间,我教他们基本功。教完之后排《孙悟空三打白骨精》,董永健演猪八戒,我演白骨精,陈为群演孙悟空,我们都是这样一对一地教他们。

采访人: 能说说具体是怎么教他们的吗?

王华: 通过翻译给他们大致说了一下故事框架,他们用笔记下来。然后告诉他们在戏里你演什么,他演什么。悟性差的学生,在演的时候

1979年,巴基斯坦班学生和老师合影

就感觉差一点味道了。我刚才提到的妹妹，她演的白骨精真的很好。这个女孩子就像人家说的，她就是这块材料，你可以塑造她。我记得他们回国以后，还跟北京方面的领导反映过一个问题的，说他们给上海木偶剧团的老师们写信，但是老师们为什么不回信？其实在那个年代，我们不敢随便往国外写信的，就怕惹事上身。如果我们写信的话还必须接受领导的审查，所以一般要是没有必要，我们就尽量不写了。我对这些巴基斯坦学生的印象真的很好，他们在很短的时间内学了孙悟空、白骨精等角色，很刻苦。我们当时天天陪着他们，跟他们住在一起，就在安福路上的小洋房里，里面有个大草坪。当时还专门请了国际饭店的两位厨师来给他们烧饭，并且还有几位翻译陪同。那段日子我觉得特别好。

采访人：当时巴基斯坦来了多少人学习木偶？

王华：好像十个吧。《孙悟空三打白骨精》里面的重要角色都是他们自己担当的，我们给他们配些小角色。他们蛮刻苦的，学得也像模像样的，当然也有个别的学生差一点，但是大多数都是不错的。我们天天跟他们住在一起，只有礼拜天可以回去，有什么问题他们都会来找我们，非常合得来。我当时刚刚学了白骨精，就马上教他们了。在教的过程中，我自己其实也在不断提升。因为当时我刚学这个角色，还不是很成熟，而单位能派我这么一个年轻人去教学，说明是很看重我了。

采访人：听说您还拍过电影？

王华：对，《烦恼的喜事》。那时候我刚生完孩子，胖胖的，住在婆家照顾孩子，邋里邋遢的。有一天突然有人敲门来找我，他说让我拍电影。我说这怎么拍电影？我又没准备过。后来我婆婆鼓励我让我去试试看。因为我老公是拍电影的，他在拍《烦恼的喜事》，其实不是他叫我的，是陈燕华提到了我。原来定下来演体育老师的演员突然来不了，他们着急了，陈燕华就开玩笑说了一句，

1979年4月,巴基斯坦班合影

"找他老婆王华"。他们之前可能听说过我,知道我也是演员。于是剧组的人就开车过来找我,到了吃饭时间,让我先去吃中饭,一看马晓伟也在吃饭,我就打了个招呼。后来剧组说要给我剪那种特别短的头发,这个角色是一位老姑娘,嫁不出去,根据剧情需要,丑化了这个角色。拍完了以后,导演觉得我还挺适合拍戏的,说我演得不错。

采访人:您对木偶有着怎样的感情?

王华:我当初是不喜欢木偶的,我真的一点都不喜欢。但是慢慢地,我在接触木偶的时候,慢慢把自信心找到了,慢慢找到乐趣了。所以后来我没有觉得自己不喜欢它,反过来在演的过程,因为投入,我受益良多,觉得好开心。喜欢上了木偶以后,就会碰撞出好多火花。所以我觉得无形中命运就是这样安排,我必须走这样的路,必须接受它。不

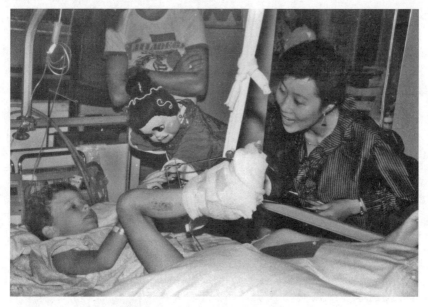

1987年,在美国演出期间探望住院的孩子

管是主角、配角都要用心演。我要坚持我做人的准则,要真实面对自己的人生,不要弄虚作假。只要专心走入角色中,就会呈现出生动、鲜活、有生命力的人物。

(采访:陈　娅　整理:陈　娅)

把演员自己的生命力灌注给木偶
——卢萍口述

卢萍，1957年出生，1973年进入上海戏剧学院木偶班，1976年毕业后进入上海木偶剧团，国家一级演员。代表作品有《卖火柴的小女孩》《哪吒神遇钛星人》《红宝石》等，在舞台上饰演了二十多个角色，从凤凰、村姑、猪八戒、大黑狗，到小石柱、小虎子、小懒瓜、小和尚等。细腻传神是她木偶表演的主要特色，她刻画人物时善于紧抓人物个性特征，为手中的人物先勾画出内在的特征，然后细致设计安排人物动作。塑造的人物大多有血有肉，形象丰满可信。

采访人：卢老师，您是如何与木偶戏结缘的？

卢萍：我16岁还在念初三的时候，记得有一天，班主任跟大家说，你们明天去县城中学参加一个招生录取考试。因为我一直生活在一个城镇家庭里，能和伙伴们一起上县城去，不管是什么事情，总觉得比较新鲜有趣。

采访人：请问考些什么内容呢？

卢萍：考场里老师问，你来应聘什么呢？我说，不知道。老师说，那么你就来一段台词吧。什么是台词？不知道。朗诵啊！你有准备吗？我说没有。那这样吧，你就喊两句口号。我想都没想，不假思索地脱口而出："伟大的光荣的正确的中国共产党万岁！伟大的领袖毛主席万岁！"然后老师说，来段形体表演吧！我说，什么叫形体？不懂。老师说，就是跳段舞。我说不会。那你广播操会吗？会。行，来一节广播体操。记得当时我还唱了一首儿童歌曲《火车向着韶山跑》。最后老师说，表演一个小品。我问，什么叫小品啊？边上的辅导老师就给我解释了一下说，这样吧，你就做一个仓库保管员，这是你们生产队的仓库，你今天值班，要防止小偷或者阶级敌人搞破坏，你把这个过程做一做。我很茫然，也很无奈，但是已经进了这个教室门，也没办法，只能硬着头皮来。于是我坐在那个小屋边，然后想象夜色降临的时候，突然有个人一闪而过，我假装拿个手电筒照，照到仓库门口，发现里面有个人，质问他：你是谁？你为什么要破坏生产队的东西？就把坏人抓住了。当时演的时候觉得挺难为情的。

采访人：您知道考试结果是什么时候呢？

卢萍：大概在暑假期间，来了个通知，要我参加复试。我在上海戏剧学院强化学习了一个星期，有专门的老师会辅导台词、声乐、形体、表演这四门课。城里的孩子，他们接受能力强。老师上课的东西我没理解，感觉自己什么都不懂就要马上参加复试，挺无奈的。到了第三天，父亲来上海戏剧学院看我。我泪流满面地说，我要跟你一起回去。他说，这是你自己要来的，就必须坚持，把六天的课程完成后再回家。就这样我终于熬过了这一周。

采访人：当时是住在上海戏剧学院吗？

卢萍：对，正好是暑假。我们带上脸盆、卫生用具，席子一铺就睡在教室里。工宣队会照看我们的。复试结束，我回到中学上课。刚上了两天课，老师就跟我说，你把书包整理一下到办公室来。我以为是家里出了什么事情，结果老师说，你看一下，这是录取通知书，你马上要到上海学习了。我感到挺突然，很茫然地盯着老师看。老师就说，你换了一个新的环境，更要努力好好学习。我默默地答应了。一个16岁的女孩，也没见过世面，就这样懵懵懂懂、糊里糊涂地通过了考试，真有点误打误撞的感觉。刚进木偶班的时候，说实话，我真的是不适应。我只要看见老师进来上课就紧张，因为几乎所有的课程我都一头雾水。而城里的学生，老师说的他们基本都能理解。声乐课老师说，你喊口号的时候音质还是可以的，但是为什么唱歌却不行呢？虽然在新学校里感觉很新奇，可是一上业务课的时候，自己只是一知半解，心里特着急。可我从来没想过要后退和放弃。声乐、台词、形体这些我暂时跟不上，但是木偶专业课我跟其他同学都是同时起步的，这门课我很重视。其实老师挺愿意教我这样的学生，因为我是一张白纸，老师怎么说我就怎么画。三年的学习当中，我不能算是"笨鸟先飞"，因为我根本不是"先飞"，而是"后飞"，我只能想"笨鸟要多飞"。就这样我在自己这张白纸上，勤学苦练，用心作画。毕业那天，我不敢问老师我怎么样，只是抬头用期待的目光望着老师。老师似乎看懂了我，他微笑着把手轻轻地放我肩上说，孩子啊，不容易，今后更需要努力哦。此时此刻，我忍住了快要掉下来的眼泪，感恩之情油然而生。三年的艰辛学习，换来了毕业的欣慰，给了自己放飞的心情。本以为毕业了就可以松口气，然而进了上海木偶剧团才知道现实的残酷。我们在学校里学的都只是表演的基础知识，而到了剧团我们就是专业的木偶演员，不再是上课学习的学生了。

采访人：请问木偶班的具体情况是怎样的？

卢萍：当时在木偶班我们是先练基本功的。以前是在一米七的舞台台口演出，木偶的表演形式是垂直表演，就是人在台口下面，手举着木偶。一般把台口高度设定为一米七，我身高才一米五八左右，这个高度对我来说很吃亏，所以特别需要手臂力量。老师说你能坚持30分钟手举木偶不放下，基本上可以支撑你演下一个角色。这点艰难我可以自己克服，坚持练就行。于是我连每周坐公交车回家的时候都选择站着，有位子也不坐。因为我的身高正好可以够得着车上的拉手，从学校到家里，坐公交车大概需要45分钟，我就利用这段时间，拽着拉手练习手臂力量。练木偶的基本功是一件比较枯燥的事，但是你不能嫌它枯燥，不然木偶在你手上就会是一个死死的、呆呆的、没有生命力的木头人。我觉得无论做什么事情都有一个熟能生巧的过程，只有实实在在地刻苦练习，才能活灵活现地演绎好木偶戏。

采访人：您是什么时候进上海木偶剧团的呢？

卢萍：1976年，我们大概三十人毕业后进了上海木偶剧团，就开始正常的演出工作了。那个时候剧团把经典的保留剧目《小八路》让我们复排，这是我们毕业后接触到的第一部比较正规的木偶剧。老师说你们自己分析人物，把握住人物的基本走向。我和另两位女演员被列入了男童声，一起演《小八路》里的小虎子。小虎子的戏比较足，《小八路》总共八场，小虎子大概有七场戏。那个时候考虑到大家都应该学习，三个配男童声的演员就分别演这七场戏。当时自己只是学着老师的版本演，其实心里也不是很有把握的。好在这部戏是剧团的保留剧，老师会手把手地指导我们，最起码我们能把老师的表演都模仿下来。这个角色说实话真的没有自己的原创。以前表演小虎子的老师也都是很有实力的，我们如果能把之前的版本都学下来就已经很知足了。真正比较棘手的，是原创剧目，我第一次知道什么叫案头工作。

采访人：您在上海木偶剧团是以配男童声为主的吗？

卢萍：对，我主要是演男孩子。上海女生的声音比较嗲，也比较稚嫩，因为我的声音适合配男童声，而男童声比女童声相对较少，可能当时是这个原因我才被录取。所以我还必须克服自己性格上比较内向的一面，必须要有男孩子愣头愣脑的傻劲，个性上也要勇敢一些。

采访人：您在《鸡鸣山》是演什么角色？有什么体会？

卢萍：我在上海木偶剧团一直以演小男孩角色为主。当时我们排了一部为了纪念抗战的木偶剧《鸡鸣山》，我在里面演的是一个地主家的男孩。导演把角色分配好以后说，你们都自己回去看剧本。自己看剧本能看出什么来呢？我心里很没底。当时我是住在剧团宿舍里的，有老师也是住宿舍的，我就问了老师有关剧本的问题。老师说这就是案头工作，你先看两遍，然后把自己代入角色后再去看本子。于是我边看本子，边进入角色。

那个时候的戏剧总是把正面人物、反面人物分得很清楚。我演地主家的儿子，这是个反面人物。这个角色自我感觉良好，横行霸道。我当时只想先设计木偶的动作，但是后来渐渐地意识到这样不行，一定要先把人物的性格特征和基本走向定下来。我一定得按照剧本的内容来分析这个人物的来龙去脉。

我觉得这个角色有两面性，他有横行霸道并且欺软怕硬的一面，在狗腿子和大人保护的情况下，就狗仗人势，这是他最蛮横无理、最天不怕地不怕的时候。一旦他离开了保护人，只剩自己一人时，他就表现出"弱"的一面。所以在分析角色的时候，我觉得不能因为他是地主家的孩子，就始终保持他横行霸道的状态，这样出来的人物很单一，可看性不强，不够真实。所以我在一边排练一边听导演分析的同时，自己也在仔细琢磨这个人物：在什么情景下体现他的骄？什么剧情里体现他的弱？什么地方体现他的横？这样思考分析以后，我每次上场排练都觉得自己心里有底了，并且导演提出问题的时候，我回答也有依据。这样安排角色，表演出来的木偶形象才是生动真实的。《鸡鸣山》结束演出后的总结会上，我们的团长兼导演在会上说，卢萍，你把对这个角色的理解和分析跟我们边表演边分析一下。这个时候我就想，这大概就是角色的案头工作吧。

之后我们还排了《哪吒》，导演让我操纵小女孩，我分析了角色在每个场次的不同特点，因为不能单单体现这个小女孩天真可爱，肯定还有别的特质。我记得这个角色有六场戏，随着她面对的人物对象的不一样，具体的行动线也会不一样，所以每次上场的目的和表演的形式内容也应该不一样。于是我就按照这个逻辑来表演，这个地方必须体现木偶的哪种性格，那个地方又必须体现它的什么特征，自己心里要明明白白。老师也肯定了我的这种学习方法。所以我每次拿到剧本，不管是主要角色，还是戏份少的角色，我都不敷衍，都按照这样的方法琢磨角色。只有这样，我在舞台上的表演才有充分的依据，木偶的一抬头、一举手才能够宣泄和抒发人物内心思想。

　　在我们剧团经典的保留剧目《孙悟空三打白骨精》里，我曾演过其中的配角——村姑。这是一部既有歌剧形式又有戏剧色彩的木偶剧。因为白骨精有三个变化，分别是变成老翁、老太婆和村姑。我的戏份很短，大概也就两分钟。这个村姑又是几代演员都演熟透了的角色。但是我依然按照我的习惯来准备，不管这个角色曾经有多少人演过，都要从头开始分析。这样的一个人物，确实不是唱一段或是舞一段就可以解决的。因为她是白骨精的化身，必须要让观众看到她的表演有着几重性。村姑在八戒面前的时候，用水袖飘逸出妖娆妩媚的舞姿，带有勾引的色彩。在唐僧面前就是善良的村姑形象，但是在旁白的刹那间可以显露其狡诈阴险的真实面目。一旦碰上孙悟空的火眼金睛，只能卸下伪装，溜之大吉。这样层层分析，入木三分的刻画，才会有人物的多重性格展示。

　　多年以后，步入中年，新人毕业后分到我们的剧组，团里也会把一些保留剧目再传授给他们。记得在给这些学生分配角色的时候，团里让我担任猪八戒的表演。我当时以为自己听错了，嘴巴半天没合拢。我对于演男孩子已经是习以为常了，而演小女孩我也是能够接受的，但是真的没有想到会让我来演猪八戒这个角色。新人进剧

饰演猪八戒

组后,就只有两个角色——猪八戒、白骨精,是老演员上场表演的,其他的角色都交给了年轻学生。这个任务对我的挑战真的是太大了。虽然害怕,但我从没想过要拒绝。我们之前演猪八戒的男演员们都演得精彩,人家是一米八几的个子,我跟他们的身高差了这么多,我只能想办法去找了高跟鞋来穿,演出时都尽量往台口靠。我既然接受了这个角色,就当一次新的挑战,多一次学习锻炼的机会。我还是从案头工作开始,分析猪八戒的多面性。其实人物的性格都是这样的,在任何对象面前,它的表演都是不一样的。比如在唐僧面前,他肯定是尊重师傅的,有一颗保护师傅的心;在孙悟空面前,他就比较耍滑头了;在妖怪面前,他是没辙的,打不过,逃命要紧。猪鼻子是猪八戒的形象特征,很有戏,要恰到好处地充分利用。比如猪八戒跟村姑的对手戏,村姑先是以色勾引,知道他是个吃货,就用香喷喷的馒头勾引他。八戒竖起耳朵用鼻子嗅着香味,眼睛色眯眯地盯着村姑,一脸的馋相。这样分析,也就这样演了,大家觉得八戒到了女演员的手里,变成了"花八戒",有了新的看点。操纵猪八戒确实挺累的,因为他的戏份比较重,当时就想着要把角色比较完整地展现在观众面前,要对得起自己,对得起这份工作,更对得起观众。

采访人:《红宝石》中您饰演凤凰,有什么感受呢?

卢萍:《红宝石》是一个体现真善美的神话故事,也是在一米七的台口演出的传统剧目。在我演之前,已经有好几位前辈演过这个角色了。歌舞方面,我也比较认同前辈们的表演,但是我觉得她的性格特征还有挖掘的余地。不要光看到她的善良美丽,还必须要体现出她是一个聪明、有抱负、有理想的人物。我还是觉得要把人物内心展现给观众,那么可看性就会比较强,不能千篇一律地体现人物单一的性格。我们以前演戏注重烘托主题,体现人物的主要思想,人物性格有些单一。我觉得要把这个人物的性格分成

《红宝石》中的凤凰

两条线,她有善良、美丽的一面,同时也是一位有理想、有志向的女子。《红宝石》象征的是正确的、光明的、压倒邪恶势力的正能量。所以在炼就这颗宝石的时候,肯定会遭到很多反面角色的破坏,戏的剧情冲突点由此产生。

当凤凰被魔女吸到魔瓶里,我的操作表演也遇到了瓶颈。这一小段戏表现手法简单,木偶装置不如常规木偶,演出空间非常有限。这场戏之前都不被大家看好,但我觉得,这样的苦戏也有一定的可看性。虽然以前的技术设备没那么好,就是一块纱布,然后灯光打上去,形成一种阴森的效果。我力求在这样一个狭小郁闷的空间里,展现凤凰一个远大的志向——要炼就一颗红宝石,把世界上所有的妖魔鬼怪都震住。记得里面有一段歌,表达的是在阴森森的空间里,她的心是自由的,一心向往要放飞自己,要到光明的世界去。我要准确地把握表演节奏、把握人物内心的情感,与歌词的内容声情并茂地配合起来,就会与观众

产生共鸣。那年我28岁，刚好遇到一个比赛，好多人都拿出比较华丽、比较完整的剧目参加比赛。可我觉得个人的演出作品，不能麻烦太多的人，让太多的人为你服务，于是我就选了这段苦戏，我觉得凤凰的内心深处仿佛有一种会吸引观众的东西在抒发。真没想到，这段戏得奖了——青年演员新苗奖。所以，你真心付出的努力，终会有回报。我坚信对人物的塑造一定要把握精准，才能万无一失。

采访人："非典"时期，上海木偶剧团曾经排过什么剧？

卢萍：在"非典"时期，我们演过一个戏，是在一米七台口表演的。在那个阶段，演出的时间紧，任务急，剧本是临时赶出来的，我记得这个戏说的就是"非典"时期传染的情况。剧里讲到"非典"病毒是因为果子狸引起的，所以我们这台戏中都是拟人化的动物形象。导演一开始是让我演剧里的一个老鼠，它是贯穿全剧的主要角色。拿到本子以后，导演说我们来试台词。我刚上去一试，他就觉得我的路子没把握好，老鼠的特性没抓住，于是就让我换演大黑狗这个角色。我倒也不因为把我换成配角就不演了，相反赶紧去揣摩这个新角色的特征。

我去工场间找制作这个木偶装置的工作人员，一起设计木偶的特点。木偶的制作有着至关重要的作用，对我们木偶演员来说，你手上的工具是你表演的主要武器，如果工具不得心应手，那么演员心里肯定有障碍。所以我会在第一时间先去工场间沟通木偶制作。造型师给了大黑狗两只很明显的、像是沙皮狗一样的耳朵，还给了它一双大头皮靴。它在剧里的戏份虽然不算多，但是我觉得两只耳朵要发挥作用，这样的话比较能抓戏份。然后我就和制作人商量，耳朵必须帮我做成活动的。因为狗有一个特性，遇到情况的时候会竖起耳朵。此外，它是"大黑哥"，是很有气势并自我感觉良好的，那我想要个会动的大拇指，突出"好哥们"的腔调。我是想先从外部的造型上把这个角色丰富起来，然后再设计特性动作。

这只大黑狗穿着一双大头皮鞋，但是一米七台口有个局限，木偶脚看不到，我就跟音效师商量，既然给了角色这双大头皮鞋，那么能不能在出场的时候先出皮鞋的那种"咔咔咔"的声音。先出声音再出人物的话，观众就算是看不见这双鞋子，也能感觉到大黑狗的气势。又比如上场的时候，恰到好处地把皮鞋往台口架一蹭。我觉得动作必须要贴合这个人物形象，要赋予角色一些符合其性格特征的基本动作。

这个戏虽然演的场次不多，而且"非典"一过人们就把这部剧忘了，但是经常会有人叫我"大黑哥"，说明大家认可了我的表演方式。角色不论大小，能让别人记住，说明在演出中是准确把握住了角色的性格特征。"大黑哥"在人们的心目中记忆犹新，真的好开心。

采访人：大概什么时候，这个一米七的台口被撤走了？

卢萍：上海的文化创作一直是与时俱进的，一直都在不断创新、不断拓展。安徒生诞辰200周年的时候，剧团把《卖火柴的小女孩》改编成木偶表演剧。这个故事，几乎所有的家长都会给孩子讲，所以一听说是有关卖火柴小女孩的故事，孩子们好像已经都很熟悉了。这就要求创作人员在把它改成木偶剧目的同时，一定要有新意、有突破，不要让孩子感到这只是妈妈讲的一个故事而已。

当时我们搞了一个很大的改革。首先从这个戏开始，全面打开了一米七台口，甚至部分戏直接让演员上场表演。这样一下子感觉到跟观众的屏障打开了，也把我们演员解放出来了。从我演出的角度讲，有好处也有难处。好的地方就是可以把这个人物形象更加完整地展现在观众面前，以前只露半身或者没有腿，现在是活生生的一个人物很完整展现给观众了，确实是弥补了过去一米七台口的局限。

但从另一方面来说，对演员的操作要求就更高了。这颠覆了以往传统的垂直表演，演员跟木偶是平行了。木偶必须有完整的动作，整个人物形象完整无缺，你必须扎扎实实、一板一眼地把腿部动作全部展现给观众。肢体语言丰富后增加了演员的表演难度。因为本来可以由一个人操纵的木偶，现在必须用三个演员，一个演员管它的嘴巴、

《卖火柴的小女孩》

眼睛等头部与身体各部分的交流，另一个演员管它的两个手的动作，还有一个演员管它的两条腿。对于演主杆的人来说，力度完全改变了，本来是垂直的力度，现在变成了横向力度。要考虑到木偶全部要在光带里面表演，而操纵的演员不能进光区，所以演员不能贴着木偶，必须和木偶有一段距离。演员必须套上面罩，穿上黑丝绒，这样的话光线打过来观众就不会看到木偶后面操作的演员了。但总的来说，改革解决了木偶表演不够完整的缺陷，拓宽了创新的思路，与以往传统表演相比有了一个重大跨越。

采访人：创新后，第一排观众也看不到舞台上的"秘密"吗？

卢萍：基本上看不到，但是新生事物总会有瑕疵。比如演员必须注意木偶的整体形象，始终进入光区，而演员自己不能进入光区。以前演员是垂直操纵，现在使用横向力度，这都是挑战。用横向的操纵的效果真的非常好，因为打开台口以后，木偶全部展现在观众面前，层次丰富了很多。

我们三个演员磨合时，也经常出现问题，一般情况下，大家必须配合主杆操纵，我主杆也必须顾全大家，这是一个整体而非个人的表演方式。有的时候我觉得手的动作非常好，那我主杆肯定要配合一起运动，否则各做各的，各管各的，这个人物就无法完美了。操纵脚的演员也有自己的创作灵感，小女孩的拖鞋跑丢了，演员觉得大雪天，小女孩光着脚，在雪地里行走，肯定很刺骨的，所以抬脚的时候会加上一点哆嗦的感觉。我觉得这个动作恰到好处，就赶紧主杆配合。排练演出的过程就是我们不断磨合的过程，过了磨合期，就会越来越熟练，越来越协调。所以小女孩这一角色的成功，是大家共同创作的成功。

我们的演出场次比较多，跑的地方比较多，因此不可能采用当场配音的形式。在排练接近尾声的时候，就要把台词全部录制完成。那么对于操纵演员来说，对人物创作的把握不能因为我是操纵演员就不重视台词，而是一定要先把台词搞明白，知道台词的来龙去脉，以及角色语气的承上启下。配音演员采用的念法有其分析的准确度，一定要在录音之前和其他配音演员磨合统一好，等到录音结束，操纵演员就完全服从这个录音，所以跟配音演员的合作，也是至关重要的。木偶还有比较迟钝的一面，木偶的操纵需要几个演员共同配合，这种空间、时间上的差异，一定要自己先理清楚。这个地方配音演员需要配合我一下，然后有些地方台词的情绪到哪里，我的木偶表演要紧紧跟随，否则就无法完美地呈现给观众。《卖火柴的小女孩》是我们的创新剧目，拥有新的格式和新的模样，这方面需要特别重视。小女孩有一段重要特殊的台词，这是能震撼观众的重场戏。小女孩声情并茂的台词处理，需要我们对木偶肢体语言的控制，以声带情、以情带动。如此煽情的表演，有评论说"小女孩"赚足了观众的眼泪。

另外，光带的控制也十分重要。演员不能在演区里随意晃动木偶，只能凭借有限的光区把木偶的特性施展出来。一旦偏离光带，木偶的可看性就被大大地削弱了。木偶是综合性艺术，音效、灯光、舞台美术等的配合都相当重要，作为舞台演员，要考虑到这些综合因素，也要尊重这些功能在舞台上的展现。比如剧里的主角是一个可怜的小女孩，在除夕刮风下雪的夜里上场，音效师会送来一阵刺骨寒风的效果，这是音效师在为你的表演铺垫，你不能无视这个效果，应该要配合表现哆嗦的动作。我觉得一个合格的演员应该做到这一点。

采访人：木偶的制作和设计都是有专人负责的，演员对于木偶的造型也是起到了决定性作用。您能说说这方面的情况吗？

卢萍：木偶是演员演戏的重要工具。我们有好多演员，刚拿到的木偶，用起来感觉不顺手，就会自己去加工、去修改。每次只要是角色定下来，我看过造型图以后，就会和制作木偶的老师沟通。比如《海的女儿》里的那个人鱼公主，既然是人鱼，那肯定要有一条鱼尾巴来展现给观众。如果这条尾巴没有柔软度、活力感，随意下垂，就没有生命感。于是我就跟制作的老师商量、探讨，能不能尽量在人鱼尾巴上使用超薄的海绵，或者加上细细的弹簧，让尾巴具有灵动感。这些问题尽量要在第一时间考虑具体，想周全，这样人物的整体感觉才能丰满，为木偶增添色彩。

《海的女儿》

采访人：您觉得什么是海派木偶呢？

卢萍：大家一直都在讨论这个问题。我个人觉得，上海是国际大都市，上海木偶剧团又身处这样一个特殊的文化地域，从全国同行业的范围来讲，是较先一步吸收外来的新文化、新的艺术养分的剧团。所以在多元化的艺术氛围中，海纳百川、兼容并蓄是我们剧团的创作宗旨，求新、求发展是我们的创作理念。我们剧团的创作人员也是不辱使命、不忘宗旨，始终与时俱进，一直在朝着新的方向发展努力，创作出许许多多大大小小、色彩丰富、各种类型的新剧目，久而久之形成了上海自身的一种习派，大家称之为海派艺术。也正是由于这一特色，我们上海木偶剧团申遗成功。可能是因为我在《卖火柴的小女孩》这个剧目中饰演了小女孩这个角色，所以很荣幸，我也被列入非遗海派传承人，并荣获了国际、国内多个奖项。

采访人：您的表演特色是什么？您对角色的塑造有怎样的创新？

卢萍：我的特色就是比较注重人物的个性。演员一定要掌握好木偶角色的个性和基本特征，这样出来的人物就不会是千篇一律的。木偶的确是"木"，但是我们不能让它"呆"，如果呆了那就没有生命力了。角色的生命力怎么塑造？要从人物的内心出发，挖掘人物的闪亮点，突出木偶的个性、特性后，生命力也就会随之一跃而出。

采访人：您接触过皮影吗？

卢萍：皮影对我来说是一个新的课题，因为我之前很少接触这方面，需要慢慢摸索。皮影戏有自己的特色，皮影一定不能离开那块白布。贴得越紧，人物的色彩越鲜明。我曾参与过皮影戏《羚羊飞渡》，其中人物是比较简单的，但剧情很煽情。小羊的操纵是由两个演员一起合作的。首先我脑子里先跳出来一个非常稚嫩的小绵羊形象，要体现它的可爱之处。比如花蝴蝶在吸引小羊注意力的时候，它跟花蝴蝶一起玩耍的时候，要体现它的欢乐性格；小羊在配合妈妈保

皮影戏《羚羊飞渡》

护自己逃生的过程中,又要体现它的灵活、机智、勇敢。演员的动作要做得细腻逼真,小羊玩累了、饿了,钻到妈妈的腿肚子底下用力吸奶,这些惟妙惟肖的小动作,会产生非常好的效果。如果不灌注这种灵魂深处的、有内涵的东西给皮影,那表演真的就像白开水一样了。用心表演的皮影真的会活起来,底下的小观众也会产生共鸣。他们会和皮影一起欢呼雀跃。此时此刻,我这颗一直被皮影牵动的心便会感到十分欣慰。

采访人: 在《智勇少年》中您饰演什么角色呢?

卢萍: 这是一个反映抗日年代的木偶传统剧,我在剧里演一个小男孩,他是个小和尚。我觉得这个小和尚性格应该是比较调皮的,不能真的演成寺庙里那种唯唯诺诺只会念经的小和尚。他有小孩子的童趣、贪玩的一面,即便是敲打木鱼时也不忘体现他心不在焉、东张西望。他活泼可爱,运用聪明机智的天赋骗过了敌人,完成了连大人都难以完成的任务。这样才有一定的可信度和真实性。

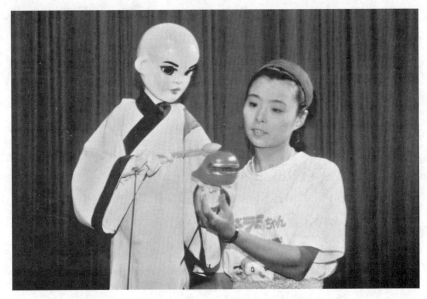

在《智勇少年》中饰演小和尚

采访人：您能说一下关于人偶同演这个形式的发展吗？

卢萍：在当时，观众希望能看到各种各样的多元化木偶剧目，市场也面临着这样的一个商机，所以我们要不断创新以符合当前时代的观众的审美趣味。因此，木偶戏不光是木偶在演出，也开始采用人偶同台的形式。木偶剧《天使的玩笑》便有所改变，剧中人偶同台表演。那年我已步入中年，演鸵鸟。给我设计的嘴巴是能动会说话的，工场间的制作没做全封闭的造型，而是做了一个像国外狂欢节那样的半开放的面具。因为鸵鸟的口型、头型做成全封闭的大头娃娃不太合适，并且在人的嘴巴上套了一个鸵鸟的嘴巴后说台词，真的需要张开道具的嘴巴。这是一个新的尝试，机关是一定要含在嘴里的，配合台词张嘴闭嘴，这样才是鸵鸟说话的姿态。上台时我穿的是紧身的衣服，鸵鸟除了身上有羽毛外，有的地方比如脖子是光光的。这对我这个一直躲在一米七台口后面的木偶演员来说，真的很不习惯。但是我必须要大胆豁出去，千万不要想我是个木偶演员，我没学过这个。我已经处于这个环境中了，必须与时俱进，适应自己的工作，所以我也只能硬着头皮去尝试。结果还算不错，大家也都非常认同这样的表演方式。

采访人： 剧团经常到幼儿园给小朋友演出吗？

卢萍： 类似这种幼儿小戏，我们几乎都在幼儿园演出。因为带的道具少，比较方便。幼儿小戏，就是专门给幼儿带去的小节目，剧情简单易懂，带的木偶也多数是以动物类的为主。孩子们喜欢拟人化的人物，比较容易接受，而且容易产生互动。小戏的距离感特别小，孩子们能够身临其境，共同参与，和木偶玩得不亦乐乎。

采访人： 当时只要带道具过去就可以了吗？需要乐队吗？

卢萍： 只需要放碟片就可以了，所以去外面演出基本上就需要一辆黄鱼车。但是音响喇叭一定要带上，因为不是每个幼儿园的音响都能达到演出效果的。最主要的是，在这样的场合演出，跟孩子们是零距离接触，我们带的剧目都是孩子们特别喜欢的，他们非常愿意配合。你只要告诉小朋友们，一会儿希望你们可以帮助我，孩子们就会毫不犹豫、非常积极热烈地响应你，所以效果都挺好的。比如跟他们说，鸡妈妈现在要去找吃的东西，鸡妈妈在这里下的几个蛋你们帮我看好，万一有老鼠来抢，你们赶紧叫我。他们真的非常积极，比你还着急地参与进来了。对于幼儿园来说，他们也觉得送戏上门这样的模式挺好。老师带小朋友上剧院也有负担，生怕路上不安全。所以我们经常去幼儿园演出，这是每年必不可少的任务。

采访人： 什么是木偶独有的特色？

卢萍： 如果演员用自己的真心去呵护它，你把你自己的生命力、活力、灵魂灌注给它，你的表演肯定会活灵活现。那这个时候台下的观众跟台上的演员会产生一种共鸣。尤其是我们的演出对象是孩子们，小朋友常常容易把你所演的人物当作一个真实的人，他们会帮助你，跟你一起拼命呐喊。此时我们的木偶就不是一个呆呆的木偶了。

《卖火柴的小女孩》没有舞台屏障，演员跟孩子的距离一下子近了好多，在演出当中，所有的感情都宣泄在木偶上。底下的观众很安静，他们注视着所有的细节，一点点小动作他们都看得清清楚楚，他们也全身心地投入进来了，跟着一起烘托了这台戏。这个时候，木偶真的是一个被赋予了灵魂的"人"。这台戏演出结束以后，经常会有大人抱着还在抽泣的孩子上台，孩子们一定要上来安慰卖火柴的小女孩，要把自己手上吃的，甚至自己心爱的玩具送给小女孩。小孩子没有把这个小女孩当成是木偶，木偶是他们的朋友，这真的很感人。现在的孩子有爸爸妈妈、爷爷奶奶、外公外婆的疼爱和老师们的呵护，很多只知道接受爱，却不懂感恩。所以有些小朋友看了这个节目之后，当场就在剧场里哭着喊"妈妈，妈妈我爱你"。有位同行业的领导还特地打电话来说，看了你们的那个戏，结果我第二天下班回家，一进门我家孩子就给我把拖鞋拿好了。孩子知道感恩，知道要去关爱别人，我觉得这就是木偶艺术带给他们在成长过程中的一种新的启迪和感受，这挺重要的。

采访人：上海木偶剧团在全国乃至世界范围内也是处于领先的地位吗？

卢萍：上海木偶戏的艺术创作理念在行业内是一个风向标。我们一直注重创新、拓展方向。演出的时候，台下总有同行朋友来观看，他们特别关注上海的剧目。对外我们经常被邀请参赛和参与艺术交流，同时也拿回含金量较高的各种奖项。

采访人：上海木偶剧团出国访问的机会也是比较多的，您能说说这方面情况吗？

《女娲补天》剧照

卢萍：有领导或者创作人员出去讲课，或者是教学。但我作为演员，一般都是去参加国际上的木偶戏会演和比赛，也就是带着艺术作品出去进行交流演出。

采访人：国外木偶界的情况是怎么样的？

卢萍：首先，我觉得上海木偶剧团是一个比较有实力的剧团，因为从人员方面来说，我们都是学院派的，大多是本科毕业生，都具有一定实力。另外，在物质条件、地理位置方面来说，我们要比国外剧团的规模大得多。因为国外有的剧团可能就是几个民间团体来玩木偶，国家的支持力度不是那么大。讲得实在一点，像我，一辈子就这么一个职业，也能生存下去。但是在国外，木偶事业可能只是他们的第二、第三职业，也有可能就是一个业余的奉献，所以他们的规模不是很大。总的来说，国外觉得上海木偶剧团演出的节目是比较庞大的，是非常有实力的团队。

采访人：您对木偶戏有怎样的感情？

卢萍：木偶戏是一门综合艺术，我们哪一方面都不能忽略。我这么多年在舞台上演出，不能说是我塑造了每一个角色。每个角色都是由灯光、布景、音响、配音、编导共同合作完成，有些情节确实是很难忘的。我个人履历是非常简单的。1973年进上海戏剧学院学习三年后直接进入上海木偶剧团，直到退休。整整40年，我从没挪过窝。我们团里陆续有人下海了，有人当领导了，有人调离到其他部门了，改行了或者出国了，不知道为什么，我一直在这个窝里，从来没换过地儿。所以到退休的时候，我突然在想，这几十年当中，到底是我操纵了木偶一辈子，还是木偶操纵了我一辈子。这种情感很矛盾，说也说不清。"我中有偶，偶中有我"，反正也就这么简简单单地，这么多年过去了。

（采访：陈　娅　整理：陈　娅）

没有灯光，舞台就没有生命了

——孙锦年口述

孙锦年，1947年出生，籍贯江苏省，二级舞台灯光设计。1966年毕业于上海市戏曲学校舞台美术班。1971年起在上海木偶剧团任舞台灯光设计和灯光管理。与他人共同设计的剧目有《小八路》《孙悟空三打白骨精》《红宝石》，独自创作设计的剧目有《闪光的珍珠》《金猴出世》《美人鱼》《智勇少年》《白雪公主》《女皇的新衣》《密林枪声》《钢琴伴唱红灯记》等数十个不同类型的剧目。在《鹬蚌相争》里，首次将紫外线灯光运用到木偶舞台上，利用舞台可见光和紫外线灯光相结合，配合舞台造型和角色的表演，使舞台变成一幅活动的国画，在上海首届戏剧节获得演出奖、造型设计奖。在《迷人的雪顿节》里，发挥灯光的手段，创造了人、偶相结合的演出空间，在1989年上海文化艺术节获得优秀成果奖。在《哪吒神遇钛星人》里，充分运用了舞台灯光特技手法取得了较好的舞台效果，获得第三届文华舞台美术设计单项奖。

采访人：孙老师，您好！请和我们谈一下"文革"前后上海木偶剧团的情况吧。

孙锦年：上海木偶剧团于1960年6月建团，自剧团成立后到"文革"时期，立足仙乐斯剧场，坚持创作、排练和演出，几年内上演了十多出丰富多彩，不同风格的木偶剧。其中童话剧《猫姑娘》，皮影戏《鹤与龟》，木偶话剧《南京路上好孩子》《南方少年》，歌舞话剧《雪山小雄鹰》《金色的大雁》和木偶儿童剧《小八路》深受观众喜爱。同时剧团坚持发扬光荣传统，数年如一日坚持把节目送到工厂、学校、少年宫。当时剧团条件比较差，舍不得花钱雇车，仅靠着一辆人力三轮车，冒着酷暑严寒、刮风下雨，载着演出器材和木偶、道具跑遍了全市各区小学、幼儿园为观众服务，为少年儿童服务。

《小八路》是一出以抗日战争为题材的儿童木偶剧，舞台综合表现手法新颖独特，1968年10月在解放剧场首演，演出效果和观众反响很好。由于"文革"时期各种艺术形式的演出被"四人帮"禁锢，文艺百花园处于百花凋零状态，木偶戏这朵小花破茧而出，观众们争相观看，演出场场爆满，还开辟了木偶戏外宾专场。1972年春《小八路》在锦江小礼堂为柬埔寨国家元首西哈努克亲王一行专场演出。经过近百场的演出，广泛听取意见，不断修改提高，《小八路》成为上海木偶剧团久演不衰的保留剧目。1973年上海美影厂将其拍摄成木偶片电影。

采访人：《小八路》是围绕抢粮食主题的吗？

孙锦年：一开始围绕粮食，后来又改成围绕电台，发挥许多特技，围绕电台做戏。后来抢电台不符合时代背景，又改回来了，还是以粮食为主线比较好。剧本改了，故事情节变动比较大，舞美和灯光在新的基础上重新设计。原来比较成功的灯光手段继续保留，需要发挥和补充的地方需要赋予新的创意，用新的特技手段丰富提高，增强戏剧的情趣。灯光在符合剧情的前提下更具想象力和表现力。

采访人： 在灯光方面有什么改变吗？

孙锦年： 建团初期剧团人力、物力相对缺乏，20世纪70年代初在上级部门关心支持下，我们根据剧团发展需要从戏校和兄弟院团调进一批专业业务人员，加强剧团编导、舞美、灯光、音乐和制作力量。我是1972年从戏校调到木偶剧团从事舞台灯光工作的，入团后当晚就参加了《小八路》的演出。我觉得小木偶大有作为，只要能想象的就都可以办到。当时条件限制，老旧灯光设备已不适应演出要求，必须更新才能适应艺术生产发展需要。对此剧团领导非常支持，报告和预算很快得到批复。我利用原有关系，立即联系文化局灯光研究所和灯具厂改进了仙乐斯剧场的舞台灯光调光设备，添置了舞台聚光灯和效果灯，有些特技效果灯买不到现成的，就自己动手制作改装原有老器材。舞台调光器的更新和完善大大节省了舞台排练和演出中的人力物力。灯光特技的丰富运用，增强了《小八路》新奇逼真的舞台演出效果。

《小八路》剧照

采访人：《孙悟空三打白骨精》是一部怎样的剧目呢？

孙锦年：《孙悟空三打白骨精》是根据同名绍剧移植改编的剧目。由于处于"文革"时期，只能内部排练演出。"文革"结束后，经上级审查批准，于1977年2月在上海歌剧院小剧场首演，获得肯定和好评。《孙悟空三打白骨精》是上海木偶剧团首次出国演出的剧目，并多次获奖。

采访人：请问《孙悟空三打白骨精》运用了哪些灯光特技？

孙锦年：第一场大幕徐徐拉开，舞台上烟雾茫茫，天幕是崇山峻岭。远景中悟空站立云头探路过场，唐僧骑在白龙马上，师徒三人从两座山顶上的独木桥缓缓而来。我们利用灯光特技手段，幻灯胶片画上人物，采用电动马达的单轨效果器转动。人物通过幻灯投影，把活动的人物展现在天幕布景上，活动的人物在静止的景中过场，惊险逼真好看。

第二场大幕拉开是隐身的白骨洞，此洞上方是一个恐怖的白骨骷髅。舞台上灯光暗淡，用紫外线灯光来展示环境。这时一面转动的黑旗在烟雾中把白骨精引上定点灯光，一亮一闪，观众看到的一个骷髅一闪，舞台灯光渐明，白骨精已经变成美女白骨夫人。观众就明白白骨精是妖魔鬼怪了。

天王庙那场，悟空走了，只有三个人了。猪八戒牵着白龙马，沙僧挑着担。整个台都是黑的，天幕后面就是跑云，在云雾中走。然后在云雾中出现了一个山头，上面有座庙，即天王庙。那是假的，悬在半空中，在诱惑唐僧。师徒三人来到天王庙后灯光变化时空转换，呈现在观众面前的天王庙、大雄宝殿烟雾缭绕，如来佛像高坐莲台，唐僧师徒跪拜佛祖。突然灯光一变，如来佛变成白骨精，刚才边上那些罗汉全都是妖怪变的。唐僧一看，哇！这是怎么回事啊？还没反应过来，大雄宝殿已变成阴森恐怖的白骨洞，舞台环境变了。木偶变了，环境也变了，木偶戏无论哪个戏，都离不开灯光的。没有灯光，舞台的表现力就没有生命了。

《孙悟空三打白骨精》剧照

采访人: 请跟我们说说灯光方面的知识吧。

孙锦年: 面光、侧光是舞台常规光,主要起到把舞台照明的作用。面光是舞台正面照明光,侧光是舞台两侧照明光,并具有增强立体造型的功能。逆光不仅能营造、加强舞台气氛,还能加强人物在舞台上的表演造型,使之具有鲜明轮廓、富有立体感。逆光能营造光柱和光幕。这几组光在舞台演出中是互补互存、必不可少的。天幕光泛指舞台背景灯光,以及所有在天幕上体现的灯光特技效果,如雨雪效果、水波海浪、跑云、闪电、烈火等舞台灯光。当然,灯光的各种形式、各种手段都是为内容服务的。

采访人: 请说说《闪光的珍珠》这部戏。

孙锦年:《闪光的珍珠》主要是反映上海某个电厂的工人们是如何辛苦工作的,是现代题材的戏。但是我们用了好多传统的手法,使它像神话一样。电厂落成通电了,我们使用特技手法,幕布后用几排并列的镭射条形灯顺着一个方向不停地闪跳过去,舞台一下子明亮了,千家万户都有灯,包括神仙、仙女都下凡了。台上的灯光搞得非常丰富、非常热闹，我们还邀请朱逢博老师来伴唱，效果挺好的，大家都喜欢。现代题材的木偶戏比较难搞，不加一些手段和特技，没有名人的支持，可能上座率会受影响。

采访人：《女皇的新衣》是根据《皇帝的新衣》改编的，在这部戏里是如何运用灯光的？

孙锦年：这个戏是童话剧，主要反映两个骗子怎么骗女王的。宫殿里很亮，他们在角落里织布，女王来看，就用定位光把他们两个人定在那个地方。然后舞台灯光渐暗，女王过来了，追光灯紧跟女王。"你们在这儿干嘛呢？""我们在给你织布。"用灯光变化来体现不同的表演区域。然后到了大庭广众之下，下面全是人，女王其实就穿了自己的内衣，什么外衣都没有。"你怎么这样呢？""我不是穿了最漂亮的衣服嘛！聪明的人都能看得见，你看得见吗？"那些拍马屁的大臣说，"看见了，看见了，女王的新衣真漂亮"。一下子舞台还原灯光亮起，大家看到的是女王没穿新衣，大家说的都是假话。

采访人：在《鹬蚌相争》里面，您首次将紫外线用到了木偶剧中。您当时是怎么想到用紫外线这个手段的？

孙锦年：1982年我在上海戏剧学院灯光专业培训班进修学习，接触到了紫外线，而且也看到其他剧院在舞蹈上用了紫外线来衬托。我觉得服装造型很漂亮，就想把它用到我们木偶舞台上。后来正好要排《鹬蚌相争》，我就跟导演商量了一下。导演说，好啊，你去看看采用什么方法。我就到外面去看。后来在一个研究所里，我们发现有这种荧光材料，就买回来试验，做成各种各样的造型。在舞台上，后面是黑幕，紫外线照着看，效果很好。后来我们把它做成可移动的、灵活的，因为木偶本身要动，就用上了紫外线。从没有到有，然后又从静止的变成活动的，底下就有掌声了。一幅静止的国画在音乐中活过来了。《鹬蚌相争》剧名这四个字是用荧光色写成的，紫外线光照在剧名上产生的效果如同霓虹灯一般。舞台口沿幕里装了一组紫外线灯光，台口下面也

《鹬蚌相争》剧照

用的是紫外线,上下呼应。所以无论在上、在下这个光线都比较清晰、比较好看。色彩任意变换的追光使鹬和蚌更活灵活现。这在当时来说是比较新颖的,也产生了比较好的舞台效果。

采访人:《鹬蚌相争》里,舞台就像一个活动的图画的感觉。

孙锦年:紫外线不是创造,它只是为能产生荧光效果的舞台主体提供了条件。活动的图画离不开编导、设计的构思、造型、制作的体现和演员精湛的表演。在大家共同努力下,《鹬蚌相争》既是一部木偶寓言剧,更像是欣赏镜框里一幅活动的图画。

采访人:《金猴出世》中的灯光又是怎样的特色呢?

孙锦年:它是《西游记》的一折,是神话剧,要搞得神奇、新颖,大家看了眼睛一亮。我们用灯光变化和特技手段来突出《金猴出世》。一开场舞台昏暗混沌,忽然一块石头炸开,里面火光一冒,金猴降世,舞台天幕都明亮,万物复苏,山清水秀。还有"借宝"一场戏,龙宫用灯光手段表现神奇,定海神针在天幕上由大变小,采用的都是灯光特技。戏内时空的转换,一年四季的变化,都是采用灯光手段进行处理的。后面基本上是以常规的方法为基础,加上一些木偶和灯光的特技来突出。

《金猴出世》剧照

采访人：《美人鱼》《海的女儿》也是您布景的，您能跟我们说说这两个剧目吗？

孙锦年：《美人鱼》是20世纪80年代初期排演的民间故事神话剧。舞美灯光手法新颖丰富，海底世界和龙宫很美。运用老式的高压汞灯，灯前装上紫色玻璃罩，用变压器触发灯慢慢亮起来，灯管温度高了会自动熄灭，要等冷却才能再次使用。《美人鱼》首次创造了海底世界美丽意境，把能表现的特技手法都用上了。在演出中把重复使用的特技逐步修改、调整。那些水灯、水景都是紫外线灯配合下产生美好舞台效果的。天幕背景特技很丰富，鱼儿游来游去、水草在水波中摇曳、串串水泡从海底升起，几台不同形式的水灯在不同场景中运用，产生不同效果。演员感觉是在水里面演戏。

《海的女儿》于2008年3月首演。该剧虽在灯光设计上借用《金猴出世》和《美人鱼》的许多特技手法，但表现海底世界有新的设计、新的亮点。舞台装上紫外线和舞台照明灯，使用荧光颜料、普通颜料相结

《海的女儿》剧照

合绘制。美工在不同光源下绘景,到舞台之后效果不够,我们再用一些特技的手段补充。灯光的色彩丰富、对比强烈。剧场原有灯光不适合该剧使用,便按照自己设计要求布置。舞台内上下、两边装了水灯,表演区光源照明、造型,光幕的灯光集中在木偶舞台框内表演区。灯光布景、特技结合,让观众如同置身海洋世界里观看木偶剧,有身临其境的感觉。大家都蛮喜欢的。

采访人:黑光剧的概念是什么?

孙锦年:早些年我们木偶戏最流行一个手法,舞台都是黑的,演员也穿着黑色衣服,唯独木偶比较鲜亮。这对于灯光的要求比较严格。我们用的灯都是进口的成像灯,一点余光都不能有,一点都不能漏光。光区都是严格控制、严格切割的。所以就规定,演员就在那50厘米之内活动,到55厘米以外是不可以的,就在那里表演,一出去就没光了。有时候我们在底下看,你的手怎么露出来了?再退进去一点点。排练的时候都要经过严格训练的。两边都有成像灯,而且不是一个,是一排,都是这么打过去。另一边也是一排,所以无论木偶走到哪儿,基本上两边都有光。后面加上光幕,把不需要看到的东西全部都给你挡掉,处理掉了。观众受光幕影响,能看到舞台上木偶表演而看不见舞台上操练木偶的演员真人。这是我们上海木偶剧团的首创,应该说以前全国没有人用过,出来的效果很轰动。

以前有一米七的台口,演员不能暴露在观众的视线里,所以木偶就在一米七以上。后来我们就打破了一米七的台口,这样演员跟观众贴近了,观众一眼就看到演员了。所以我们必须想办法处理。演员穿的是黑衣服,跟黑色的背景是一样的。木偶表演区的灯光不能打到演员,必须通过逆光的光幕来造成一道墙,木偶在前面表演,演员在光幕后操纵木偶。

采访人: 效果怎么样?

孙锦年: 更逼真了,更有感染力。比如《卖火柴的小女孩》里的小女孩冻得发抖、倒在地上,好多观众看不见演员,就看见木偶,大家就感觉画面怎么那么逼真啊? 小姑娘躺在地上抽泣,底下也有抽泣声,台上台下都呼应了。

采访人: "人偶同台"对灯光组是不是要求更高了? 因为不同的木偶,需要的灯光效果也是不一样的吧?

孙锦年: 对我们来说,也是个尝试。从灯光上来讲,首先必须要突出表演。其次,观众要能看得见,不能喧宾夺主。如果我们光考虑意境怎么样,或者环境搞得很优雅,台上黑咕隆咚的,观众看不见也不行。在观众可以看得见的情况之下,我们要把木偶提亮。但是面光一提亮,整个舞台更亮了,木偶反而突出不了。我们用灯光划分两个表演区,在上面装了一排顶灯。面光、侧光改成可移动的,贴近木偶表演区,专门是为木偶服务的,相当于一个表演区是专门为演员做的,另一个灯光的表演区就是专门针对木偶的了。所以说这个其实也是一种尝试。

采访人：人偶同台效果怎么样？

孙锦年：《迷人的雪顿节》是一个人偶同台、有分有合的大型综合性剧目，对舞台条件有要求。我们搞这个戏的时候，一是反映民族团结；二是要把藏文化那种宏大的气势、欢快热烈的场面展示给观众。所以台上台下要呼应，有互动。我们跳牦牛舞的时候，牦牛从观众厅尾部进来，从台上跳到底下来，在观众席走一圈。当时演出的时候，我们后面可以用追光，不能用场灯把整个剧场照亮，不然的话台上就暗了，效果就差了。那些喇嘛出来的时候，也是用灯光在后面铺垫一下，把他们引上舞台。舞台上没有一米七的台口遮挡幕布，是跟真人演出一样的舞台。然后需要有杖头木偶表演的时候，后面有个一米七的木偶戏台口推出来，但那不是幕布，是和演出风格相统一的一块景、山片，或者是藏文化的一种装饰物。后面就有木偶出来表演了，两者有机结合。

采访人：《孪生兄妹》也是您负责的吗？

孙锦年：是的。这部戏是根据同名童话故事改编的，表现手法比较抽象，舞台上也没有很多的布景，都是明快的线条组成一个画面，写意风格。木偶造型夸张漂亮，操纵灵活自如。灯光明快，每场戏背景光、色彩基调都不一样，在舞台上出现水灯，背景是海水，演员身上都是水浪，用这种方法来表现。所以光源要特别加强，来突出木偶表演。

采访人：您能给我们介绍一下木偶剧《智勇少年》吗？

孙锦年：1995年为纪念世界反法西斯战争胜利50周年，对广大少年儿童加强爱国主义教育，我们创作演出了木偶剧《智勇少年》。它是一部揭露日本军国主义对中国疯狂侵略，歌颂中国人民在中国共产党领导下奋起抗日，展现少年儿童在斗争中以英勇顽强的精神战胜日本侵略者的故事。

在创排过程中我们参观了抗日战争的图片展览，联系走访了展览中实物照片的提供者，他热情接待了我们，为我们提供了大量有价值的资料，征得同意后我用相机把原件都拍摄下来，提供给编导作为创作素材。然后我又将照片翻拍制成灯光幻灯片，因为那时剧团还没有投影机，演出时用天幕投影灯替代，两个人负责四台幻灯，随剧情发展和旁白变化灯光，把一幅幅历史照片展示给观众，让孩子们真切地看到日本军国主义在侵华战争中犯下的滔天罪行。

采访人：《哪吒神遇钛星人》是如何运用灯光特技的呢？

孙锦年：这个戏要出奇，必须要把那些科幻的手段都用上去。要表现宇宙的浩瀚，太空舱内的先进神奇，用的手法是要比较丰富、有想象力的。每一场都有不同的表现手法。比如说在第一场，深蓝的太空繁星点点，开始是静止的，配合音响效果，流星在闪烁、在流动。远处的一个小星球，由远到近、由小到大，转动着越来越近，最后把整个天幕都占满了。哦，原来是地球。外星人来取水，要把我们地球上的水抢走。地球上往外天幕突然出现一根流动的白线，代表水被外星人抢走了。后面的几场戏是哪吒和外星人进行战斗、交锋，维护我们地球的利益。

《哪吒神遇钛星人》剧照

最后到了哪吒庙,场景用了幔帐、两个莲花灯。我们用了小的闪烁的灯来代表莲花灯,还用了紫外线。幕布拉开来一看,庙里面很神奇,色彩很丰富,两个小灯在闪,落到了哪吒的身上,哪吒的定位灯光圈渐渐放大,舞台灯光由暗渐亮,观众看到的是非常漂亮的庙宇佛殿。这场戏从一开始就是以灯光的手段做个引子,把观众带到环境里。

采访人: 这是一种舞台背景的突破,对吧?

孙锦年: 对的。在舞台的背景、灯光的表现手法上有所突破,静止背景都变成流动的,各色的行星不停转动、流星滑过,突出了宇宙的浩瀚、太空变化的神奇。我们还特意把观众厅和舞台都布置成科幻世界,高耸的圆形屋顶用紫外线灯照射得如同夜晚的天空,玻璃球反射出的光点如同满天繁星,观众进入观众厅就如同到了太空城。演出开始了,场灯渐暗,观众的视线全部被吸引到舞台背景上。天幕上深蓝色的流星滑过,地球转动过来了,渐渐地由远而近,由小而大,形象逼真,舞台效果很好。但方法很简单,我用了一个球形的灯泡,表面上涂了一层透明胶,干后用照相颜料画成一个地球,灯座下安装一个电动马达,固定在投影幻灯聚光镜前,幻灯渐亮,转动的"地球"透过投影物景照射到天幕上,逼真的地球就在天幕上出现了,观众也觉得很新鲜。随着现代科技的快速发展,高科技的手段已被广泛应用到舞台剧演出和综艺节目中,LED屏幕可以任意创造和变幻,台下观众如身临其境,舞台美不胜收。

采访人:《红宝石》剧情精彩,运用的特技也是非常多的,能跟我们讲讲吗?

孙锦年:《红宝石》是一出久演不衰、特技丰富、综合艺术完美的木偶神话剧,深受国内外观众的喜爱。

白鹤、凤凰向往自由幸福,追求光明生活,他们在阴霾黑暗的环境下苦炼了一块红宝石,却触怒了天王,各路神仙奉命捉拿他们并要夺取宝石。众仙个个身怀绝技、各显神通,阴阳仙翁手持云帚,一副慈眉善目的

《红宝石》剧照

菩萨模样,一翻脸竟变成青面獠牙的恶魔;霹雳山神脑袋能劈开闪出电光;长臂大仙的手臂能从观众厅顶部的面光台伸到舞台,并夺取宝石;银蛇魔女正面是个美女,转身却是一条蟒蛇;双头大仙手捧酒坛,边走边喝,忽然从胸前又冒出一个脑袋争抢喝酒、互不相让……然后舞台上出现一只耸立的玉瓶,凤凰被吸入玉瓶,瓶内灯光渐亮,看到凤凰在瓶内被毒蛇咬、洪水淹、烈火烧,当瓶内特技结束,外面的灯渐亮,此时观众见到的又是一个完整玉瓶。在这个玉瓶制作上有技巧,玉瓶中间开了一个窗口,然后蒙上纱布,瓶身绘制采用的是彩色透明照相颜料,外亮内暗时看不到瓶内,外暗时瓶内灯光渐亮,则瓶内特效清晰可见。

采访人: 长臂大仙那只大手的特技是怎么做的?

孙锦年: 长臂大仙的手一会儿伸到这儿捞东西,一会儿伸到那儿捞东西,手是可以伸缩的。他的手是用一个个钢圈连起来,里面有绳子,一收就收起来了,手是硬的,其他都是软的。长臂大仙手的直径最起码有七八十厘米,臂长十米,手往外一放,突然从观众头顶上一下子过去,观众还没反应过来,一看那么大一只手,都吓一跳,看到长臂大仙把宝石给抢走了，观众才醒悟过来。真惊险！这些都是木偶特技啊。

采访人：《红宝石》里的闪电特技是怎么做到的？

孙锦年：我们在霹雳大仙的身体里装了一个低电压卤素灯泡。脑袋一打开，开关就开了。因为220伏不安全，亮度也达不到想要的效果，我们用了一个30伏的400瓦高色温卤素灯，灯光如同闪电般，很亮。特技的关键是要给观众刺激感，让小朋友看了以后觉得很新奇。《小八路》等以前演的那些剧中茶壶里可以倒出水，木偶划火柴、吸烟等技巧，小朋友看了都很惊奇。木偶离不开特技，也离不开灯光，所以它是综合性很强的一门艺术。

采访人：《红宝石》的创新点就是，它不但利用了舞台，还利用了舞台以外空间，是吗？

孙锦年：对，整个剧场都利用起来了。长臂大仙的长手一下子从观众的头顶伸向舞台夺走了宝石，白鹤和凤凰比翼双飞，从舞台飞到观众席，最后飞进二楼窗口内，整个剧场的观众都沸腾了。上下有互动，整个剧场都成了木偶表演区。因此，外地很多同行剧团都到上海来观摩学习并移植《红宝石》。

采访人：您能说说特技组的情况吗？

孙锦年：钱时信老师很会动脑筋，以前上海木偶剧团的很多特技都是出于他手。我们剧团有木偶制作，演员中也有很多能工巧匠，大家群策群力，在原有基础上不断创新，只有想不到的，没有办不到的。所以说当时剧团整个运作都是很好的，导演、造型、制作、设计和演员等是环环相扣的，大家合作得很愉快。

采访人：对于杖头木偶、提线木偶、布袋木偶来说，舞美有什么不一样的地方呢？

孙锦年：杖头木偶是上海木偶剧团的主要表演样式。常规的演出多以杖头木偶创造演出角色，要求舞台综合性强，木偶造型突出个性，舞台布景色彩明朗，灯光变化精彩神奇，演出环境适应性强，演员在一米七台口幕布后操纵表演。提线木偶小巧精致、灵活,对基本功和个人技巧要求非常高。提线木偶顾名思义,木偶由人提线操纵表演,一指手、走路回头、打开折扇扇风,惟妙惟肖。布袋木偶又称掌中戏,木偶套在表演者手上,能做各种动作,如演传统戏,一人可同时操纵两个角色,表演开打翻跟头等高难度动作。杖头木偶、提线木偶、布袋木偶是三种表演形式不同的木偶,但都具有观赏性、娱乐性、玩偶性。

采访人:您对皮影方面了解吗?

孙锦年:我们团刚成立的时候,全称为上海木偶皮影剧团。木偶、皮影这两个品种同样受重视,均坚持立足仙乐剧场为少年儿童演出。但是我们到学校、幼儿园演出的话,受场地、流动性、观众喜好等因素影响,木偶戏比皮影更受欢迎。皮影戏容易受客观条件影响,演出经常会受到干扰。从皮影的演出效果来看,剧场和舞台条件对皮影演出质量至关重要。全国的皮影戏,我们大多数都观摩过,差距很大。唐山、黑龙江、湖南的皮影技艺强、有特色。而上海木偶剧团自建团以来一直以木偶演出为主,皮影戏专场演出相对较少。20世纪70年代初,我团演出的《向阳河畔》把皮影融合在木偶演出之中,演出效果很好。皮影戏作为古老的传统艺术可继承保留。

采访人:皮影对灯光的要求怎么样?

孙锦年:皮影最早是用驴皮绘色雕刻出来的,其灯光使用最早主要靠原始光源投影。后来材料有了新的发展,有的地方演皮影就用大灯对付。但当时银幕四周遮挡不严密四处漏光,观众还没看到舞台表演什么东西,后面灯泡就很亮了,有些刺眼。皮影的投影光源经过了原始光源、自然光源、白炽灯、日光灯、电子荧光灯几个发展阶段。科技发展,促进社会进步,人们的欣赏水平提高了,审美提高了,要求就比较严格了。原先日光灯因为是继电器启动,光会闪,这不符合演出要求,对于意境来说是最大的破坏。后来我们经过不断地研究、实践、学习,研制出电子的整流调光器,灯光就很自然地亮了。在画面上,我们的荧幕是白布一块,上面一部分加了一点蓝色灯光纸光。虽然只有一点点变动,但会产生很好的艺术效果。上面是蓝色的天空,底下就是皮影戏表演的区域。日光灯是白色的,所以皮影的丰富色彩都能体现出来。虽然皮影是平面的,人物都是侧面表演,转来转去的不完整,但是皮影历史悠久,是中华传统文化中的一个古老艺术门类,应该保留传承。

采访人: 1982年、1987年,您两次在上海戏剧学院灯光专业培训班进修学习,收获的新理念是什么?

孙锦年: 当时是专家给我们上课,学生们是各个院团灯光的主创人员。我们都是实践过的,大家都有基础,老师一讲就明白了。国外的一些新的东西、手法,以及舞台上哪些东西是提倡的、哪些东西是要避免的,这些老师都讲得比较清楚。演员必须是主体,一切要围绕演出服务。灯光也是为演出服务的,照明要明亮、手段要丰富、要创新、要出奇。要不断创新,吸收新鲜养料来丰富提高自己。国外的教授来了以后,也谈了美国的一些理念。我们把能吸收的都吸收过来,用到我们自己的舞台上来。

采访人: 什么是写意的概念呢?

孙锦年: 那时候国外的艺术创作相对比较写意,美术作品都以夸张、变形美展示体现,不像我们把很多东西交代得非常清楚,舞台灯不用大手笔,点到为止。木偶戏也是如此,比如表现一个青蛙,就是搞个布袋,挂上一对乒乓球,画上几条绿色条纹,伸进一只手,呱呱呱,观众一看就明白这是表现什么。所以在灯光上,手法要新颖,强调突出一个主题。所以我搞《密林枪声》时也这么考虑的,不把整个意境都破坏掉。用一条光束、一个光影就可以交代一个时间与地点,需要的地方调一点灯,或者给它一点分量,这样就可以了。

采访人: 什么是木偶剧独有的特色?

孙锦年: 木偶剧有着独有的特色。我觉得创作来源于生活,高于生活。不求形似,只要神似,木偶剧跟真人表演要有所区别,要夸张,不要过于写实。任何一种表演形式都不能缺少表演,演员操纵木偶传情达意,通过木偶的表演,提供给观众精神上、视觉上美的享受。但舞台艺术是综合的艺术,光靠表演,是没有生命的,如果没有灯光,舞台就缺乏可看性。

采访人：对于木偶剧的"真与假",您是怎么看的？

孙锦年：我觉得这个还是看演员的基本功,灯光只是为表演提供了一些条件。演员表演的时候,带着一个假人,演员可以把假人变成活的,非常真实。等真的演员在台上表演时,观众感觉自己一直是在看木偶表演,觉得是假的。实际上最后谢幕,大家才反应过来,哦,原来是一个真人、一个假人。

采访人：是灯光的运用让那个假人看上去很真吗？

孙锦年：灯光起了画龙点睛的作用,我觉得木偶剧是综合性很强的艺术表现形式,开放式人偶同台表演,舞美、灯光的灵活运用会使木偶人物更加活灵活现。

采访人：上海木偶剧团的舞台美术经历了哪几个阶段的发展？您能跟我们描述一下吗？

孙锦年：早期木偶剧对舞美、灯光要求不是很高。舞台上需要一些布景装饰与原始灯光照明,只要观众能看清舞台上木偶表演就行。《小八路》《孙悟空三打白骨精》《红宝石》和几个神话剧不断完善和提高以后,我们意识到舞台灯光在演出中的重要性,舞台灯光是舞台美术的组成部分,也是综合艺术的重要部分。剧团领导对我们这项工作也比较重视,在设备上、人力上、物质上加大了投入,使我们能够更加得心应手地工作,提高了舞美效果,使之创造出更加新颖的舞台情景。

采访人：当时上海木偶剧团的天幕是怎么样制作的呢？

孙锦年：以前上海木偶剧团有两种方法,一种叫画天幕,就是画一个基调。比如要山就画几座山，要田野就画个田野，没有很多的色彩，要借助灯光，使环境有变化。同样一个环境到了晚上有夜景，到了黎明满天彩霞，到了下午有晚霞，到了白天阳光明媚，下雨了、雨后天晴了，基本上都是用画天幕来体现灯光的变化。彩虹是用棱镜折射到天幕上，不可能画彩虹，画上去是死的；下雨、刮风都是用灯光的方法表现。另一种方法就是后来采用的舞台投影幻灯，通过绘制幻灯片来交代每一场的场景，这样就比较丰富了。现在的科学技术发达了，使用LED，要怎么体现就可以怎么体现了。舞台上一会儿是大草原，一会儿是宫殿，一会儿又是西湖夜景，这些都可以体现。LED的创作空间比较大，对我们也提供了方便，舞台看起来更丰富多彩、更加漂亮、更加逼真。舞台灯光技术一直是不断发展、不断提高、不断创新的。木偶戏灯光最大的作用还是突出人物、突出表演，丰富戏的内涵，它是木偶艺术中非常重要的一个环节。

采访人：舞台上的可见光是什么意思？

孙锦年：舞台灯光在使用中分为可见光和不可见光。舞台上常用的照明灯具的光源都属于可见光，灯泡靠钨丝发出光亮，舞台常用灯有成像灯、聚光灯、泛光灯、投影灯等。而紫外线灯又称紫光灯、黑光灯，灯泡、灯管玻璃全都是深紫色，它没有钨丝，靠气体放电产生短波光，属于不可见光，必须借助荧光材料和白色反光材料才能产生效果。我们把紫外线灯运用于舞台演出中，大大丰富了表演和舞台美术的魅力。使用五颜六色的荧光材料制成木偶道具，用荧光颜料绘景，在舞台上用紫外线照射，色彩鲜艳夺目，舞台仿佛就是一幅活动的国画。紫外光容易使人产生视觉疲劳，所以我们都是和可见光配合或交替使用。

采访人：海派木偶的特点是什么？

孙锦年：海派木偶的特点，我觉得就是创新，表现手法新奇多样，有自己独有的特色，而且观众能接受理解。

采访人： 上海木偶剧团一直在不断追求创新。您曾随团出国访问，您觉得和境外的同行们相比，我们的优势在哪里？

孙锦年： 我去过我国港澳台地区、日本、欧洲等地。我们去的时候有两个任务，一是文化交流，二是演出。在日本，我看了他们的演出。他们的演出有提线的，也有布袋的，有写意的，也有夸张的。他们以表演为主，其他的要求不是很严格。他们那边体制可能跟我们国家的体制不一样。我们国家有政府的投入，舞台比较气派、比较大。他们那边相对简单轻便，注重木偶表演。但是表演形式还是蛮丰富的，各有各的特色。我在法国的时候，曾经自己买票看了真人秀的灯光表演，这是个很难得的机会。看了以后我觉得他们用的那些手法，基本上和我们是比较雷同的。作为内行来观摩，可以说那些都是我们以前用过的东西。但是对于他们的观众来说，还是蛮新鲜的。舞台上无非也就是使用成像灯、紫外线、LED等，都是通过灯光的手法，用成像灯的交替、色彩的互换等元素，让舞台显得变幻莫测。我看了以后觉得也不错，但是这些东西对我们来说已经不新鲜了。

采访人： 以前演员表演的时候，前面有一米七的台口，人在后面演出吗？

孙锦年： 上海木偶剧团表演的木偶是杖头木偶，演员在一米七台口下操纵木偶，那是传统的方式。后来创新改革，把一米七的台口推翻了。但是木偶是不能腾空表演的，必须有落脚点，我们就搞了一个70厘米的小台口，底下装着轮子，从里面可以推出来，不用的时候可以拿掉。舞台底幕是黑色的，小台口也是黑的，经过舞台灯光处理，观众看不见演员操纵木偶，木偶保持在一个水平线的特定光区里表演。这样木偶和观众的距离近了，观众的观看更加清楚，体验更加亲切。这样对灯光的要求比较严格，灯光必须在这一块，不能比70厘米低，低就穿帮了。不但高度有讲究，而且对于光区的控制也是非常严格的，演员只能在这个光区里表演，不然就破坏了画面。另外也不能离开光区太远，观众会看不见的。后来我们又搞了光幕,光幕可以解决这个问题,把操纵的演员给遮挡掉。

采访人: 光幕是什么概念?

孙锦年: 后面装了一排逆光,根据具体的需要,有暖色、冷色,打出木偶台口外,木偶能吃到光,操纵木偶表演的演员不能吃到光。光幕下演员挡在光幕后,能造成一种错觉,观众只看到舞台上的表演,而不会看到操纵的演员,从而保证舞台效果。

采访人: 这样的话,第一排其实也看不出来吧?

孙锦年: 对的。

采访人: 这种方式刚出来的时候,挺轰动的吧?

孙锦年: 人家搞不懂,木偶怎么没有人操纵还能动呢?是不是你们用什么机器遥控的?都上来问。实际上是演员操纵的,但是因为光幕的关系,看不出来。很多同行也过来取经,回去尝试。后来好多剧团也用这种手法来演出。

采访人: 您对木偶有着怎样的感情?

孙锦年: 要说的话很多。我的从业道路,首先要感谢上海戏曲学校培养了我,感谢上海木偶剧团的领导,也感谢剧团的同事,使我能够有实践机会来发挥自己的能力。大家一直合作得非常愉快,剧团能有今天是几代人汗水的结晶,我怀着一颗感恩的心。谢谢他们。

我见证了上海木偶剧团的发展。虽然我不是建团时期就来的,而是1972年才来的,但是前辈的那种创业的精神、拼搏的精神,让我很感动。我们并肩作战,一起工作,我觉得木偶人确实不容易。在"文化大革命"的时候,各行各业都很萧条,各个剧团都停止运作了,但是上海木偶剧团没受干扰,业务工作正常开展,演出没有停止过。从过去到现在,这么多年,我见证了木偶剧的发展,我觉得今非昔比,这是翻天覆地的变化。

(采访:陈　娅　整理:陈　娅)

孩子高兴，我就高兴
——孙毅口述

孙毅，1923年出生，江苏宿迁人，中国作家协会会员、上海作家协会理事、中国戏剧家协会会员、上海戏曲家协会会员、上海民间文艺家协会会员。结业于上海现代电影话剧专校，毕业于中国新闻专科学校。曾任中国福利会儿童剧团指导员、创作室主任，《儿童时代》副社长、主编，《为了孩子》和《现代家庭》编辑部副主编。1952年创作木偶剧《兔子和猫》，由中国福利会儿童艺术剧院演出，并赴京在政务院礼堂为党和国家领导人演出，又在中南海怀仁堂为首都少年儿童优秀代表演出。1963—1978年在上海木偶剧团任编剧、编导组组长、艺委会委员。曾参与创作《南京路上好孩子》《南方少年》《小八路》《猪八戒学本领》《毛毛小淘气》等十多部不同类型的木偶剧，其中《南方少年》被拍成电影木偶片。出版发表了《五彩小小鸡》《会飞的帽子》等木偶剧本，其中《一只小黑》获1983年陈伯吹儿童文学奖，《五彩小小鸡》获上海市幼儿文学奖。

采访人：孙老师，首先请您介绍一下自己。

孙毅：我叫孙毅，1923年7月2日生。

采访人：您在上海木偶剧团主要是做什么工作的？

孙毅：编导组长，艺委会委员。

采访人：能和我们说说您在中国福利会儿童艺术剧院的事情吗？

孙毅：我最早是在儿童艺术剧院的，后来中国福利会宋庆龄主席把我调到《儿童时代》做社长，使我离开了戏剧。之后，我离开了《儿童时代》，调到上海木偶剧团，做编剧工作。我是新的文艺工作者跨进了老木偶剧团，就是要去改革创新。我在儿童艺术剧院的时候，由于宋庆龄主席希望能把木偶戏也演给中央首长看，1952年我们全团到北京演出，带去的是木偶剧《兔子和猫》。这是一部情节很简单的短剧，小白兔要种菜，老猫去捣蛋，老爷爷是园丁，他把猫赶走了。这部戏的创新之处是主要角色不完全是由木偶演的，老爷爷是"人"演的。木偶小兔子的腿和手是由木钎子控制的，在操作的时候，靠布景的树和草把钎子遮掉了。孩子们都挺喜欢这个小兔子的。木偶兔子是靠布景的遮拦在原地表演，而老爷爷是可以自由在舞台布景里和木偶一同表演，"人"就像是一个大木偶。毛主席看了这部剧以后也很喜欢。

采访人：《兔子和猫》的创作背景是什么呢？

孙毅：《兔子和猫》是我执笔写成的剧本。任德耀团长在苏联观摩的《兔子和猫》是一出比较长的戏，他回来以后给我讲了这部剧，但是他把这个故事缩短了，我就按照他讲的这个故事的长短创作了我们的《兔子和猫》。上海木偶剧团本来是演京戏的班子，钱时信同志等"老八哥"是剧团的元老，都是来自苏北的老头。他们还年轻的时候曾到各个省市跑江湖，演的都是京戏，比如《追韩信》《霸王别姬》等。像兔子、猫等光溜溜不穿衣服的剧，木偶操纵杆子容易露馅，显得不真实。有时候我们用布袋木偶跟杖头木偶一起来合作表演。有些人在争论，这个杖头木偶怎么脚看不见。可是有人就说了，假如你去京剧院看梅兰芳的演出，你看他的脚还是看脑袋？当然看他唱了，谁会看脚。木偶也是这个道理，观众进入情景以后，被木偶的表情、讲话、台词吸引了，其他方面也就不太在意了。戏演到剧情紧张的时候，观众才不管那些腿脚露不露馅。作为编剧的的确确通过这种讨论增加了知识。《兔子和猫》塑造了兔子的勤劳、猫的懒惰，并且通过小羊帮助兔子，宣扬了劳动的主题。

后来我跟老艺人钱时信以及张启德导演一起排了一个新戏《小猫钓鱼》。小猫偷兔子放在篓子里的鱼，但钓鱼的动作很难显现出来。钱时信就用皮影来呈现河流，猫在后面，兔子也在后面，前面钓鱼竿子是人在用皮影操作。这个剧很受欢迎。木偶戏以前全是用杖头木偶，但是这次用了布袋、杖头、皮影、人。这四样合作是一个大创新，从全国范围来说，之前从来没有剧团这样演出过，这是上海独有的一出戏。这出戏演了好几个月，反响很好。

采访人：《兔子和猫》的创新点是什么？

孙毅："新奇"是最吸引人的，孩子们在一出木偶戏中看到了杖头、布袋、皮影和人这四种元素。木偶有三根扦子，第一根扦子是竹竿，然后就是两只手。现在兔子、猫等都是光身的，那么大的杆子肯定是会露出来的。因为比例上的关系，我们团的工场间对造型花了很多功夫，可以说木偶戏的创新离不开工场间的制作和改造。我们工场间的朱炳富师傅很有技术。这出戏的木偶手部改造很关键，我们要求它能够很真实地模仿人的动作。并且我们还对"眼耳鼻喉"提出新的要求，这是真实的故事的造型，它的动作与京戏的动作是有区别的，如眼睛和嘴巴上的动作，是跟以前京戏的"动"不一样的。这里的布袋木偶用的是大布袋，而不是小布袋。

采访人：请和我们聊聊《南京路上好孩子》吧。

孙毅：这是第一个演真人的木偶戏，是从下生活中体会出来的。

《南京路上好孩子》的故事灵感从哪里来？从生活中来的。以前流行过节晚上看灯，那个场面真的是人山人海。每年这个时候云南路派出所都会接到报案，大人带着孩子来看灯，挤来挤去把孩子遗失了。区团委、里委的人就在派出所想办法。有的孩子能知道家里地址，打了电话就想办法送。但是往往丢失的孩子太多了，在派出所里挤都挤不下。派出所里有民警，还有一批少先队、志愿者，负责送孩子，有的孩子不知道地址，这就麻烦了。有矛盾就有"戏剧冲突"。一个地方送不到，就到第二个、第三个或者第四个地方接着送，为什么？因为叫"小宝"的孩子太多了。他不姓孙，他姓王，他家里没有孙小宝，有王小宝，剧里每送到一个地方都有一个新的故事。门一打开家里人说，我的小宝出去带弟弟看灯去了。到第二家，人家说这里没有张小宝，只有孙小宝。张小宝在干吗呢？在烧水，供应路人看灯喝水。后来找到了刘小宝，他在干什么呢？他把邻居老太太送进医院去了。每到一个地方，所有的"小宝"都在做好事，但都不是要找的那个"小宝"的家。《南京路上好孩子》引起了新闻界、文艺界的一致好评。之前从来没有过现代儿童剧，上海木偶剧团的创新之处就是木偶、皮影的综合艺术在一台戏里有了改革。另外上海木偶剧团演现代话剧是创举，在木偶操纵和制作上都有创新，这是之前演京戏的三根棍子所表达不了的。

采访人：儿童演员长大了不能演儿童了，怎么办？

孙毅：我们领导想到过这个问题。1950年我开始在儿童艺术剧院工作，是很担心如果小孩子长大了的话，还怎么做儿童演员这个问题。去苏联开会回来以后，我们就放心了。为什么呢？观看苏联儿童剧时感觉舞台上是小孩子在表演，但是到后台参观后才发现，原来都是三十几岁的成年人在那儿演出。台上的布景桌子等都特地放大制作，成人演员就显得人小了，远看就像儿童在演出，而且舞台上的声音又都是孩子的声调，所以就更逼真了。

采访人: 能和我们聊聊猪八戒这个角色吗?

孙毅: 我写的《猪八戒学本领》,孩子们都非常喜欢、非常感兴趣。一讲到孙悟空,他们自己马上就要翻一个跟头,猴形就来了。一说到猪八戒那笨拙的样子,他们也能够装出来。猪八戒好吃,有人的天性。因为有个"读书无用论"影响孩子们的学习,我们就编了这个剧,通过猪八戒不肯学习,没有本领吃了亏,来教育孩子们都要好好学习,天天向上。《猪八戒学本领》的故事开头是说《西游记》里的猪八戒每次都抢着去打探附近有没有妖怪,为什么呢?他不仅仅是为了保护师傅,而是因为先去化缘,就可以先吃东西,他出去化缘主要是为了找东西吃。但他每一次碰到妖怪都吃败仗,都被抓住了,唐僧就觉得不能让猪八戒去化缘了。猪八戒说我可以,唐僧说,好吧,你先跟大师兄悟空学本领。他说,那我要学筋斗云,一个跟头十万八千里,还要学七十二变。师傅说好啊,就把大师兄请过来了。唐僧对孙悟空说,你师弟每次出去化缘都被妖怪抓走,没有本事,他是到不了西天的,你想办法教教你的师弟吧。孙悟空说好。但孙悟空不教猪八戒武功,而是拿出三本天书来。为什么?因为孙悟空最开始是先读了三本天书才找到师傅的,他吃了很多苦才练出本领。猪八戒一看要先读书学习,就想放弃。孙悟空说,你不读书怎么行,师傅也让猪八戒好好读,后来没办法,他只能读了。到了晚上猪八戒就在月光下读书,他老打瞌睡,读不进去,我在这一幕写了个台词——"老猪读天书,越读越糊涂"。当时在学校,有些孩子读书不肯用功,所以需要文艺界宣传"要读好书"这个主题,希望文艺作品能够影响孩子。童话故事《猪八戒学本领》是包蕾写的,他是我的好朋友,我改编了这部童话作品。

采访人: 您在作品里添加了哪些创新的地方?

孙毅: 在制作和操作上都有创新的地方。我们在月光下布景,整个气氛渲染得很好,在一开始就重点突出猪八戒的懒惰。当时剧本上只是写这场戏的动作,但剧本上写的"读天书",到底该怎么读?天书里面有什么句子?这方面包蕾的童话里是没有的。可是在台上不能光拿着书翻一翻,睡睡觉就行了,总要有点幽默感的台词。我们就找到了曾经演猪八戒的京剧老演员,他说这个简单,只要前面加两句,后面你自己编,"一二三四五,金木水火土,老猪读天书,越读越糊涂"。后来为了试一试这个猪八戒的本领练习得怎么样,我就创造了猪大戒,他是猪八戒的哥哥。猪八戒不相信他有哥哥,结果猪大戒就讲了猪的一些缺点,比如好吃懒做等。猪八戒听了哑口无言,这的确就是他,从小他就这样。在剧本创作上我们就有了创新之处,童话原著故事《猪八戒学本领》里是散文句子,而我这里用了民间的儿歌语言,类似诗歌。剧目里采用地方戏曲,所以京戏里面的武打等都用上了。这下团里"老八哥"的本领又显示出来了,他们擅长唱京戏。《猪八戒学本领》这一个半小时的戏里全是非常幽默的唱词。后来北京的《剧本月刊》发表了我的这部作品。上海的少年儿童出版社发表了《猪八戒新传》,里面有一传就是《猪八戒学本领》。我的台词全部都是新写的,押韵等完全能够体现"老八哥"的才能。这部戏后来演了很长一段时间。

采访人:您作品的主题主要是什么?

孙毅:我写戏都是反映现实的要求,都是热点问题,以孩子的教育问题作为主题的。第一个是劳动教育,第二个是品德教育,第三个就是宣传读书要读好,本领要练好,不然的话要吃苦了。

我曾写了一个小戏,它是半场戏,叫《猪八戒吃西瓜》。这部戏第一批判好吃懒做,第二批判不讲卫生,不讲纪律。《猪八戒吃西瓜》沿用《猪八戒新传》里的立意,除了对白,其他都是唱词,台词几乎全部是民歌、唱词、大白话。《猪八戒吃西瓜》抓住了猪八戒的特点。猪八戒出去讨饭在半路上睡着了,然后黄蜂蜇他,他为了躲避,一下子摔到了西瓜地了,看到地里有一个大西瓜。他心里在纠结,这个西瓜到底是我一个人全吃了,还是和我的师兄弟或是师傅一起吃呢?

猪八戒唱了半天以后忍不住了，就把西瓜分成四份。他先吃了自己的那块西瓜，然后说，实在太渴了，我就把孙猴子的先吃掉吧。吃着吃着最后把沙僧和师傅的西瓜全部都吃掉了。猪八戒心想，师傅要是问起来怎么办呢？我把西瓜皮全处理掉，就可以说我没吃过西瓜了。这部剧的创新点在哪里呢？乱扔的四块西瓜皮让他摔了一跤又一跤，怎么都走不远。他后来知道是孙悟空在戏弄他。《猪八戒吃西瓜》的舞台效果很好，猪八戒不是摔了一跤，而是摔了很多跤，四块西瓜皮都找上门来了。观众都喜欢看猪八戒摔跤，很好玩。这部戏还被改编为影视剧，在电视里播出时保留了这个"西瓜皮"效果。这是利用了身外的东西来表现，把西瓜拟人化了，是一种童话手法。这属于木偶舞台的小戏，就一个演员自说自唱，一个人表演半场戏，最后孙悟空出场来惩罚他。

我们常常带着小戏到幼儿园演出。从前的老师只要是假期就会带孩子们去体验生活，让孩子们体会什么是生活教育、社会教育。但孩子出门看戏，万一出现安全事故就麻烦了，所以老师们特别不愿意带孩子出门看戏，所以逼得我们剧团不得不写小戏。其实剧团早就应该这样做，这样就会要求编剧贴近生活，了解观众。

我们的一些剧本是根据童话改编的，还有一些是自己创作的。比如以前有个《拔萝卜》的童话故事，它的主题是宣扬团结就是力量，不要小看个体的这一点力气，少了这一点力气萝卜就拔不出来。但是我把这个故事用相反的叙述来进行改编，不显露结果，让小观众猜结果，这就吸引了他们了。

采访人：《南方少年》被翻拍成了电影，木偶在电影上的表演和在舞台上的表演是完全不一样的吗？

孙毅：不一样。《南方少年》这个戏的创作背景是越南战争，是写中国支援越南的故事，情节感人。树叶、树干等可遮蔽的东西多，电影拍起来就比舞台木偶戏更显得真实。电影里的木偶也是另外制作的，使用灵活的布袋木偶,那么在木偶的改造上要突出真实。

采访人: 您在1963年的时候还创作了《雷锋》?

孙毅: 对,这个实际上是过场戏,完成领导指派下来的任务,没有太多艺术性可言。这部戏就是雷锋做好事的一个个故事集锦,火车上做服务员、大风大雨送老太太小孩子回家等。

采访人: 能跟我们说说《你学谁》这部戏吗?

孙毅:《你学谁》是把话剧搬上了木偶戏舞台,说的是学雷锋的一个缩影。这是一部很小的戏。故事是讲有的同学在黑板报上写大家学雷锋的好人好事,有的同学却在那里捣蛋,乱涂黑板报破坏公共财物,违反了校规,在对比中赞扬了那些放弃了休息时间来找材料写黑板报的同学。

采访人: 请跟我们说说《毛毛小淘气》吧。

孙毅:《毛毛小淘气》是一部活泼的、很有创意的小戏。木偶戏开幕时,舞台上站着一个真人演的警察叔叔。他是半身的,他另外一只手在操纵毛毛。毛毛不遵守交通规则,要到对面的马路去买糖吃。警察劝说木偶毛毛,你不要影响交通,要左右来回看看,等没有车子的时候你再过马路。这时突然来了一辆道具汽车,把毛毛压到汽车底下。警察叔叔急了,司机从汽车里面出来,连忙钻到车底下去找毛毛,这个画面其实也是操纵的,画一个汽车布景,里面有一个人操控,汽车就开过来了。结果还好,毛毛在两个轮子的中间,没有被压到。警察叔叔唱了一段快板,劝毛毛不要违反交通规则。这个戏是很受欢迎的,为什么?因为是人偶同台演出,由真人、木偶加上布景一起组合起了这部戏,台词、快板和顺口溜把戏的氛围营造得很紧凑,效果很好。

还有一个小戏蛮轰动的,叫《一只小黑猫》,实际上这是逗孩子玩的戏。舞台上有一位老爷爷上来了,他把背着的篓子放在舞台的一边,然后对着台下的小观众说:"小朋友,这个篓子是要送到幼儿园去的，我现在先去吃早饭，你们帮忙看一下，要小心猫来偷鱼，一看到猫咪来了，你们就要喊我，我马上出来抓它。"老爷爷讲完就到台后去了，小观众全神贯注地盯着篓子里蹦蹦跳跳的鱼。突然来了只黑猫，它一露头孩子们在台下就吼起来了："老爷爷，猫来……"等老爷爷来了以后猫却溜走了。老爷爷说："非常感谢你们，黑猫还会再来的，我还没吃完早饭，你们继续帮我看好那些鱼。"事不过三，到第三次老爷爷终于把猫抓住了。这部戏的效果特别好，因为演员、木偶与小观众互动起来了。

采访人：《五彩小小鸡》是一部怎样的戏呢？

孙毅：我跟老艺人钱时信合作《五彩小小鸡》，后来也发表了，获得了陈伯吹儿童文学奖。这部戏是我写的，钱时信是导演和设计。他先是提出了一个想法，老鹰捉小鸡的故事可以写写看。老鹰为什么抓小鸡？小鸡怎么被老鹰抓去了？在我们的民间故事里面是母鸡联合小鸡一起对抗老鹰，这个如果写成剧本就太没有创意了，所以我就进行了改编。这个老母鸡生了五个蛋，小鸡每次破壳的配乐都有区别。小朋友很喜欢看孵出来的小鸡，看鸡怎么从蛋壳里出来。而破壳的蛋分别是红、黄、蓝、白、黑色的，破壳的小鸡也是红、黄、蓝、白、黑色的。这个木偶戏就很新奇了。最后孵出来的是黑小鸡，前面四个都乖乖到母鸡肚子底下去了，就这只小黑鸡顶着蛋壳逃掉了。母鸡很紧张，因为到第二场的时候有两只老鼠就在追小黑鸡。后面母鸡和小黑鸡的兄弟姐妹都追出来了，一追就追到了观众席里。我们事先跟幼儿园老师说，等我们的老鹰出场，你就让小朋友们朝天开玩具枪。所以最后互动的效果非常好，这个剧后来成为上海木偶剧团的保留节目了。

编剧要不断创新，如果只是靠着原来民间流传的老鹰追小鸡的故事是无法吸引孩子们的。我们改编后的主题既是宣扬保护小动物，也是倡导人们顽强地和敌人做斗争，这是一种勇敢的行为。但是你直接对孩子说主题,他们可能没兴趣,所以我们编剧不要忘记两个字——"游戏",不仅仅是在台上做游戏,还要台上台下互动做游戏,这个戏真正才能称为"戏"。拿木偶照老掉牙的故事走一遍是一点都不吸引人的。孩子容易把什么事情都当真的,所以不要忘记跟孩子玩游戏,要假戏真做。如今我常感叹,台上容易只有"游"没有"戏"。

2016年4月10日,中国福利会儿童艺术剧院建立70周年,请我去新老同志座谈上讲话,谈谈怎么使孩子们接受好的艺术熏陶。当下新文化工作者的任务就是创新,科学、教育、工业、农业等都离不开创新,剧本只有创新才有出路,这是符合艺术发展规律的。

采访人:《两个好朋友》的故事情节是怎样的呢?

孙毅:这个也是木偶戏。这个木偶戏演示了自然科学的知识:鸡怕水,鸭子不怕水。我完全是用诗歌朗诵的方式唱出来的。这部戏里鸭子和小鸡在花园里面玩游戏,一会儿躲在山洞里,一会儿躲在树背后。这里面设计了一些人为的情节,比如摔伤了扶一扶,让它注意安全,体现互助团结的意思。它们跑到假山的洞里,地上全是水,鸭子跳进去游来游去很自在,小鸡不知道深浅,也跳下去,结果沉了。它的头挣扎着想浮上来,小鸭子想了办法,把大石头滚下去,把水位涨上来,让小鸡爬上石头逃走。这部戏在操作技巧上很好玩,虽然没有什么太大的艺术价值,但是台词顺口溜写得很顺溜,朗朗上口,孩子们爱读。

采访人:那个时候是不是为了写《向阳河畔》还下乡体验生活?

孙毅:《向阳河畔》是我写的。为了这部戏,我还去了养鸭场体验生活。从冬天到夏天,半夜四点起来去看鸭子,这些鸭群每天能生好几窝蛋。最高兴的就是每天半夜在鸭窝里拾到一窝一窝最新鲜的鸭蛋。

采访人:您曾经在刊物上发表作什么作品吗?

孙毅:所谓发表就是在刊物上、报纸上发表的,没有出书。《五彩小小鸡》和比较短小的剧本都出了书。我写了《上海小囡的故事》三部曲，受上海文化基金会资助在中国福利会出版社出版。我这三本书是写共产党怎么教育培养上海的小孩，上海儿童如何成为祖国未来的小主人，即共产主义可靠的接班人的。三本书分别说的是三个时期。第一个时期是讲日本人侵占上海的那段日子。第二本是讲内战时期，上海物价飞涨，民不聊生，学生游行、工人罢工，当时的孩子们在困境里求生存，被培养成地下少先队队员跟敌人进行斗争，这是上海小孩求解放时期。第三本是上海小孩求幸福的时期。1949年上海解放，这有地下少先队的功劳，改革开放以后，孩子们生活得很幸福。

采访人：木偶形象的创作跟文学人物的创作主要有什么区别？

孙毅：音乐是木偶的灵魂。如果一个木偶上了舞台面朝观众站着不动，没有声音，那是死木头。要是木偶把头扭过去看到天空有个月亮，这个时候有音乐，配上朗诵，那么人物形象就活了。"抬头望明月，低头思故乡"，朗诵出来再加上二胡，就会有很悲怆、感人的氛围。没有音乐，不管木偶在台上怎么舞都是没有用的。有唱腔、有对白，特别是有音乐，再加上灯光布景，那就把死木偶变活了，也就能幻化为其他动物、植物。演员的操纵也很重要，演员能够通过娴熟的技巧表达自己的感情。木偶戏是一门综合技术，有技术、有技巧，跟别的艺术门类不同，还得靠人的感觉，需要演员把感情传达到木偶身上。如果演员拿出了真正的感情，木偶就活了，观众是可以感觉出来的。木偶的特色就是要体现夸张感，柔情的东西没有达到一定的水平是表达不出来的。戏剧最重要的是两个字——动作。木偶戏靠的是综合艺术，这个是非常重要的。

采访人：剧本创作的过程是怎样的？

孙毅：每个人有每个人的个性和特点，因为每个人看到的世界是不一样的，所以对于事物的理解也会不一样，有的时候创作人员会为了一件事情吵起架来。导演跟编剧的关系是非常矛盾的，本子在导演的手里，他就能肆无忌惮地改编剧本的创意。特别是电影界，摄影师往往变成了导演。摄影师把情绪用蒙太奇连接起来，可能就是一个电影了。

采访人：您是怎么离开上海木偶剧团的呢？

孙毅：我离开上海木偶剧团是因为当时妇联要办刊物，即《为了孩子》和《现代家庭》。党中央1958年就提出，今后全国的妇女儿童工作由妇联管。因为当时各地方的妇联都是搞计划生育的，现在任务重了，要妇联关心少年儿童成长的工作了，所以妇联把上海各个局都请来商量工作，成立了协调委员会。妇联要求园林管理局在"六一"儿童节那天搞公园免票入场，搞绿化种树活动；电影院在"六一"那天必须设立免费场来招待孩子；游乐场也要免费为孩子们提供服务……每年在"六一"的时候，各个局成立一个协调委员会，大家一起来为孩子们过节日，但是必须由妇联来协调，妇联就变成了总指挥。于是妇联就需要引进各种人才，像我这样会编会写的人，共青团就把我介绍过去了，让我去编杂志。《为了孩子》编辑组认为好多材料都被《青年一代》等其他杂志拿去了。我们就要求宣传部让我们再编一个《现代家庭》。结果宣传部不同意，说一个单位不能有两本杂志。我们就去辩论，当时的中共上海市委宣传部部长王元化同志，接受了我们的建议，同意我们编两个刊物。我帮助编了《为了孩子》《现代家庭》这两本刊物，孙小琪是刊物的主要领导，我是副主编、编审。

采访人：您是何时离开上海木偶剧团的？

孙毅：我是1981年离开上海木偶剧团，1986年在妇联离休的。

采访人：您在上海木偶剧团工作期间创作了多个剧本，您对上海木偶剧团有着怎样的感情？

孙毅：只有改革才能创新，如果有条条框框的限制，创作人员是不能畅想的，并且也没有力量来支撑这些创意。同时，必须要把文艺理论跟实际相结合，使创作人员能够广交朋友，到基层去体验生活，不然创作人员不知道该怎么样使创造出来的东西成熟。我们上海木偶剧团的编剧不是坐在家里的，而是要跑出去的。写戏就要进剧场，并且参加排戏。所以我很赞赏上海木偶剧团的这个办公制度，一个礼拜去剧团一天，其他的日子是放松的，在家创作也好，出去体验生活也可以。我写的好多剧本都没有产生经济效益，我都是自费出钱送给学校，因为创作儿童剧是我终身追求的。编剧要忘掉自己，我只是儿童戏剧中的一个服务员，孩子高兴我就高兴。

（采访：陈　娅　整理：陈　娅）

木偶世界，天地广阔
——陆扬烈口述

陆扬烈，1931年出生，浙江平湖人。国家二级编剧。中国作家协会会员、上海作家协会会员、上海戏剧家协会会员、上海大众文学学会会员。毕业于杭州之江大学文学院（现杭州大学）。1950年被浙江军区文工团招募入伍，先在文工团乐队，后调南京军区文学创作室任创作员。1964年转业上海作协，任《萌芽》月刊小说、散文编辑。1977年起在上海木偶剧团任编剧。曾将格林童话故事《白雪公主》改编成两种不同版本的舞台木偶剧，得到观众和外宾的好评。1986年又根据莎士比亚戏剧《第十二夜》，改编为木偶舞台剧《孪生兄妹》，并参加首届莎士比亚戏剧节的演出。另出版发表《戴金项圈的熊猫》、《千手观音》（与丁言昭合著）、《森林小学的孩子们》、等木偶剧本，并参加了上海木偶剧团团史的编写工作。

采访人： 陆老师，首先请您做一下自我介绍。

陆扬烈： 1931年，我生于浙江省嘉兴市平湖县新埭乡旧埭村一户

八岁时移居上海留影

地主家。八岁那年,日本鬼子占领平湖城,我家三代寡母幼儿,随亲戚逃到上海租界避难,读到初中毕业,抗战胜利。后来举家回乡,我考入嘉兴秀州中学上高中。

采访人:秀州中学是您文学起步的地方吗?

陆扬烈:是的。母校是教会建在浙西(浙江最富庶的下三府"杭(州)嘉(兴)湖(州)"地区第一处完全中学。她是全中国大陆唯一一座恢复原名的教会学校,因为她培养出了十多位院士,其中有世界级的译者朱生豪(《莎士比亚》全集中译本译者)、获得诺贝尔物理奖的李政道、编有28本英语教材且桃李满天下的英语教育家许国璋、数学大师陈省身、"两弹之父"程开甲、昆虫学家钦庆德等。

人的一生都会有劫难,也会有幸运。我这一生碰上的第一件幸事就是成为宋清如老师的学生。宋清如老师是常熟县城西一个地主家的二小姐,有名的才女、诗人,被学者施蛰存誉为"才不下于冰心"。

我不喜数理化而比较喜欢写作文,有一次宋老师不出题目,要大家自选题目,写自己最想写的一件事情。宋老师讲课的时候曾讲到,如今的老一代跟下一代的关系怎么处理。中国有句古话叫做"儿孙自有儿孙福,莫为儿孙作牛马",使我想起了我的一位抽大烟的近亲,他的老母亲节俭持家,家里的钱都被他抽大烟花掉了。我引用这两句古话写了篇作文,受到宋老师称赞,她鼓励我修改深入。当时,故乡平湖在嘉兴有个旅禾(嘉兴简称)同学会,组织全市五所中学的同乡学子，常在风景区聚会。那年同学会要自己出本油印合集，鼓动大家写一篇。我就把已有六千多字的作文，取名为《一个老师太太的故事》，请宋老师再指导，根据宋老师的意见再大修改一次，交给会长。没想到这篇文章作为小说，在平湖《建国日报》副刊，分两期两个整版刊出。

我也万万没有想到这竟闯了大祸！我那位近亲是古镇新埭有名的乡绅，镇上茶馆里的人看到这篇文章马上对号入座，议论纷纷。抽大烟当年虽没被提到"吸毒"犯法的高度，但总归是名声不好的事。我们两家就此产生矛盾。

我心里就很紧张，做梦也想不到一篇小说会有这样的后果！我问宋老师我该怎么办，宋老师说这篇文章的社会意义很重大，你怕什么？用不着怕。她这样一讲我心就定了。这是我一生中见报的第一篇小说。在宋老师的指点下，我对文学有了基本的观点。一篇文章见于报刊，就成了社会的财富，作者要为社会负责，要对自己负责。文学创作是很严肃的事，这影响了我的一生。

采访人：宋老师也是对您一生影响很大的人，是吗？

陆扬烈：宋清如老师确实是我文学事业的启蒙老师，她对我的影响也不只是把我带上文学之路。她和朱生豪是杭州之江大学的同学。朱生豪家境贫寒，父母双亡，是寡居的姨妈抚养长大的。他的中、英文成绩全校无人能及，但他体质瘦弱，体育课从不及格，按照校章是不能发给毕业文凭的。他自己已有打算，毕业后去做小学教师，养活自己照顾姨妈。朱生豪将毕业时，校长黄式金为他专门召开一个特别的校务会。"朱生豪是个特殊的学生。"校长说，"对特别的学生我们要用特殊的办法：学校不单要给他文凭，还要保送他进之大，并为他申请全额奖学金！"之江大学和秀州中学同属美国一个教会。面对朱生豪无与伦比的德智成绩单，之江大学托起了一位被后代誉称为"译界楷模"的朱生豪。

每座学校都有自己的校训,即学校的精神价值。秀州精神是什么?它具体、生动体现在朱生豪校友身上。他刚毕业就被当年全国唯一一家全国性出版社商务印书馆聘去,要求他担起中译《莎士比亚全集》的重任。因为日本贬辱我们"中国舞台上永远不会有莎翁名剧",是可忍孰不可忍!当时正值日寇猖獗,"中华民族到了最危险的时候"。朱生豪和宋清如新婚燕尔,生活艰难居无定所,他俩毫不犹豫接受重任,在颠沛流离中抢时间译《莎士比亚全集》。在躲避战火中,曾损失了许多译稿,他俩忍饥挨冻继续苦战。终于等到日寇投降,译稿基本完成,年仅33岁的一代译界大师含笑离去。他留给妻子的遗言是:"我还没能报秀州母校的恩,你要代我去做!"

宋清如和秀州中学并无联系,她在嘉兴也无亲友,杭州市一中是全省闻名的"杭高",当时已聘她任教,但她牵着幼子朱尚刚来嘉兴,毛遂自荐到秀州中学当教师。20世纪50年代初,中译《莎士比亚全集》出版,出版社发给宋清如稿酬5 000元,当时月薪七十余元的她毅然全部将其捐赠给市图书馆和秀中图书馆,自己仍过着"一青二白"的生活。有部电视艺术片《朱生豪》,宋老师亲自演老年宋清如。剧中有句真实的台词,年轻的宋清如挽小菜篮回家,朱生豪问买了什么,她指指篮里的青菜和白萝卜,笑着说,"一青二白"。后来我写的悼念文题名就是《一清二白的宋老师》。"一清二白"这个词成了后辈校友对先师宋清如的誉称。

我们48届毕业班,宋老师给取级名"青鸟"。《青鸟》级刊共出40期,在母校百岁校庆出版合集,书名《青鸟》用的是宋老师当年留下的真迹。20世纪70年代末,校友会恢复,我被选为上海校友分会秘书长,全力以赴办好级刊《青鸟》,尽我所能撰写文稿。移民澳洲后曾数次把母校同学优秀作文推荐给中文报,开了国内中学生在海外发表作文(获得外币稿酬)的先例。我自己的书出版后,首先赠给母校图书馆和有书信来往的校友。踏着宋老师的脚印,我把多年来的稿酬和奖金折成人民币（16万元）在秀中、故乡新埭镇小学母校分别设立年度作文奖基金会。

采访人： 后来您为什么选择了之江大学？

陆扬烈： 因为我想成为宋清如老师的大学校友。没想到这给了我第二个幸运：入校不到一年，我成为一名文艺兵，从此踏上文学之路，奠定终生的事业。

1949年5月3日下午三时左右，一支人民解放军尖刀劲旅要控制夺取钱塘江上唯一的也是当年全国最长最雄伟的大铁桥。大桥西北直线不到500米，就是之大校园所在的秦望山大、小龙头山腰。江水在前面突然回头往西，回流数百米又转身东去，鸟瞰成"之"字形，故母校名为之江大学。校园区域没有守军，我们这所约有两百名留校教职人员和学生的学校，平安顺利成为全杭州最早的解放者。当晚，教师和高班学生中的地下党员和驻军在大草坪上联合举办军民联欢晚会，双方都有节目。高班有位学长会弹夏威夷吉他，他在音乐团队当义务老师，自己有只吉他的同学都可以去学。当时我已学了一点，就参加了节目。那时我们都很无知，认为解放军都是农夫，只会扭扭秧歌，打打竹板，唱唱莲花落什么的。哪知道他们会化妆表演《白毛女》中喜儿过年和大春救白毛女出山洞两场戏，伴奏有二胡、笛子、小提琴和小号。我们都是第一次看到话剧加唱这种新型歌剧，惊讶欣喜无比。双方节目演完，他们主动分散到我们中间，热情交谈。

第一次军民联欢晚会，使我对文工团的生活产生了强烈的兴趣。12天后，两位缀军管会臂章的解放军，来动员大家参加工作：政府机关、公安局、商业系统、农村工作队、部队等都非常需要知识水平较高的干部。我问了一句：我想参加文工团行不行？陪同的那位老师对军管会干部说我会弹吉他，那位干部笑笑说：欢迎欢迎啊！又过了12天，1949年5月28日，我结束校园生活成为一名文艺兵。

采访人：您在军队待了多少年？有哪些成就？

陆扬烈：整整15年。大调动两次，先在杭州的浙江军区兼第七兵团文工团乐队，1953年夏调去舟（山群岛）嵊（泗列岛）要塞战区，后来于1956年冬调到南京军区文化部文学创作室。1964年7月转业去了上海作家协会《萌芽》月刊。

采访人：您在文工团有什么难忘的回忆呢？

陆扬烈：文工团驻在西湖十景之一的柳浪闻莺一座现代化大院，不久政治部搬来，我们就迁到粮道山根一号，那是座古色古香拥有假山、小竹丛、大桃树、绿草坪的大宅园。旧主人接待宾客的花厅，成为排练厅。因工作需要，有个琴手要化妆成鄂伦春骑手上台表演节目，分配我突击学会手风琴。那支歌曲铿锵傲迈，悦耳动听："高高的兴安岭，无边的大森林，森林里住着，勇敢的鄂伦春……"

当时，G担任独舞。排练时，我和她配合得很好。第一场演出，获得非常热烈的掌声。团长很满意，当晚在后台小结时表扬了好几个人，其中有G。第二天正好全团换新制服，女兵是苏式连衫裙。午饭前，我去传达室取封信回来，走到大桃树前，她像是从红云中走来，飒爽英姿，青春焕发。我突然认定：女士穿上军装是最好的装饰。我和她在排练厅、在后台相处无数次，但从未交谈过一句话，这一回面对面相逢，她说了句："谢谢你。"一定是指昨晚团长的指名表扬。我真诚地说："昨晚演出效果确实好！"有人走来人了，我们一起朝饭堂走去，谈着昨晚的演出。两句平常的交谈，打开了初恋的窗。

在当时，男兵是不允许谈恋爱的。婚姻的条件规定是"二八五八团"——二十八岁、五年军龄、团级。刚入伍的青年敢谈恋爱就是"不正确的恋爱"。对女兵则鼓励、动员接受符合条件的老兵，因为战火剥夺他们的青春，这是为革命应有的补偿。

爱情这东西，很难被理论说服。这火在心里燃烧，只能在地下运行。如在假日远足钱塘江大桥堍，登上六和塔顶，西眺之大校园风光，互诉经历。我才知她是国民党一位将军的女儿,姐妹四人,分别在西安、武汉、济南。我们一起憧憬30岁后的未来……

一年多后,我们(不只有G和我)碰上入伍后第一个政治运动,受尽批判后大整编,各自去向在出发前才知道。慌忙匆促中,G的知友塞给我一张纸片。车过钱塘江大桥,同去舟山嵊泗的伙伴都在闭目休息,我才悄悄打开纸片,是G抄录的普希金名篇《假如生活欺骗了你》。我心里念着这诗句,开始完全陌生的艰辛军旅新生涯,发誓定要干出点成就来。

采访人： 您能谈谈海防前线岛屿的五年生涯吗?

陆扬烈： 毛主席的语录中有"一个没有文化的军队,是愚蠢的军队,愚蠢的军队是不能战胜敌人的"。这是个动员令,要在一年内扫除全军的文盲。中国人民解放军的"文化大进军"在全军大张旗鼓展开了。

全军具有较高文化水平的新男兵,绝大多数被抽调到连队当文教——文化教师。

我分配在舟嵊要塞区泗礁岛乌石岙某团七连。那地区是长江和钱塘江在东海的交汇处,中国四大渔场之一,在领海线顶端,当地渔民耕地有限,淡水缺乏,当年极其贫苦。我从"上有天堂,下有苏杭"的西子湖畔,一下子到没有营房的渔村,物质生活的巨变须咬牙适应。为了"定要干出点成就来",我工作非常积极。

按原编制,连队只有一名文教,没有给爱学文化的战士个别教学的计划。营部文教称文教主任,只给营部干部上点文化课。团部宣传科有位文化干事(文教是班级、军士级),给团部干部上有计划的文化课。这一年每个连增加到四五个文教,营部增加一个副主任协调所属连队的文化课进度,团部设立文教办公室,由宣传科副科长挂帅,调集四个文化程度最高的文教组成。

当年,这个团只有两个所谓"大学生"。一个是大学没读满一年的我，另一位是大专生（两年制）。他在文教办公室，我去全团文化重点连。共六名文教，教学进度超前两周，取得的好经验推广全团，失败之处及时改正。

我的五个同行，普通话里有浓重的方言口音，有的不善于表达，基本都和文艺不沾边。这使我沾了点光，战士喜欢我去上课，每天晚点名，指导员要我教全连学唱15分钟歌曲，每天晨操叫我先指挥唱十分钟歌。有一次团政治处主任要搞个"八一建军节"文艺演出比赛，活跃"文化大进军"气氛，指导员把这个任务交给我。我以一位学习刻苦成绩突出的战士为主角，编了个小小话剧，还有个相声。因为有个山东籍排长会说山东快书，他愿意上台表演，我又编了个快板书。这三个节目在团里都得到好评，指导员也受到表扬，他非常高兴。

我在团部还兼任地理课，成为团部干部的教师。一年"文化大进军"要结业了，全团学员统一大考，我负责评分统筹重任。忙了足足三天，获得师部赞扬。空前被重视的知识分子，辛苦整整一年的文教们，很多获得记功奖赏，我竟得了个二等功。真有点不敢相信，因为在战斗中得到个三等功也是不易的。虽然只是一种精神奖励，总算实现了我"定要干出点成就来"的誓言。

采访人： "文化大进军"结束后您参加了什么工作呢？

陆扬烈： 文教办公室撤销后各连大量的文教都会改行，我想我大概会留在团部当专职文教。哪知师文工队恢复编制，把我调回本行。这很意外，但我并不乐意。观众水平不断在提高，我自知没有多少音乐天赋，演奏乐器日子久了必属滥竽充数。但命令必须服从，我到岱山岛师部报到。

文工队编制30人，仅是文工团一个分队。演出都在广场，自己搭卸临时舞台。晚上演出靠汽油灯。当演员、当伴奏、化妆等活都得学会。

我属于天生酷爱旅游的人。文工队的观众纯是连队官兵，这三年里有驻军的大小岛屿，我们都去演出过。我觉得这是一场意义不寻常的"旅游"，即使是军内外的专业记者也难办到。各个岛都各具特色，我们还和渔民们同住生活，这些都留在我记忆中，后来成为写作素材。

特别是花鸟山，这是个没有居民的袖珍岛，俯瞰如一只展翅贴飞在波涛起伏海面上的鸟，离大陆最远，离公海仅三十多里。岛上有座国际灯塔，白天塔顶升起国旗，夜里旋转的灯柱能射到公海，使南来北往的各国客货轮，知道自己已到上海至香港的中心点，船上汽笛长鸣，向五星红旗、向中国致敬！

花鸟山有一个加强班驻守。他们的生活极其艰苦，淡水贵如珍珠，新鲜蔬菜胜黄金。为了生存和健康，守岛战友在岛的各处，建成大大小小各种形状的蓄雨水池、菜畦。文工队抽选十名身强力壮的队员去慰问演出，师长到码头送行，他托我们带去十只崭新挂包，饱鼓鼓地装足师部菜园里最肥沃的土壤。师长说："这是花鸟最需要的礼物！"装满大米、面粉、罐头、各种新鲜蔬菜的机帆船，把我们在无风也起三尺浪的征程上，颠簸了三个多小时，才看到挤满花鸟勇士的码头，那里竖着一块大标语："请为我们花鸟带回一包土"，那是对他们回乡探亲伙伴的提醒。啊！我们抚摸师长交托的挂包，眼眶都湿润了……回到师部，我写了一篇歌颂花鸟菜园的纪念文《太阳从那里升起》。

在演出途中，我曾重返七连驻地乌石岙。七连已入住设备周全的营房。休息时，我带着事前准备的一包饼干和一袋水果糖，到房东边大爷家去。那时，我们六个文教，铺稻草集体打地铺睡在他家中屋里，西房住房东夫妇和小女儿，东房没有门，有张已变灰黑的白色小床，上面的白色蚊帐千疮百孔，是老奶奶的铺。床靠南窗（小木板用棍子撑起就算窗了）北端是个小灶。原先堆在中屋的破渔网和杂物，都搬过胡乱堆在东墙下。西墙一角，圈着一只小猪。趁人不在，饥饿的小猪会逃出圈觅食，还曾走到我们被上拉过屎。所以当时我一起床，扣子还没扣全，先把被子卷结实，叠在一起堆在墙角。因为全连各班都借住渔民家，谁也没发怨言。

最让我揪心难忘的，是一个暴风雨突然降临的深夜，我被一种边念经边啼哭声惊醒，原来是从老奶奶床那边传来，再仔细听，女房东也有哭声，是闷住的呜咽悲切哭泣声，因为她们一家的顶梁柱在海上捕鱼时遇难了。老奶奶有次和我闲谈，曾说过一句被我写进小说的话："男人在海上，带去女人半片心。"

这两三年里，渔村也在走集体模式，及时报告天气变化，且有海军小炮艇护航，大海突然起风暴，炮艇会把小渔船用绳索一条接一条串成编队似的拖回避风港，还有国有收购大船在渔场来回。小渔船上的鲜鱼，可当场卖出，上岸就付现金，一两个丰收渔季，渔民在经济上就可翻身脱贫。边大爷是有经验的捕鱼手，相信他家早已脱贫。果然如此！他家的小屋已翻新。一家四口衣衫整洁，老奶奶床上挂着白色绿布蚊帐。中屋北墙正中，贴着毛主席彩照，屋中央有一张红漆方桌，四只靠背椅。

回到师部营房，我休息时总想着边家的新屋新貌，记起老奶奶那两句话，以及婆媳俩那揪心的夜半悲哭声，后来我写成参军后第一篇小说《边老大》。正好手头有本《人民文学》月刊，上有组稿词和地址，买不到有格稿纸，文章写在练习本上，不知合不合要求。这个月刊是全国最高刊物，我并不抱多大希望，但当时别无选择就试着寄了过去。和学生时期的第一篇小说那样，我又一次获得意外惊喜，一个月后就收到回信，说稿子可以发表（《边老大》刊登于1955年2月号），问我还写些什么。对一个初学写作者，编辑部的鼓励最难能可贵。接着的两年里我陆续发表六篇小说、十二篇散文，出版此生第一本短篇小说集《战士的荣誉》、散文集《海防线上》。它们是我五年海岛军旅生涯的纪念。

采访人： 后来您在南京军区政治部文学创作室又有什么收获呢？

陆扬烈： 南京军区下辖浙江、福建、安徽三省。文学创作室1956年初建时名为"三十年革命斗争回忆录编辑室"。各军各师都有，总编室在军委总政治部。

我们被称为写手，南京编辑部最多时借调十四五人。主要任务是代笔成文（记录作者口述，采访作者当年战斗过的地方，寻觅素材），个人写点小说、散文，只能用假日和平时夜晚休息时间，这是纪律。

我非常乐意在这个编辑室工作。一是因为两位领导都是名作家，为人谦和善良，胡石言的代表作摄制成同名影片《柳堡的故事》，插曲《九九艳阳天》风靡全国至今不衰。副室长王昊著有长篇小说《杨根思》。他们在小说创作方面都给了我很多帮助。二是这个工作使我去了秋收起义的秀水河、八一起义的南昌城、神圣的井冈山、娘子军活动过的海南岛、新四军铁骑纵横驰骋的淮北平原等我早就想去的地方。我还沾光陪作者炎夏上莫干山避暑，严冬到鼓浪屿躲寒。

1959年，有位在职将军开创"下放当兵"先例（摘下将军星，缀上列兵领章），此壮举迅速推广全军。我们这种学生出身的少尉、中尉，个个争先。那年秋初，我被指定去康藏高原正在执行平叛的连队。我家人很担心，但我心里很乐意，这是难得的机会，能领略雪线（海拔3 000米）以上的天地景色。

我们共三十多人在南京集中。肩章取下换上列兵领章，上缴防身手枪，领一支铁枪托可折叠的冲锋枪，200发子弹。仔仔细细检查所有的器官，特别是心脏和肺部。其中有五位不能去高原，改去苏北军垦农场，那是我最不愿去的连队。我们先乘江轮到武汉，休息一天游览黄鹤楼，换乘上溯重庆的客轮。过当年的三峡大开眼界，过那段急流时，竟由岸上的绞索机帮着才过滩，有点惊心动魄！在重庆休息一天，坐火车到成都军区住三天，再次检查身体，又有三位改去在平原训练的连队。然后，让我们换上适用高寒地区的加厚棉军服。每人发一条被子，一件雨衣，一个饭包。每辆绿篷大卡车，先放上每包200公斤的大米袋，上面三面靠背坐12个"老同志"（这是用四川话对我们的新称呼），踏上远征康藏高原的旅途。

四辆军车组成的编队走完川西平原，进入原来的西康省面临矗入云霄的二郎山。车队在山下停住，经验丰富的年轻驾驶兵，非常客气而郑重地对我们训告："老同志请听下子，车子要爬山啦，要身子挨紧身子，不得乱动弹。过拐拐角，身子要用力往下沉再沉。"这座在平原拔起的二郎山把大家颠晕了，七个多小时后终于到达康定城。

我对这座名山，体会最深的是"我们的车队在树梢上奔驰"。我在那里的油印快报上写过一首诗，同去的美术家娄启盘画了图。

看不到人烟的康藏公路，如上天的路，不停往上提升。每隔50公里有个兵站，里面有四间宽敞客房，每个通铺上可睡一两个班。炊事班战友算准时间，车队一到就开堂（四川方言：饭店开张）。饭后，继续前行，要在日落之前赶到前面的兵站，吃饱抓紧时间睡觉。

车行第五天中午我们到达目的地——石曲卡县城。名为城，其实只有一座喇嘛庙和围在周围的好多土垒平屋。工委（相当于内地的县委）办公室也没两样，军队都住绿色厚帆布帐篷。城外牧民的帐篷是用耗牛毛捻成线缀成条块缝制成的。从内地请来的烧窑师傅已在教授藏族学员。工委门槛海拔4 800米，石曲卡是全球最高的政权机关。我们这些新兵，有一周左右日子吃不下饭，脑袋发胀，走路一快就气喘吁吁，一周后这种高原反应就渐渐消失了。

连队常组成小分队，出发上山去巡逻，捕捉逃亡流散的叛匪。最长一次21天，那才是真正的艰难困苦！我们曾到达最高处的一座荒废了的喇嘛庙。此处海拔5 500米，已无人烟。在军用地图上看，再上去三百多米，就是巴颜喀拉山分水岭，它分别是长江和黄河的发源地。这终生难忘的21天，我在日记本上有详细记录。很多年后，寄给青鸟级同窗看，他们向校友会报告推荐，印了本《青春追忆》，分赠给在校学生

在《萌芽》杂志社前留影

组成的"秀州文学社"同学。

我健康地去,健康地回到南京,没查出什么慢性疾病,这是下放当兵的第一好。第二好,我发表了几篇散文,其中有写兵站的《白云深处》,触发同去的"老同志"们同感而受盛赞。还陆续发表十篇小说,两年后出版短篇小说集《女奴金珠》,多年后,出版中英文合集中篇小说《渡雪门》。

1964年6月30日我转业离开南京。当年,复员和转业不同。复员能领到一笔安家费返回参军地,由当地政府安置部门分配工作;转业是调动工作单位。7月1日,我到上海作家协会《萌芽》编辑部报到。上班没满两年,"文革"开始,刊物停办。所有的文学活动停止。

采访人: "文革"结束后落实政策,您怎么去了木偶剧团?

陆扬烈: "文革"结束,下放在工厂当工人的,都落实政策回了文艺界。我不愿回《萌芽》月刊,就去了正需要编剧的木偶剧团。一是想自己写点东西,当编剧没有坐班制,完成任务后有较多时间写小说。二是我也喜欢儿童文学,发表、出版过这方面的小说和低幼读物及连环画,和美术电影厂编剧老王合作过《带路的鹰》。有这点基础,心想自己能当好舞台木偶剧编剧吧。三是有较多机会外出采访,扩大见闻增长知识。剧团正在演绍剧移植过来的《孙悟空三打白骨精》（绍剧团曾来前沿海岛部队慰问演出，这个戏我有印象），用杖头木偶表演，孙悟空这个人物更丰满生动，尤其是第四场唐僧信了白骨精化身的谎言，把孙悟空赶走，师徒别离的出色台词配音，使有的女观众擦眼泪。木偶能演出人的感情，我以前确实没有想到，这对我是启示，成为必须努力的方向。我带去进团的"见门礼"剧本《带琵琶的小兵》，是我根据浙东新四军的故事写成了彩色连环画之后改编的。导演认为没有木偶特色，没有采用。

我进团时，《孙悟空三打白骨精》正热火朝天地公演，一票难求。全团欣喜兴奋，老编剧在《西游记》孙悟空这个人物身上找新故事。传统的配乐是京韵，剧情在佛教氛围中发展。我上的小学、中学、大学，都是基督教会办的。我不懂京戏、不喜欢京剧，所以写不出传统的木偶剧本。当今的孩子受卡通影片的影响，也都喜欢西方神话、童话故事，写这方面的剧本我比较自信。

团长张真也是文艺兵出身，年轻时成功地扮演过喜儿、刘胡兰，是团里的导演指导，内行里手。她的老伴是作协办公室主任，我和他早就熟识。这种上下级关系中，有战友间的特殊情感。团长对我很关照，在她大力支持下，我改编的《白雪公主》顺利上演，备受小观众欢迎。我这个编剧位子坐稳了。之后，根据阿拉伯神话"触手变金子"的故事，编成小剧《点金术》，团长颇感兴趣，她自己当导演。一股莎士比亚剧热潮掀起，好几个剧种都在改编上演。我想起宋清如老师，有股激情涌起，找了喜剧《第十二夜》，有了构思框架。和团长谈了想法，她很支持，和我合作数次的导演老姚也大有兴趣，《孪生兄妹》乘这股莎剧风上了木偶舞台。

采访人：您在剧团有过哪些外出采风经历呢？

陆扬烈：熊猫是中国的国宝，人人喜爱。1983年，冷箭竹大面积开花枯死，这种竹子是野外熊猫生存的主要口粮，野外熊猫面临饥荒死亡威胁。一股抢救国宝熊猫的热潮掀起,我建议要把这事搬上舞台。团长说,那你和老姚去收集材料。我们就去熊猫故乡卧龙四姑娘山保护区,还去了神农架原始森林,了解了不少关于熊猫的历史、特点、科学价值,大开眼界。《戴金项链的熊猫》是接触到现实的木偶剧。虽颇有意义,但我总觉得没有感人动情的力量。为了拉紧戏剧矛盾,不得不在偷猎熊猫的坏蛋身上做文章,而"金项链"科技遥测器的作用写不进去,甚感可惜。

当了12年木偶剧编剧,最遗憾的是费尽精力,一改再改,没能把《千手观音》搬上舞台。为了写这个剧本,我和导演老姚去过峨眉山、九华山、乐山大佛、西双版纳傣庙等佛教圣地,收集到不少关于有三十六化身的观(世)音菩萨的故事,但我显然缺乏木偶剧传统艺术的功底,《千手观音》只留给我一个剧本。这个故事是完整的,但怎么体现木偶特色,很不易。我改了三稿未能通过,老姚病了,我也到退休年龄了。

采访人: 所以您写木偶剧不能像写小说文章那样发挥,必须得考虑到木偶的特性,一定要演得出来?

陆扬烈: 木偶的特点有什么呢?我悟到应取材神仙鬼怪飞禽走兽,加以拟人化。现实题材怎么渗入木偶特色,谁也说不明白,有待努力。老鼠把懒惰猫的尾巴拉得很长,这个就是木偶的特色,人不行的。还有蚂蚁啃骨头、小鸭子什么的,这一类的东西。现在这个木偶特色到底是什么我也弄不清楚,但是我当时感觉到,写小说我可以把感情带进去,写木偶戏,可能稍微有点兴奋,但不会感动。

采访人: 能讲讲《点金术》这个戏吗?

陆扬烈: 剧团首次把阿拉伯神话搬上舞台,揭露嘲笑贪得无厌的国王最终活活饿死,对小观众没多大意义,剧场效果只是有很多笑声。

采访人: 之前木偶戏一直是以京剧和其他传统戏剧为主,但是您当编剧之后就结合了一些西方文学和儿童文学,是吗?

陆扬烈：是的，我接受了一个新任务，要编写基本不用布景，适合去幼儿园演出，并可各节单独演出的小剧本。这就是《森林小学的孩子们》，四节可连在一起演，也可抽出一节单独演：《胆小的笨猫》《勇敢的小鹅船长》《玩火的小猴》《勤劳的蚂蚁》。这个剧采用迪斯科音乐，大受小观众喜爱。有小女孩会离座和台上木偶演员一起跳起来，使我们备受鼓舞。剧团还把《森林小学的孩子们》全剧录制存档。

采访人：您认为应该怎样发展木偶剧？

陆扬烈：我现在也离开木偶剧团了，现在木偶剧团也不要编剧了，外国的那些木偶戏是没有编剧的，导演就是编剧。但是木偶有木偶的特色，现在演出的新戏我也没去看过，但是我想总归有观众的，据说现在观众中成人跟孩子的比例为3∶7，过去是大人陪孩子去看木偶戏，现在好像是大人也去看木偶戏。海外的木偶戏跟国内不一样，都是一人剧团，老板是他，演员也是他。我有一次看了之后也不知道他想表现什么。木偶剧团还是站得很稳的，很多青年人，每一期都在办演员训练班，一期又一期，不断新的演员涌现出来，我回去都不大认识了，老演员基本上全部都退休了。

采访人：您在大洋洲有很多作品是得过奖的？

陆扬烈：2019年3月，大洋洲文联二十周年庆和国内名歌手殷秀梅率领的艺术团联欢，盛况空前。有六个会员获艺术成就奖，我属文学创作类。座谈会指定三个人介绍写作经验，分别代表留学生一代、用双语写作的年轻一代、夕阳移民老年一代，我代表夕阳移民老年一代。

2006年上海作协组织出版一套八册的《普绪赫文丛》，我的一本名为《芳草天涯路》。统一的封面，上海作协大院里的普绪赫女神大理石塑像和四个抱着大鲤鱼的小天使，中西和谐交融。2007年上海作协关怀旅外老会员，提供优惠条件出版了九卷约五百万字的《陆扬烈文集》。2013年CCTV—4台——国际中文台"远方的家"栏目，来

获奖证书

墨尔本访问新金山图书馆，在座谈会上我发言谈到当年坐军车七个多小时翻过二郎山，现在二郎山有隧道了，通过只需半小时！在电视新闻里看到满载日用品的车队进去，迎面驶来一辆摩托车，坐着一对新婚藏胞爱侣，去成都蜜月旅游。这触使我收集有关文稿，出版散文集《远方的家》。2018年，我终于把蕴藏三十多年反新老沙皇的长篇小说《赫哲雁》出版，获世界华侨总会2019年的小说首奖。

（采访：陈　娅　整理：田　虹）

木偶剧音乐要使儿童喜闻乐见
——陆建华口述

陆建华，1943年出生，2016年去世，上海青浦人。国家一级作曲，中国音乐家协会会员，上海音乐家协会理事。1963年毕业于上海音乐学院附中理论作曲科，后又在上海音乐学院作曲指挥系干部专修班学习。1963—1979年在上海木偶剧团任专职作曲。曾创作了《南京路上好孩子》《雪山小雄鹰》《南方少年》《金色的大雁》《东海小哨兵》《孙悟空三打白骨精》《龙凤呈祥》《向阳河畔》等数十部不同风格类型的木偶戏音乐。他采用了昆曲音乐的素材创作了《孙悟空三打白骨精》的音乐，塑造了剧中人物的鲜明形象，使该剧更富民族特色和神话色彩，获得了上海市文化局1976—1979年创作演出奖，在1981年全国木偶会演中获优秀演出奖。他采用中国古典雅乐素材创作了《龙凤呈祥》抒情舞曲音乐，在1986年上海市第三届戏剧节上获入选奖。

采访人：陆老师，首先请和我们说一下您的基本情况吧。

陆建华：我是上海青浦人，1943年生。1963年毕业于上海音乐学院附中，1982年曾到上海音乐学院干部进修班深造。我曾在上海木偶剧团、上海歌舞团这两个单位担任作曲。从1963年一直到1979年，这整整16年，我都在上海木偶剧团里搞创作。在我进去之前上海木偶剧团没有专业的作曲。上海木偶剧团正式成立以前，剧团里其实也不需要专业的作曲人才，它主要是演一些传统剧目，如京剧、沪剧等，不需要专门为某一个剧去作曲。后来上海木偶剧团成立了，除了继承传统以外，还专注于创作新的剧目。他们演出的对象很明确——就是儿童，需要创作出更多儿童化的作品，也需要有乐队来进行伴奏。剧团当时急需创作方面的人才，于是我就去了上海木偶剧团工作。

采访人：您是学作曲的，当时上海音乐学院的情况是怎样的？

陆建华：我在上音附中学习的是理论作曲课，1982年又去进修了作曲指挥，学的专业一直都是作曲。作曲就是四大件——和声、复调、曲式、配器。这是非常具有技术性、专业性的内容。当然对于作曲来说，最主要的还是旋律的创作，以及音乐形象的塑造。对于大型的乐队创作来说，如果要塑造特殊的、感人的音乐形象，就离不开这四大件元素的掌握。我在上海音乐学院的学习是比较刻苦、专心的，经常去图书馆翻资料、翻唱片、看谱子，并且还会多听音乐会，听同学、老师的新创作来吸收营养。一位作曲家如果光是在自己的一条路上走，是会越走越狭窄的。他需要一边走自己的路，一边思考自己作曲的方向，同时还必须吸收其他人的长处和作曲特点，使自己的创作手法更加丰富，音乐内涵更加深广。

采访人：您从小就接触了各种类型的音乐和戏剧，像沪剧等都有涉猎过？

陆建华：我出生在上海的郊区——青浦，受到环境的影响，对上海郊区的民歌、田山歌都很感兴趣。我常常在岸边聆听，江河上游走的船里演奏着江南丝竹。那些从上海市区到我们乡下来演的沪剧、淮剧、评弹、锡剧等,我也很感兴趣。这可能是一种潜移默化的熏陶,让我喜爱上了民间的音乐,同时也影响了我的创作方向,让我以后在创作大型音乐作品时,离不开民间的元素、丢不掉中国的民族魂。尽管之后我也吸收了许多现代的创作观念,但是"牢牢抓住我们民族的根、民族的魂"这一理念始终贯穿着我的音乐生涯,让我的创作心变得非常踏实,创作方向非常坚定,创作的情绪也能保持稳定和扎实。

采访人:您在上海木偶剧团曾经创作了多少部音乐作品?

陆建华:我大概为上海木偶剧团创作了数十部大中小型的木偶剧音乐,有《小八路》《孙悟空三打白骨精》《雪山小雄鹰》《龙凤呈祥》等。

这些我都倾注了心血,每首曲子都是花了心思来精心策划、精心设计的。所以现在只要我有空回上海木偶剧团,他们的负责人总是跟我

1969年,为创作《雪山小雄鹰》去甘南体验生活(左二为陆建华)

讲,陆老师你创作的《小八路》《孙悟空三打白骨精》已经成为我们上海木偶剧团的优秀保留曲目了,直到现在还在到处演出,这几部戏对于培养操纵、配音演员是必不可少的剧目。我听了后很是鼓舞和感动,很高兴在木偶剧作曲生涯里能留下一些有价值的曲目。

采访人:您进入上海木偶剧团后创作的第一个剧目是什么?请和我们说说创作背景。

陆建华:第一部大型曲目是《南京路上好孩子》。这部剧的演出时间有一个多小时,导演要求的音乐量很大。《南京路上好孩子》的音乐是演给小朋友听的,所以如何使小朋友看剧的时候能坐得下来、听得有兴趣,这是很关键的。我选择不用真正的钢琴,而用很有特色的玩具乐器。我采用小喇叭和小的玩具钢片琴,一个一个大大小小的钢片发出"叮叮咚咚"的乐声,尽管音不准,但是构成了一种奇妙的、想象的、幻想的世界。小朋友一听到这个音色就觉得很刺激。我还运用了一种小的玩具三角钢琴,它有两个八度以上的音域。我就把这些乐器,加上打击乐器木鱼、小铃、小鼓等,组成了一个乐队的伴奏形式,使得《南京路上好孩子》这个大型木偶剧的音乐形式很有特色。这些小朋友并不要求音很准、技巧很高,他们听到这个歌曲是用玩具乐器伴奏的,就感到非常好玩,不时地在座位上跳起来,跟着哼唱。我觉得我想要的效果达到了。并且我体会到要让孩子们能够坐下来接受这个音乐,就要千方百计根据剧目的特点寻找音乐的主要表现手法,还要寻找音响组合的特殊渲染力。后来这个想法贯穿了我的创作始终。

采访人:当时排演《南京路上好孩子》的时候,上海木偶剧团已经有自己的乐队了吗?

陆建华:没有专业的乐队,但是有五六个人一起来演奏。我学过钢琴,所以小的钟片琴、钢片琴、钢琴只能由我来演奏,其他几个人按照固定的节奏帮助演奏打击乐,类似小木琴等他们都会敲。过了几年从上海音乐学院附中毕业的学生加入进来了，正式成立了乐队。我们的乐队还增加了很多乐器，如二胡、笛子、大提琴、柳琴、琵琶、扬琴、贝斯等，尽管乐队只有十几人，但是高中低各声部基本上是齐全的。

采访人：《小八路》的创作背景是什么？

陆建华："文革"时期，除了八个样板戏之外，舞台上几乎没有什么其他新的创作，但是上海木偶剧团的木偶剧是一部接着一部在演出。那时候提倡木偶剧主要的服务对象是儿童，而且木偶剧没有很敏感的有关政治意识形态的剧目，比较纯粹，所以上海木偶剧团能够继续上演一些剧目。《小八路》《雪山小雄鹰》《孙悟空三打白骨精》等一个接着一个创作出来了。演出《小八路》的时候，从上海音乐学院、上海民族乐团、上海昆剧团的乐队分别进来一批人，我在乐团里既担任创作，也负责排演，演出的时候我还担任指挥。我们整个乐队有三四十人，而且还有一个伴唱组和独唱组。我想大概在全国的木偶剧演出史上，这种现场伴奏的乐队规模和气势应该是罕见的。

我创作《小八路》时，曾随团一起到河北白洋淀去过两次。我们去听当地人讲老区抗日战争时候的一些事件，收集当地的民歌。我后来运用了评剧、河北梆子、河北民歌等元素来创作《小八路》。

采访人：《小八路》后来还被改编为电影，电影《小八路》和木偶剧《小八路》在音乐上或者在其他方面有什么区别？

陆建华：舞台剧演奏需要的音乐的分量很重，而改编成为电影剧本以后，镜头相对来讲进行得很快，一般不需要大片大片的音乐。比如说在舞台上演到奶奶牺牲的时候，板胡的演奏是很扣人心弦的，但是在电影中就不可能有这么大片的音乐来渲染气氛。因为镜头闪得很快，所以就需要短促的、一步到位的音乐，需要渲染到点子上，篇幅不能拉得长。我跟原上海美术电影制片厂的著名作曲家吴应炬合作改编《小八路》，他年纪比我大，写过许多优秀的童话片。

后来人民音乐出版社出版了我们两个人的电影音乐《小八路》的缩谱本。

采访人：《孙悟空三打白骨精》创作背景又是什么？

陆建华：《孙悟空三打白骨精》演出时的乐队规模是很大的。那一年上海的政协会议召开，我们团的《孙悟空三打白骨精》作为政协会议的一个节目在美琪大戏院演出给所有政协委员看，效果比较轰动。大家说上海木偶剧团能够创作出这么好的剧目是很了不起的。不但演员演得好，而且造型、美术、特技、音乐等都很好。这个剧目后来就成为剧团历史上一个比较完美的剧目。

《孙悟空三打白骨精》取材于《西游记》。当时我一直在思考要运用哪种音乐素材才能够符合这个题材。有些人说要完全使用绍兴戏曲，我觉得不合适。我想来想去觉得还是应该采用昆剧和上海郊区的江南丝竹的素材。于是我把这两个素材融合在一起塑造了《孙悟空三打白骨精》的各种主题和气氛。比如像唐僧师徒几个在行进的路上的背景乐，一方面体现出虔诚的佛教徒的意味，一方面有浓郁的昆曲改编

为创作《小八路》下生活
（第二排右一为陆建华）

而来的一种韵味，造成了特有的音乐形象。《孙悟空三打白骨精》中的每一个角色都有一个固定的音乐主题。比如唐僧的背景乐，突出他很虔诚的佛教徒形象；孙悟空的背景乐是很活跃的，并且不拘一格，显得很直率、很明快；猪八戒的音乐要体现出他俏皮、憨厚、笨拙、贪婪的特点，并带有一些滑稽的、嘲弄的、调侃的音乐形象；白骨精的音乐形象是凶狠、毒辣，我在高音区运用唢呐元素，造成一种非常残忍狡猾的氛围。我把民间的素材化到角色上面去，使每一个角色都有个性。还把音乐的魂魄附在木偶里，这个本身没有灵魂的雕塑，除了配音、操作把它呈现得活灵活现以外，音乐也能给予它灵魂，给予它形象化的视觉、听觉印象。这两者是完全吻合在一起的。

《孙悟空三打白骨精》里的配乐主要是昆曲和江南丝竹的融合，听上去既像昆曲，又像江南丝竹。但是实际上它既不是江南丝竹，也不是纯粹的昆曲。这确实要下一番苦心，要自己呕心沥血地去塑造每一个角色动人的、特有的音乐形象。我觉得木偶剧音乐创作的这一点是非常重要的。我在创作的时候除了给每个木偶人物在音乐上的特有的符号、特有的渲染的魂外，还注意吸收符合这个剧目的民间音乐素材。我觉得创作音乐作品的一个很重要的因素就是戏剧性的夸张和突变。白骨精这个角色的造型塑造得再完美它也是死物，是操纵演员和配音演员同时赋予了它生命。剧里的村姑很柔软，很优美，但她是白骨精变的。音乐给了白骨精"魂"，观众一听到这个音乐就勾起了对白骨精的恨。木偶剧为了要吸引儿童，就需要运用许多特技，比如白骨精飞到天上去了后又降到山谷里面来，又比如孙悟空一个跟头翻上去，类似这种表现手法我觉得一定要有音乐来辅助，或者说运用音乐再加上音响效果来烘托舞台上的气氛，这样才能够吸引小朋友的观赏兴趣。

我记得剧里有个情节是唐僧师徒四人到一个庙宇中去念经，开始是非常虔诚的配乐，木鱼声、钟琴声，声声入耳。突然危险降临，这个庙其实是白骨精设的一个陷阱，她一来，整个庙就坍塌了，师徒四人都被围住。音乐的感觉从原来虔诚的念经拜佛声转变成了凶恶十足的氛围，这就是音乐上的突变。

在舞台上，戏剧性的突变要在音乐上有所体现，只有这样木偶剧的感染力才能更加动人，才能够有一定的震撼性。白骨精出场时是带有诡异气氛的音乐，随着场景一变，从烟雾当中出来一个纯洁的村姑，音乐也需要马上变化，由凶狠、表面化、夸张的白骨精原型配乐一下子变成一种柔软、轻柔、飘移的音乐。音乐跟着舞台的突变，两者紧紧扣在一起，只有这样才能抓住小朋友的目光。在《孙悟空三打白骨精》里，我基本上都采用突变、夸张的手法，配合舞台技术共同塑造音响效果。

采访人：您的创作理念是怎样的？

陆建华：我想谈谈我在上海木偶剧团的创作经历。一开始我就不习惯于导演直接把本子交给我，然后说，这里开头要求五分钟的音乐，这里有个情节你要帮我伴奏三分钟，那里有一个空闲的情景音乐要填补。导演时常要求我，这里三分钟要快乐一些的，然后那里需要悲哀一些的，后面舞蹈场面你要写舞蹈性的音乐，非常零碎。我非常不喜欢这种创作方式，它让曲子的形式成为填空式的，也把我对这个本子的音乐思维的创作束缚住了。

我喜欢的创作方式是这样的，我希望这个剧本在孕育前，导演和编剧能够跟我的作曲同步构思，共同完成整体计划。所以我往往跟导演要求参加整个剧目的创作。除了导演安排之外，我主动提出来哪里应该有音乐，以及怎么样安排更加合适，这样构思出的音乐对剧情和人物的塑造才更加有感染力。我自己提出的方案，导演能接受当然好，不能够接受的我们再协商。同步进行的好处就是作曲跟导演得到了共识，达成一致以后我就把自己的音乐构思得更加合理，使总体的安排、设计更有逻辑。这里的音乐应该慢一些，轻一些，那里的音乐分量应该重一点，力度应该大一些，更加夸张一些。这样的安排就使全局有一个平衡，让音乐有一个合理的编排。所以观众听了这一段的音乐后，感到剧目的作曲不是随心所欲，也不是被动的填充，而是既有自己的想法，也有自己的铺排和构思。

我在上海木偶剧团里的每一个剧本的乐曲创作都是采取这样的方式——和导演、编剧同步构思。我们一起下生活回来后共同把剧本敲定，定稿后我就和导演一起讨论如何处理剧本。这使我习惯于在一个戏剧的情节，或者在一个剧本里，使音乐有一个总体的、合理的完整构思。戏剧创作的同时构思作曲，这已经是我的习惯了。我调到上海歌舞团以后，负责的大型舞剧、歌剧、音乐剧、交响乐也是按照这种规律进行的。他们也很乐意跟我从构思、从编舞的结构共同探讨。舞剧、音乐剧的灵魂都是音乐。只要音乐站住了，那么舞蹈如何编都是好看的。音乐如果站不住，舞蹈编得再好看、动作再优美，也是不行的。音乐是"魂"，而这个"魂"的依据是戏剧的结构。我们作曲跟编导同步进行工作，就产生了合理的戏剧结构、合理的导演铺排，同时也有一个合理的音乐逻辑发展。那么创作成为一种有机的统一，音乐出来就不会零零碎碎，而是具有内在的思维逻辑。我在上海木偶剧团工作期间，就有意识地把整部作品的音乐发展按照内在逻辑性来处理，这使得我的创作具有紧密的戏剧张力。

采访人：《金色大雁》创作前后有什么难忘的故事？

陆建华： 当时我跟导演、编剧、舞美设计一起下生活。这也是上海木偶剧团的一个传统，每创作一个新的剧目都要求去下生活。我到这个地方就先收集一些必要的音乐素材，体会他们的风俗人情。像《雪山小雄鹰》《金色大雁》描写的是西藏，而当时西藏我们不能进去，我们就在青海、甘肃体会生活，积极了解牧民的情况。

甘肃的甘南是藏区，我们到了那里以后，就自己搭帐篷。怕吃不惯他们的酥油茶、奶茶，我们就带了一些上海的白砂糖去。在他们那种非常原汁原味的奶里加了糖后,口味确实很香醇。我是很怕骑马的,但是地方上的牧民说,没有关系的,给你们的几匹马都很温柔。那我们就放心地一人一匹马开始跑了。刚开始感觉骑马是很舒服的,但是那个牧民骑的第一匹马突然一鞭子跑快了后,后面的马全部都跟着跑,我们都很紧张。往山上跑不吓人,但是等到要下坡时我们控制不住马了。那个牧民喊,你们死死抓住缰绳,但是我们怎么都抓不牢,都在喊救命。我们下来以后,脚都软了。我们团的演员陈为群还从马上摔下来了,他摔的时候手里的绳子还在马鞍上,而马沿着草地兜了四五圈才停,特别危险。后来这匹马终于停下来了,他擦伤了一点皮。我经历了这次以后再也不敢骑马了,我觉得起码要训练四五次才能控制好马的速度。我们的技术虽然不过关,但是我们毕竟有了骑马的经历。牧民唱歌的时候,我就记录收集这类民歌,并且还把它们作为元素的内核在《雪山小雄鹰》《金色大雁》中化开来,使作品听上去有藏族的风情和韵味,带有藏族高原的一种音乐氛围,而且又充满了儿童

1974年7月,在青海倒淌河体验生活时留影(二排左三为陆建华)

化。当时许多学生都会唱木偶剧里的《雪莲花》。运用当地的素材化到木偶剧中,这是我必须要做的功课,我做不到随便凭空想一个音乐来创作剧目。

采访人: 请您谈一下作品《东海小哨兵》吧。

陆建华: 中国福利会儿童艺术剧院的作曲家张鸿翔,他也参加了《东海小哨兵》的创作。主角小红的配乐是突出她比较活跃的一个少女的形象,灵感的来源是温州东海沿海的一首民歌。《东海小哨兵》里的音乐占的比重很重,几个主要的篇幅我都重点来塑造小红的警惕性。她有一种属于小孩子的那份聪明的智慧,性格也很机灵,我尽量从音乐上赋予小红这个人物以"魂魄"。

采访人: 木偶剧的音乐是不是有着基本的共性?

陆建华: 是的。我觉得不管是哪种题材的作品,木偶剧的音乐是有着基本的共性的。我用藏族音乐来塑造《雪山小雄鹰》,用昆曲、江南丝竹来塑造《孙悟空三打白骨精》,或者是用河北梆子的音乐素材来创作《小八路》等。但是总体来讲木偶剧的音乐应该带有一种夸张、奇特、童趣的意味,因为它的受众主要还是儿童,不能太成人化,不

1974年8月,在青海达里加山时留影

能太过深沉，要使儿童喜闻乐见，儿童喜欢听。我后来调到了上海歌舞团以后，参与了著名舞蹈家舒巧的大型舞剧《三毛》的创作，这部剧是描写台湾作家三毛的心路历程，这里面的音乐创作就是纯粹成人化了的思考模式。

采访人： 您还积极参与社会上的有关儿童音乐作品的活动？

陆建华： 因为我在上海木偶剧团一直从事儿童音乐的创作，所以当时上海的几乎各个少年宫都认识我，会让我帮忙参与少年宫的舞蹈或者合唱音乐的创作。1972年市少年宫的邬美珍叫我参与《风雪小红花》的作曲。当时《风雪小红花》是轰动一时的，李先念看了以后把这个剧请到了中南海。当时"文化大革命"没有结束，但是竟然能够把《风雪小红花》作为中国优秀的舞蹈节目请到中南海，并且还专门拍成了电影，这是很不容易的。在"文革"时期，除了样板戏之外，在上海还能出现几个比较受欢迎的业余节目，这对于观众来说几乎也算是一个可喜的现象。上海木偶剧团在"文革"时期并没有受到过太大的冲击，还是有作品可以演出的。

采访人： 1981年的作品《龙凤呈祥》中，您是把中国的古典元素运用进去了？

陆建华： 我在这部作品里运用了古典的雅乐调色。它是小调当中的第六级音，是升的，Fa变成了升Fa，升第六级音在中国叫作雅乐。同时在《龙凤呈祥》里我也突出欢乐的歌舞性的画面。音乐的伴奏是一种紧拉慢唱的意味，使歌舞产生一种非常活跃的舞蹈性质的缠绵。《龙凤呈祥》的副歌很通俗，很流畅，歌舞的性质很强，所以当时这个旋律很受观众的喜欢。《龙凤呈祥》是一个小剧目，但是对我的影响很深刻。这段旋律特别富有民族特色，我之后的管弦乐或者电声音乐作品里也用到了《龙凤呈祥》的主旋律。

采访人： 您在上海木偶剧团还有哪些创作印象比较深刻呢？

陆建华： 很多，像《王杰的故事》《向阳河畔》《两条鱼》等。

采访人： 下乡体验是上海木偶剧团的一个优良传统吗？

陆建华： 我觉得上海木偶剧团当时的领导是狠抓创作的，对于一个剧团来说，它的灵魂就是创作新的剧目，只有创作新的剧目才能够有新的人才被培养出来，所以创作是本，是灵魂，也是龙头。当时列出题目以后，主创人员包括编剧、导演、作曲、舞美设计、服装设计、造型设计等，有条件的话都要下去体验生活。上海木偶剧团当时支持并且坚持了这个创作方向，所以我觉得剧团里的每一个作品的创作基本上都能够抓住某个特定地方的地域性素材和风情。音乐、台词、服装设计等都符合这一个地域的特色。木偶是一门综合艺术，编剧、导演、音乐、演员、灯光、舞美都融合在一起，才能给观众呈现一部好看的剧。

采访人： 您离开上海木偶剧团后写了哪些作品？

陆建华： 1979年我到上海歌舞团去了，一直待到退休。在上海歌舞团我创作的作品比较多，基本都是大型的歌剧、舞剧、交响作品、音乐剧或者是中型的舞蹈。直到我退休以后，音乐家协会还继续鼓励我创作一些新的交响作品。

我到了上海歌舞团以后主要从事创作成人的作品，但是我一直有着"以儿童音乐为主"的情结，即便我后来去了上海歌舞团，这个情结还是没有断掉。区少年宫、市少年宫等要办舞蹈、歌唱比赛等，都会来找我帮他们写东西。而且他们的一些演出，常常叫我去担任评委。我帮市少年宫创作了《风雪小红花》后，又写了一个《中国风》，这又是一个响当当的儿童舞蹈作品。《中国风》曾在怀仁堂为国家领导人演奏，而凡是外国的元首在上海参观访问的，都要安排《中国风》演出给外宾看。

上海国际儿童艺术交流节节歌《各国儿童心连心》是我写的。其实一开始它是少年宫的一个舞蹈，我觉得这个舞蹈的歌很好，想把它作为儿童艺术交流节的节歌，报告打上去领导立刻就批准了。

当时市领导龚学平说，你们不要每年重写了，《各国儿童心连心》就作为上海国际儿童艺术交流节的永久性的节歌。学生艺术节《小白鸽之歌》，还有第一届教师艺术节的节歌《师魂》也是我写的。我在歌曲方面写了不少，这些都是我把"儿童音乐的情结"延伸到社会上的结果，影响了很多人。我的有些歌曲也被小学的教科书选取了。

采访人：您在舞剧方面也有非常多的经验，能和我们说一说吗？

陆建华：我在上海木偶剧团创作音乐的时候，是跟导演、编剧同步构思、同步进行的。我把这一点延伸到了我在上海歌舞团时期的创作道路上了。我写大型的舞剧都喜欢跟编导同步构思，而不是按照舞剧一般的创作模式来创作。这里应该跳什么，这个音乐氛围应该是什么，再接下来剧情是什么，我把导演的构思、进度跟音乐的板色、音乐的逻辑相一致。这样操作，编导的构思才能跟音乐作曲的构思吻合。两者一致的好处就是音乐的创作会很踏实，创作技巧的施展不会自说自话。作曲录好音，音响效果出来以后，导演也很容易接受。因为我们是一起构思的，拥有同一个逻辑，同一个思维，编导就知道这段舞蹈应该怎么编排了。所以整个剧目就拥有很高的流畅度，实现了内容和艺术形式上的交融性。

（采访：陈　娅　整理：陈　娅）

音乐是木偶剧的灵魂
——林永生口述

林永生，1949年出生于上海，祖籍浙江苍南。1968至1973年作为一名普通职工在上海黄山茶林场任职。1973至1977年，在上海音乐学院作曲指挥系学习，毕业后任上海木偶剧团乐队指挥。乐队解散之后，任剧团作曲。1988年9月至1990年7月在上海音乐学院进修作曲。在木偶剧团工作时，她指挥、录音《孙悟空三打白骨精》《西瓜炮》《闪光的珍珠》《白雪公主》《美人鱼》《木偶奇遇记》《女娲补天》等10部大戏，和《飞向天安门》《听话的妈妈》等27部小戏。创作的作品有：《哪吒神遇钛星人》《怪怪的梦》《拳王贝贝》《血泪童年》《星光灿烂》《寻太阳》《小鬼戏钟馗》等。

采访人：林老师，能不能请您简单介绍一下您自己以及您的家庭背景？

林永生：我叫林永生，生于1949年11月，是共和国的同龄人。我在上海木偶剧团先后担任过指挥和作曲。我家里没有学音乐的人,我的父母都是干部。我的母亲比较喜欢唱歌,所以我从小就耳濡目染。我有两个姐姐也喜欢唱歌,于是我们在家就经常以两重唱、四重唱自娱自乐。

采访人: 那您后来怎么会到上海音乐学院去学习的呢?

林永生: 我1968年就"上山下乡"了,在黄山茶林场工作。那个时候我们什么工作都做:采茶叶、种水稻、打炮、炸山、修公路、修水电站……我们整个连队分为很多班,有茶叶班、水稻班,我们班比较特殊,叫机动班,什么地方有需要就去哪里。我那时是一名女炮手。这是一个很危险的工作,除了打炮眼、打榔头的时候容易打偏,炸山的时候也会出危险。如果雷管不响,回去排雷管的时候就很危险了。那时候我们连队是没有公路的,从我们场部走到连队要走一个半小时,15里路,后来我们就自己修了一条公路。

打炮眼修公路(左一为林永生)

公路修成后，为了歌颂我们的劳动成果，也可以说是汇报，就在有一年纪念毛主席生日的时候，写了一个《公路组歌》。组歌不是一组单旋律的歌曲，有两声部也有四声部的，有的是我填词的，也有的是我作曲的。我作曲了三段，当时一个在一起的女孩子，也是我们打炮班的，她写了六段，合起来一共九段，就叫《公路组歌》。这个组歌在演出以后引起了很大的反响，一个连队居然能够写出这么大的一个组歌。后来上海音乐学院到黄山茶林场招生的时候知道了这个事，就通知我们两个作曲者到场部去考试。考试的时候，就是现场发一段歌词，是A-B-A三段体的，要求两个小时写完，交卷以后自己唱、自己演奏。我们当时是自拉自唱，用的是手风琴，唱给音乐学院的考官听。最后因为他们要招指挥，考试的时候请了场部的合唱队来配合考试，唱的是《东方红》，由我担任指挥。当时汇报的那个大合唱是我自己指挥的，演唱的人都是我们连队的队员，就这样我通过了笔试和面试，被上海音乐学院录取了。我觉得也挺有意思的，因为我没学过嘛，只是在小学、中学音乐课上学了一点简谱，然后自己喜欢拉手风琴，经常唱一些两声部的歌。"文革"前我们家里老是唱《深深的海》，这个是用两声部的，以及俄罗斯的歌曲《小路》，这些歌都是两声部的。那个时候我就喜欢唱第二声部，所以我

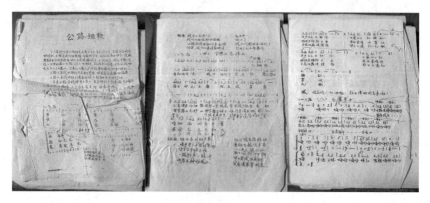

《公路组歌》乐谱

在写歌的时候也写了两声部。我觉得去音乐学院学习的机会就是老天爷给我的。

采访人：那您在上海音乐学院指挥系学作曲指挥，当时学了哪些内容？是正式系统地开始接触音乐了吗？

林永生：正式系统地开始接触音乐就是1973年我进入上海音乐学院后，我们那个系名为作曲指挥系。"文革"是1976年结束的，我进上音的时候还是在"文革"期间。我们是"文革"开始后的第一届全国的大学招生。我们同届有个很有名的人，张铁生，我想大家都知道。我们那一届是发了考卷的，我们后面那届就没有考卷了，就因为张铁生那个零分的事情，后面一届就不考了，直接推荐上大学，但我们那届是要考的。我学的专业是指挥，我们一共有11个学生，学指挥只有两个人，一个是汤沐海，一个就是我，剩下的作曲系有9个学生。那个时候的老师都非常好，所有老师都很努力，我们也很幸运。和声的第一把手桑桐教授、复调的第一把手陈铭志教授、配器丁善德教

上音师生合影（左起：黄晓同、汤沐海、林永生、马革顺、张民权、顾其华）

授、曲式叶栋教授,都是很好的老师。那时候在上音只有三个指挥老师:两个合唱指挥,一个乐队指挥,乐队指挥是黄晓同教授,合唱指挥是马革顺教授和张民权教授。这三个老师都教过我,就这样学了四年,到1977年毕业。

采访人: 请谈谈您毕业之后在木偶剧团的工作。

林永生: 那个时候工作是不可以挑选的,要服从分配,让你到哪儿就到哪儿。那个时候文化系统哪个单位缺人就去哪里,我被分配到了上海木偶剧团。在我之前,上海木偶剧团是没有专业指挥的,所有的剧目作曲者写完谱子以后,要演出了,都是作曲本人自己指挥。谁写的谁排练、谁指挥。这样作曲也很累,因为他写完了紧接着就要演出。那个时候剧团需要一个指挥,于是我就被分配到了上海木偶剧团。

采访人: 那您当时指挥的第一部剧是什么?

林永生: 我进木偶剧团的时候,《孙悟空三打白骨精》已经在公演了,进团后,我就接手了这个剧的乐队指挥工作。这个剧在当时是很轰动的。1976年的时候"文革"刚结束,1977年整个中国除了八个样板戏,就没有别的文艺形式了。而那时候木偶剧团排了一个《孙悟空三打白骨精》,跟原来的东西不一样了,一下子就很热闹。而且招待外宾的时候,用京剧肯定是不合适的,因为外国人听不懂词。那个时候只有八个样板戏,《白毛女》是上海芭蕾舞团的,但芭蕾舞剧是西方的一种艺术形式,会让人觉得没有中国特色,于是招待外宾就用我们的《孙悟空三打白骨精》和杂技团的演出。这两个场子是很热闹的,几乎每天晚上都演,每个星期演六天,停一天,星期一停演,基本上每场都是爆满的。

采访人: 您第一次指挥乐队现场伴奏时的情况是怎么样的?

林永生: 我一开始跟乐队也不是很熟,因为我以前学的是交响乐,是西洋乐队,而木偶剧团里是一个二十几人的民乐队。去了以后他们就在演出期间，不能停的，每天晚上都要演。白天我阅读总谱，晚上就看演出，在后台看陆建华指挥，看他和台上的配合。三天以后我就接了指挥的位置。当中还是有一些问题的。像刚刚接下来的时候，主角陈伟群操纵的孙悟空，其中有一段是"三打白骨精"以后师傅赶他走，说了一句"你走吧，我不要你了"。这个时候我们就有一段音乐要跟他的动作配合在一起。因为我是新上手的，第一天演了以后合不上，第二天陈伟群就过来跟我说这个地方应该是怎么样的。我指挥起拍的时间点和台上的表演没有达到同步，我们俩的感觉不在一起，交流之后才达成了统一。所以指挥跟演员的磨合还是很重要的。

采访人：《孙悟空三打白骨精》好像有一个英文版？

林永生：对，《孙悟空三打白骨精》是我们木偶剧团唯一一个有英文版的剧目。这个英文版当初是怎么回事呢？有一年巴基斯坦学员到中国来学木偶戏，教给他们的一个剧目就是《三打白骨精》。在学的过程中，因为巴基斯坦的学员是不可能学中文的，这个时候就外请了一个刚毕业的大学生担任翻译，翻译完了以后，还要唱，怎么唱呢？我们都知道中文翻译成英文，或者英文翻译成中文，要么比原来的长，或者比原来的短，而且翻译者不懂音乐，歌词没法与原有旋律契合。当时木偶剧团里我算是懂英文的，就把我叫去负责填词，同时还请了上海外语学院的一个研究莎士比亚的教授来把关，他根据我提出的问题，修改唱词的长短，并让唱词押韵，就这样配合完成了英语填词的工作。最后由我给巴基斯坦的学员示范并教唱。这个英文版他们学了五六个月，回去就直接演出了。这个版本据说曾在美国演出过，但效果不太好。后来在国外演出还是打了字幕，为的是能够更好地体现《三打白骨精》的原汁原味。当然这是唯一一个，后来我们再也没有把其他的剧目整本翻译成英文了。

采访人：您指挥的大戏还有哪些特别有印象的吗？

1979年,与巴基斯坦木偶戏学员合影(前排右二为林永生)

林永生:《红宝石》还是有点印象的。因为它的演出周期很长,最后也是作为出国的剧目。有些剧目上演不久就不演了,但是像《红宝石》和《孙悟空三打白骨精》都是无数次复排循环演出,所以印象比较深。这两部戏的特技都很厉害,木偶戏只要是神话的,特技都很厉害。因为有了想象空间和表演空间,所以特技就比较多了。还有像《闪光的珍珠》虽然也是大戏,但只演了一季,没有复排过。《白雪公主》倒是演得比较长的,那个时候是陈燕华配音的,当初她还没从我们剧团离开到电视台去。她的配音是很有水平的,声音很好听。因为我们天天在指挥,天天都在听,其他演员配音和她的配音感觉是不一样的。要知道木偶是没有表情的,它的表情全部来自演员的声音和音乐情绪的配合。演这个戏的时候我们还外请了一些乐队的演奏员,因为它的故事是国外引进的,所以也加了一些西洋的乐器在里面,像长笛、黑管、双簧管,使得这个戏更接近西洋作品的风格。

1980年,《红宝石》综合排练,林永生指挥

采访人:除了这些大戏外,还有很多小戏,像《飞向天安门》《听话的妈妈》,您觉得排小戏跟大戏的区别在哪里?

林永生:大戏我们乐队排完了以后,跟演员要合起来演,小戏我们是录音好了他们才演的。因为这些小戏基本上都是下基层的,不在木偶专属剧场演。因为剧场不可能今天演这个戏明天演那个戏,装台装好以后就不能动了。比方说剧场装了一个大戏是演《红宝石》,小戏同时还是在演出的,就是下基层演出,比如学校、少年宫,还有一些工厂的剧场。我记得当时上海造币厂也有个剧场,它周边有很多学校,这时候小戏就会在那儿演,周围的学生来看。所以小戏基本上是录音的。

《听话的妈妈》这部戏虽然是个小戏,但还是蛮不错的一部戏,是人偶同台合演的。妈妈是人演的,剩下的小孩是木偶,这个戏的创意也比较好。后来这部戏是录成了木偶剧,是跟电视台合作录的。录的时候音乐不变,但是他们在拍摄的过程当中,把我们的演员换掉了。原来是由我们剧团的成人演员演的,后来在这个剧里面是用一个小孩来演妈妈,木偶就演小孩,也很有趣。

采访人: 现场伴奏对于乐队的综合要求是不是很高?

林永生: 那当然了,因为现场伴奏对演员、指挥都有要求。指挥要一边看台上的演员,不但是听他的台词,还要看他的动作,另外还要看灯光的变化,以及道具布景的变化。有的时候布景移动,要卡准进音乐的时间,这里面有很多灵活的地方。我举个例子,你说芭蕾舞演员在台上转圈,今天身体好转30个,身体不好了转不动了就转20个,我们木偶演员如果一口气唱一段,也会发生这种情况的。今天拖得长一点,明天可以拖得短一点,这个对我们指挥、对乐队都要有所准备。比方说在木偶音乐中经常会有"活扣",就是说写一段音乐,是可以无限反复的,两小节或者四小节的无限反复,伴随那个动作音乐就此继续进行下去。所以现场演出和录音肯定是不一样的。如果是在舞台上演出,那所有的因素都会随时随地发生变化。在早期的木偶剧当中,我们是现场演奏音乐、配唱、配台词的,你在照片里可以看到,我们乐队旁边还放了一个话筒,那不是给我们乐队的,是给配唱的演员用的,都是现场的,现在这个情况已经不存在了。但是如果现场演的话,感觉会不一样的。所以为什么每天演完了就要开会,就是讨论今天出了什么问题,明天要注意什么问题。如果是录音录好了,那就是演员跟音乐走了。

采访人: 当时木偶剧场是没有乐池的吧?你们当时是在舞台边角上?

林永生: 对,我们是在台侧面的,因为如果像别的戏曲、歌剧一样放在乐池里的话,会看不到演员的。木偶剧的台口是有布遮着的,演员都在遮布的下面,所以我们的乐队是放在下场门旁边的一块很小的大概十几个平方米的场地当中。舞台上经常会制造烟雾效果,当木偶需要变化,或者需要隐掉,比方说白骨精变成一个小姑娘,或者白骨精变成一个老头、老太太,一定是要喷雾的。一喷雾演员当然首当其冲，我们乐队肯定也是逃不掉的。那个雾是什么东西做的？油。是什么油我不知道，是用油汽化以后形成的雾。舞台上都有一种装置，一按雾就出来，蛮难闻的，当时的条件是蛮艰苦的。还有当时我们那个乐队都是用谱架灯的。就是一个谱子上面有一个很小的灯，上面有罩子罩起来，这个灯只能照到这个谱子，不能照到别的地方。我们乐队都有经验，就像看电影的时候旁边是不能有灯的，有灯的话银幕就是白花花的一片。如果我们演奏室开了很亮的灯，那舞台上原来对好的光——有的是打在布景上，还有背景后面有各种各样的光，那些就都看不见了。当时我们基本上是两个人一个谱架，就是两个人一个灯，那也要有十个灯。这个灯还是有一定亮度的，台上很亮的时候没问题，如果台上暗就不行了，这个灯的光就足以让台上搬动的布景都被台下看得清清楚楚。所以在暗转的时候，我们的灯是要全部关掉的，关得一个也不剩。但是还有一个很小的红颜色的灯，如果这个灯再关掉，那么乐队演奏员就看不到我了。这个时候乐队全部都不看谱子了，他们看着我，我就看着台上。转场基本都是暗转的，就是快速换布景，暗转是一定要有音乐的，任何一次暗转都离不开音乐的，音乐还要继续走，所以这个时候就是盲奏。

采访人：木偶伴奏是追求与演员的高度配合吗？有的时候听演员的台词，有时候需要看他的形体，伴奏是不是就要突出一个"伴"？

林永生：我们所谓伴奏就是"伴"，你肯定不是主体。主体就是演员，那么乐队就是一个伴奏的角色，是以演员的情绪变化、动作变化、舞台上的布景调度、灯光调度的变化而变化的。虽然是事先排练好的，但有的时候也会有一些突发状况。如果在舞台上经常发生问题，那就说明你这个剧团水平不高，所以这种情况是极少发生的。我跟乐队合作现场伴奏差不多十一年，也就发生过一次还是两次问题。我记得一次好像是"师徒大战黄风怪"，演到一半舞台监督就过来了，说我们这里出问题了，你这个地方要加段音乐，不叫停就不要停。这个时候我就临时找了一段比较合适的音乐。要反应快，不能等，要很快反应出哪一段曲子可以救场。不说长度，因为长度可以反复的，30秒过了以后你可以再从头来，这个是没问题的，但是要符合现场的气氛和场景。马上找一段，还要马上说从第几段第几小节开始，然后要天衣无缝地补上去，这是我们发生过的，我记得只有一次。

采访人： 乐队前期的排练是怎么样的？

林永生： 乐队的前期排练和纯乐队的作品基本上是一样的，就是总谱写好后我们就开始排练。但是在我们剧团前期排练也有个特点，在作曲跟导演、演员之间没有把主旋律敲定的时候，那作曲是不能配器的，配器了就等于说如果整段不要的话就整段都要扔掉了。所以乐队也不能排了，一直要等很久很久，等到他们把这个音乐基本上定下来了，作曲者再开始配器。作曲配器，40分钟的音乐没有两三个星期是写不出来的，等他写出来了，其实演员那个时候已经排练得很成熟了，留给乐队排练的时间就很紧了。等配器的总谱写好，乐谱分发到乐队演奏员手里，就要开始天天排练，没有办法，离综合排练时间很紧了，要赶快把它排出来，才能跟演员、舞台美术合练。通常我们有一句话，上海人讲的叫"倒轧账"，就是倒过来算，哪一天公演，从公演倒过来算，需要提前三四天排练，彩排两天，综合彩排是一个星期，然后再前面就是乐队的排练时间。从总谱出来到综合排练，可能一星期或两星期，反正时间是很紧张的。那么乐队排练当然第一个是要求把谱子练熟，还要处理平衡、和谐、情绪等问题。

但是到了综合排练的时候就不一样了。这个时候乐队熟了，主要的精力就放在和演员的配合上面。演员、导演说这个地方怎么样，实际上配下来长短不够，临时再反复一段这也是有的。基本上就是卡准出音乐时间，哪句台词、哪个动作、哪个场景接音乐等。还有就是速度的准确性，要求的东西多了，要顾忌的东西也多，比如灯光、布景、音响效果等。除了我们配乐，还有一些效果声，如鸡叫、狗叫、猫叫、风声、水声。另外比方说孙悟空从外面飞到舞台上来,因为孙悟空是整个剧场满天飞的,所以他飞过来会有一个效果声,这个时候我们的音乐要跟着他走,这就需要各方面配合。不单是我们,还要音响跟我们配合,还要我们跟演员配合,就是各方面合起来练,所以综合排练比较麻烦,一个环节出问题就要重来。

我记得《猎狗侦探》这个戏写好了以后,开场的时候有几段小动物出来的戏。一个是狐狸,一个是黄鼠狼,偷偷到舞台这个角转一下,那个角冒一下,然后再从舞台前面蹦出来。作曲没有写这段音乐,综合排练时,导演说这个地方一定要有音乐。后来我就用乐队各种各样不同的打击乐的声音代表不同动物的形象,现场跟演员合作,写了下来,增加了一段。

采访人: 木偶剧团的演出后来为什么慢慢地变为没有现场乐队伴奏、只用录音了?对此您有什么看法?

林永生: 从剧团整体的素质和水平来讲,肯定是有遗憾。怎么会渐渐变成录音了呢?有几个原因。一个原因就是要出国,剧组出国的时候带不了乐队,因为乐队太过庞大,我们乐队当时有二十几个人,所以没办法带乐队。最早出国演出的就是《孙悟空三打白骨精》,那个时候开始录音的。以前录音还很困难的,用那种很大的机器。你大概没看到过这么大的磁带,像现在录像机那么大的磁带,两个盘。那个时候都是特别大的录音带。开始的时候,是录好了音乐,演员现场配唱、配台词,后来干脆连台词、音乐、音响效果一起,只要是发声音的,全部录好。然后时间就卡死了,演员就跟着整个音响效果走了。后来小戏也需要录音。科技设备也跟上了,科技越来越发达,录音也用得越来越多,这个和我们现在演员的假唱也是一回事呀,到后来演员自己都不唱了,就放个录音,跟在上面走走了。再后来,设备更加先进了,可以用电脑做音乐了。1991、1992年的时候,上海有人开始用电脑软件做音乐,合成器也开始出现。也是为了节省成本,因为养一个这么多人的乐队成本肯定是很高的。改革开放了嘛,什么东西都要以经济效益为目的,剧团也要生存嘛,生存就要考虑到经济方面,于是就开始了录音。开始是录音出国演出,后来就把我们乐队解散了,那是1988年。

解散以后,我们乐队的队员能调到其他岗位的就调岗了,还有的就调到别的剧团去了。那个时候剧团里让我不要走,剧团需要我。那我能做什么?就只能搞作曲。所以就说转作曲吧。我就跟剧团说,如果你们让我转作曲,那我需要到音乐学院再去进修一下。一是因为我觉得当年我在音乐学院的时候,教学还不是很正常。那时候我们经常去学工、学军、学农,还有政治运动来的时候,课程会变动。1973—1976年之前还有政治运动的,只要有运动或者什么事情就会停课,完了再回来上课。另外一个原因就是我刚刚进入作曲领域,没有很多的经验,所以我就提出要去进修一下,剧团也同意了,也很支持,费用都是剧团出的。

采访人:能谈一谈您去进修的情况吗?

林永生:我又去上海音乐学院进修了两年,把我们作曲系的课又重新学了一遍。因为我原来是指挥嘛,主课是指挥课,没有作曲课,这次回去我就上作曲课了。老师是王建中教授,是当时的音乐学院院长,他是个很好的作曲老师,和声老师是严庆祥教授,配器老师是杨立青教授,他也是后来音乐学院的院长,复调老师是林华教授,曲式还是叶栋教授。基本上作曲系的四大件,是学生必须学的,钢琴、和声、配器、复调。除了钢琴,我回去学了其他三个科目,另外加一个作曲,作曲是主课。那个时候我接触了很多现代音乐,第二次去的时候因为都开放了嘛,很多谱子都开放了。在音乐学院的唱片室可以查到很多资料,而且杨立青教授是从德国留学回来的,他就带回来了比较多的近现代音乐作品,我学了很多,和声都比较现代,与传统和声是有区别的。

采访人:您能跟我们说说木偶剧音乐创作的过程吗?

林永生:1988年剧团乐队解散以后,我在读音乐学院的同时就开始创作木偶剧的音乐。我第一部戏就是《哪吒神遇钛星人》,这个戏也是我们木偶剧团第一个使用电脑合成器做音乐的。剧团自从乐队解散了以后，作曲写完了大多都是交给民族乐团录音，如果剧目是西洋的也可以请歌剧院录。但我那次的音乐都是用电脑制作的，就是写完了以后直接用电脑做出来。为什么要这样做呢？这个转变都是由于当时的历史背景和剧目要求造成的。这个剧目因为是太空来的人，叫"钛星"的一个星球，这个星球是我们造出来的，实际上没有这样一个星球。既然是太空，我们就要想，这个音乐要跟以往的传统音乐有所不同，用电脑合成器可以做出各种各样的新的音响效果。那个时候我正好在音乐学院学习，也学了很多现代的作曲手法，所以这个音乐的整个配器是用"交响配器"的手法，和声就用了现代的一种理念，但又有中国传统音乐的内涵。

为什么我讲是现代理念？传统和声是do、mi、sol这样3度叠加的西洋传统和声结构。这个戏的音乐我既用了现代的理念，也用了我们中国传统音乐的内涵。因为我们比方说用sol、do、re、sol，sol、do、re、sol就组成一个4度、5度结构和弦，这个跟西洋的和声不太一样，听上去不是很和谐的，但是用在这里非常合适。《哪吒神遇钛星人》这个戏演了很久，也复排过，复排的时候还重新写了主题歌，因为那个时候写的实在太现代了。现代音乐听上去很多是不和谐的，不是那么悦耳，而且大众唱不出来。其实传统音乐是很美的、很悦耳的，普通人能唱得出来的，这是我个人的观点。现代音乐是很多人没路走了，要想出奇而搞的音乐。就像唐诗和宋词，写到唐朝和宋朝，诗已经全部写尽，没有了，你找不出任何更新更好的词来代替，写光了，这是我自己作词以后发现的，所有的词都是人家在唐诗宋词里用过的。音乐也是，按照七个音，do、re、mi、fa、sol、la、si、do排列组合，一共也没有多少，这可以用科学的方法计算的。在音乐最发达的时代，就是文艺复兴那个时候，以及贝多芬那个时代，所有的旋律差不多已经全部写尽，任何一个旋律都可以在那个时代的作品里找到它的影子。所以这时候就产生了什么想法？我一定要跟你这个东西不一样,于是就出现了现代音乐。

《哪吒神遇钛星人》原来结尾的歌是钛星人庆祝哪吒把水送到钛星上让钛星复活了的一首歌,是钛星人唱的,没有钛星语啊,所以是造出来的,就用"克鲁亚,哪吒星"这样一句词写了一首歌。当时我采用了迪斯科的节奏,美国黑人爵士的元素,加上现代和声写了这个戏,要的就是那种气氛。后来复排的时候,导演跟我说你是不是重新写一首?这次就是用传统音乐写作的手法写的,听上去很悦耳,我觉得风格是不一样的。我们知道有很多东西是会回归的,音乐也是这样,包括迈克尔·杰克逊早期的作品,是很现代的。但你听他的晚期作品,回归传统,很好听!他的 *Childhood*,完全回归传统,没有任何现代色彩,非常传统,和声也传统,就是好听。后来我在结尾重新写了一首名为《小小

复排时重写的主题歌《小小莲花》

莲花》的主题歌。

《哪吒神遇钛星人》这部戏真的很有前瞻性，在1992年的时候，那个时候中国还没有环保概念，只注重发展经济，怎么样赚钱，怎么样把工业、商业搞上去。而木偶剧团排了这个戏，它的主题就是找水。由于钛星星球无序的发展，水资源枯竭了，然后哪吒帮助他们恢复了星球的水资源，是一个环保概念的戏。所以它有复排的可能，我觉得是很有前瞻性的。关于找水的概念的确也很有意思，讨论剧本的时候，大家就在说，找一个稀有元素，舞台上是没办法表现的，但水在舞台上是可以表现的。可以通过背景、通过喷雾来表现，最后背景上面水来了还可以有瀑布流下来，后来大家就统一思想找水。从今天看来选对了，水是很重要的资源，所以这个戏比较有生命力。再说说这个剧里的木偶。因为只要离开现实，就有想象空间了，钛星人谁也没见过，可以塑造很奇怪的形象，就像我们看的美国电影一样，你愿意把它想成什么样就是什么样，所以它的造型还是很有特点的。哪吒的三头六臂，这也是木偶剧的特点。因为别的戏你说舞台上一个演员要变出三头六臂，除了两个手，其他都是不会动的装饰，是死的，但是木偶的六个手臂都是能动的，因为只要多加两个操纵演员就可以了。一个演员拿着哪吒，剩下的六个手都会动，每个手都可以拿东西的，只需要再加三个演员来操纵。所以说这就是木偶的特点，木偶可以做到。

采访人：我们再来聊聊《怪怪的梦》吧。

林永生：这也是后来我写的一个作品，这个作品我是挺喜欢的。因为它是讲一个小孩做了一个梦，在梦里梦到了社会上的很多不良现象。怎么会想到创作这个剧的呢？因为当时在学校里面，有小孩抽烟，有打游戏机打得昏天暗地的，也有喝酒的，这在学校里已经成为一个现象，编剧就根据这个现象写了剧本《怪怪的梦》。这个剧本写好以后，那时候开始已经不是传统木偶了。只有这个做梦的小孩是用传统木偶来做的，剩下的香烟、游戏机、酒瓶，都是用人来表演的，是人

1992年,《哪吒神遇钛星人》首演后在后台开会(右二为林永生)

偶同台的一个戏。这个剧的音乐非常活泼诙谐,我没有把反面角色的音乐写成恶魔的风格,而是写得比较诙谐幽默。我觉得一样东西吸引人,肯定是有它的好处才会吸引人。游戏机肯定是因为好玩才会吸引小朋友,你如果把它写成魔鬼一样的,从我个人角度来讲,好像也觉得不太合适。

这个戏上演以后,反响不太好。因为有几个问题,一个就是台上反派太多。比方说游戏机会把小孩吃到肚子里去,因为这个小孩玩玩就钻到游戏机里去了,这在某种意义上是表达游戏机要吃人的,你不好好学习玩游戏机玩到后来就被它吃掉了。另外,抽香烟是要着火的,喝了酒功课就没法做了,还有小孩打麻将,这样的情况到今天还是存在的。每一个不好的东西出来都有一个引诱的过程,这个引诱过程就是他们唱的歌。所以在舞台上呈现出来的,就是很多反派。那么多反派都是以载歌载舞的形式出现在舞台上,审查的时候就觉得群魔乱舞,香烟是坏人、麻将是坏人、老酒也是坏人,游戏机也是坏人,这舞台上怎么都是坏人？审查认为这样对小孩的教育不好。但是其实当时我在台下就问看节目的小孩："看了半天，这个戏讲什么东西啊？"他说香烟、老酒、麻将、游戏机不是好东西。他看懂了呀，但是审查的人说群魔乱舞，这个戏不好，所以后来没演几场就不演了。但我觉得这个戏真的是不错的，很有教育意义。还有人提出来，说演员这么难看，穿紧身衣，难看死了。我们很多女演员在台上，因为不是芭蕾舞演员，也不是舞蹈演员，身材确实不怎么样。这个其实还是可以补救的，因为现在很多国外的人偶同台演出的时候，演员都穿黑色的大衣服，我觉得这是可以改进的一部分，但是后来这个戏也就没有复排过。

这两天我看到电视上一个广告，不知道是舒淇还是谁，每个人手上都绑了一根绳子，人就变成木偶了。那个时候我们就是这样的，就是把人手上绑上绳子，当中吊一块麻将牌，脚和手上都从上面吊一根很长的橡皮筋下来，在舞台上跳舞。就等于说演员也是木偶，麻将牌也是木偶，但是由真人演，就有人变成木偶的那种感觉，所以我觉得这个戏还是挺有创意的。

采访人：《星光灿烂》也是您的作品？

林永生：那个剧是描写一个物业公司的修理工人徐虎，当时因为他工作做得特别好，也是上海的劳动模范，于是就写了这个戏。那时候基本上也是人偶同台的，比较新了。关于这个剧的音乐创作理念，因为他是上海人，所以我就用了沪剧的旋律，即《罗汉钱》的调。但好的旋律不可能整个搬过来，搬过来就不叫作曲了，那就叫抄袭了。作曲是要有一个动机，把它发展成一个乐曲，已经不是沪剧了，但我用的是上海的元素，蛮有沪剧的味道。

采访人：《寻太阳》也是您创作的一个小戏？

林永生：这个戏是个大戏。我在木偶剧团待了22年，前11年是指挥，后11年是作曲。我一共写了七八个大戏，小戏只写了两个，一个是《射日奔月》，另一个是《小鬼戏钟馗》。《寻太阳》是当时跟导演聊天，导演就说很喜欢意大利的《我的太阳》那首歌,他说我们就唱这首歌好吗?我没有同意,我说如果你要用这个,我就不写了,如果你要叫我写,我肯定不会用那个。当时,导演说要《我的太阳》的那个感觉,我说没关系,你要那个感觉我就给你写那个感觉。我写完了以后,导演就认可了。当时,这个剧目因为它没有特定的背景,寻太阳没有说在哪里寻,天上的太阳没有了,大地一片黑暗,小孩就要去把太阳找回来。后来我根据导演的要求,把整个戏写成了一个意大利风格的音乐,但是我没有抄袭任何一首意大利的歌曲。

《寻太阳》的主题应该是奉献。太阳的本质就是我给予你光,有了光,大地才有颜色。我们拍照片都懂的,没有太阳,晚上都是黑白照,只有当太阳出来的时候,才是七彩的,有光才有七彩。所以说太阳给予人类生命,给予光和热,却从来不让你反馈它什么,所以太阳的主题就是奉献。后来这首歌中关于奉献的词是我填进去的。

采访人:《射日奔月》也是您创作的?

林永生: 对,那是钱时信的剧本,比较古老的故事,是说后羿射了日,然后嫦娥奔月。这段音乐是中国古代风格的。其实在中国,最古老、最传统、最原始的宗教,就是道教,所以,借鉴的是道教的音乐,此剧中我用道教音乐是比较多的。

采访人: 有人说木偶音乐只是一个大杂烩,您怎么看?

林永生: 木偶音乐不是大杂烩,我在1992年发表了一篇论文,发表之前我写的这篇文章名字叫《木偶音乐之我见》,到了要发表的时候,总编说文章的标题一定要吸引人,后来他就叫我把标题改成《麋鹿式的木偶音乐》。因为我的观点就是木偶音乐不是大杂烩,是"麋鹿式的"音乐。就我自己创作来讲,这个音乐可以用西洋风格的,可以用沪剧风格的,也可以用道教风格的,也可以用佛教风格的,什么都可以,但是为木偶而写的,就是木偶音乐,而且这就是木偶音乐的特点。因为如果京剧里出现沪剧的曲调就不行。但是木偶音乐就不一样,爱唱什么唱什么,唱京剧也可以,唱沪剧也可以,唱越剧或者梆子戏都可以,甚至完全西洋的,你唱意大利歌剧,上面木偶照样表演,这就叫木偶音乐,这个就是"麋鹿"。因为麋鹿不是鹿也不是马,你不能说这是京剧,你也不能说这是沪剧。所以木偶音乐最大的特点,就是"麋鹿式的",而且只有木偶剧有这么宽泛的领域可以随便什么东西都拿来用,这就是木偶的特点。只要有木偶在,那你所有的音乐都是为它服务的,不管是什么风格的,这就是"麋鹿式的"。这篇论文发表在1992年的《艺术家》杂志上。这个观点以前没有人提过。其实写这个论文是很有意思的,写论文实际上是自己跟自己辩论的一个过程,因为开始的时候人家讲木偶音乐是大杂烩,我也觉得好像什么东西都有,也有点这个感觉,我本来是要证明木偶音乐是大杂烩的,最后我证明了木偶音乐是"麋鹿

林永生论文《麋鹿式的木偶音乐》

式的",我跟自己辩论了很长时间。

采访人：您觉得音乐是木偶剧的灵魂？

林永生：音乐肯定是灵魂。木偶剧最主要的组成就是操纵演员加台词加音乐，音乐占的比重是很大的。可以这样说，木偶缺了音乐肯定是不行的，可以没有台词，不可以没有音乐。比方说一个木偶在舞台上跳舞，它唯一需要的就是音乐，它没有表情，它的情绪就靠音乐来渲染。说音乐是灵魂，可能有的时候人家会觉得不能接受。因为木偶操纵是它最主要的动力，它是一个死的东西，只有操纵它才会动。但是后面给予它生命的是台词和音乐。比方说我们一个大戏，时长大概是1小时15分钟左右，音乐大概会有40分钟到45分钟，是占很大比重的。不像影视剧，演员跟你面对面，只要做一个表情你就知道这个人是悲伤的、高兴的，或者是阴险的，但木偶是没有表情的，制作完之后从头到尾就这张脸了。一个木偶做完了，一个剧的主角可能会有两个木偶，因为有的时候要变换，有的时候是可以伸出三头六臂的，比方说哪吒，必须要换一个木偶才能伸出三头六臂，但是它的表情就一个。也就是说一直要有音乐来烘托木偶的气氛、表达木偶的情感。

采访人：您在木偶剧团奉献了大半辈子了，您跟我们说说您对木偶是什么样的感情？

林永生：我们不说感情，就说对这个戏的认知。为什么？我们拿昆曲来做比方，我们推动昆曲是要花力气的，要去招揽观众的，要去培养观众，不停地寻找观众。因为昆曲是申遗的，呼吁观众要来看，昆曲不能扔掉，扔掉太可惜了。但是，木偶用不着。因为小孩生出来了，观众是不需要寻找的，是永远存在的。这么古老的剧种，它甚至比昆曲还要古老。傀儡戏是很古老的，远古时候大家高兴了，拿个东西比划比划就成了木偶戏了。昆曲是到了元代才形成的。木偶戏出现很早，为什么它不消亡？它不会消亡的，就是因为小孩会不断出生，只要是小孩,对木偶戏都会感兴趣,但是感兴趣的点在什么地方呢?那就是一个玩偶会动。因为从小孩角度不管你艺术的造诣有多深,不管音乐有多好听还是多难听,只要他看到玩偶是会动的,就会好奇。为什么木偶会动?而且动得这么好?因为好的演员操纵木偶是有神的,这是真的。同样一台演员,十个八个木偶在动,好的演员操纵的木偶是有灵魂的,木偶就变成人了,水平差的演员操纵的木偶是没有灵魂的,这都需要你去仔细看了以后才会发觉。通常我们也不太在台底下看戏。因为我在台上演出,有几次是为了汇报演出下来看一看,就发觉有的木偶真的是有灵魂的。木偶剧不会消亡就是这个道理。有人评论木偶戏叫多此一举,因为人本来就可以演,为什么要举着这个木偶?我觉得这个说法也很形象,虽然多此一举,但是这一举就举了千万年,一代一代传下来,而且永远不要担心它会消亡。

但是今天的木偶剧有个什么问题呢?随着现代科技的发展,木偶戏整体的水准会下降。下降在什么地方?下降在演员不用开口,可以前期录音,录音的时候讲错了可以重来,我读错了一个词可以重录。但是现场台词说错了就是错了,笑场了就是笑场了,音乐演奏配合得不好就是不好。那么整个现代木偶剧倾向于录音录好,台词现配,后来就是连台词和录音整个做成一个固定的东西,就跟我们唱卡拉OK一样的,演员不过是举着木偶跟随录音走罢了,我觉得这实际上是有点倒退。因为远古时代的木偶艺人是手上操纵木偶,嘴巴里要唱还要讲,这个演员讲得不好就不吸引人,这个故事讲得好、有声有色就吸引人了。从某种意义上讲,木偶的水准,我觉得顶峰就是《孙悟空三打白骨精》《红宝石》那个年代。那时候剧团有一个编制齐全的乐队,有现场配音、有灯光,到现在也就成为历史了。现在木偶演员更注重的是手上的操纵技巧,这也可以说是一种回归。但是不开口,我总觉得水准还是有一定的欠缺。录音录好了就那样了,因为录音也是遗憾的艺术,再怎么重复录,最后都是有遗憾的。以前我们木偶剧团录音的时候,我有一次在棚里面站了17个小时,累死了,因为一个乐器错了就要重来。早期录音条件不好,录音棚不好,外面有个杂声要重来、乐队错了要重来。但是现在不一样了,是可以通过机器来弥补的。所以现在我们听到的交响乐的带子,都完美得不得了。但是现场演奏不一样的,因为演员是人,每天的情绪不一样,同一个长笛同一个人吹,还可能今天心情好吹得好一点,明天情绪不好吹得差一点,什么地方吹爆掉一个音,都有可能的,但是现在录音就后期去掉了。所以说科技的发展实际上是降低表演水准的一个因素。

歌剧如果录音的话也是这样的,为什么我们现在的演员不敢真唱? 因为唱不到带子里那个样子。我上次去听了一个国外来的《图兰朵》,演员在舞台上就走音了,可能因为不适应那个场地或者返听不好。在舞台上要做到很好真的是很难的,对于演员的要求是很高很高的。回归技巧肯定是好的,多注重一点木偶的操作技巧,这是对的,因为不精益求精木偶戏就不存在了。但是我们觉得,唱、念这些东西的缺失,是时代的通病,并不是一个木偶剧团的问题。

(采访:陈　娅　整理:马玉娟)

我深深地热爱木偶事业

——易美麟口述

易美麟，1945年出生，江苏兴化人，国家二级演员。毕业于上海歌剧院学馆舞蹈班。1964年起在上海木偶剧团任演员直至1993年退休。曾在《雪山小雄鹰》中配音扎西，《小八路》中配音虎子，《金色的大雁》中配音华尔丹，《向阳河畔》中配音春华，《孙悟空三打白骨精》中配音村姑，《红宝石》中操纵配音银蛇魔女，《龙凤呈祥》中操纵弄玉等。同时担任多部剧目的独唱、领唱。在《英雄爆破手》《三个小社员》《南瓜生蛋》《小猫学本领》《小猴玩火》《采贝女》《怪怪的梦》等剧目中协助导演或独自担任剧目的编舞和排练。曾多次参加全国木偶皮影戏会演、上海艺术节、上海戏剧节。多次随团赴日本、联邦德国、瑞士等国家进行友好访问和商业性演出。

采访人： 易老师，首先请和我们介绍一下您的基本情况吧。

易美麟： 我叫易美麟，1945年生，国家二级演员。我是1959年底考取上海歌剧院学馆舞蹈班的。因为我参加少年宫和学校的舞蹈队，经常出去表演和比赛，上海歌剧院内部招生，大队辅导员推荐了我，就这样我成了上海歌剧院最早的学员。

采访人：请问当时有哪些舞蹈的基础训练？

易美麟：基训是这样的，我们有中国古典舞、少数民族民间舞，还有芭蕾舞，学得挺全面的。上午学专业，下午学文化课，基本功打得很扎实，这为我以后改行成为木偶演员奠定了扎实的基础。

我从小就爱好舞蹈，从幼儿园一直到中学，我一直是舞蹈队的。我那时候还特别喜欢戏曲，小时候我爸爸经常带我去天蟾舞台、人民大舞台看京剧，我的邻居亲戚们很多都是唱越剧的，所以我对戏曲也了解一点。一名演员是需要具备综合素养的。以前在上海歌剧院的时候，电影演员赵丹曾给我们上过一节课。他说演员要像海绵一样，什么都要学。他们电影演员的专业素养要求是很高的，不仅要会演戏，还要学会自己真人骑马、武术、开汽车等，不能由别人顶替。当时我就对这番话印象很深刻，并且为我今后在艺术道路上面发展奠定了一个基调，让我不断地有一种进取精神。所以在上海木偶剧团的时候，我自己既能够唱，也能够跳舞，还会配音、操作木偶，一专多能。

采访人：您是如何进入上海木偶剧团的呢？

易美麟：上海歌剧院学馆是文化局办的，原来是打算为三年后成立上海青年歌舞团准备的。后来因为国家困难，我们就提前毕业了，分到了全国各地。我的声音很好听，被上海木偶剧团的一位导演相中了。其实我当时也有点犹豫，因为我是学舞蹈专业的。这位导演说你的声音条件特别好，再说你也会舞蹈，我们上海木偶剧团虽然以杖头木偶表演为主，但也需要真人来跳的。他说你可以从事编舞，我就是这样来到了上海木偶剧团，团里的设施挺简陋。当时上海木偶剧团招了一批学员，在中福会儿童艺术剧院培训，曾是江湖艺人的老师傅们当我们的老师。

采访人： 上海木偶剧团委托儿艺办了一个木偶班？

易美麟： 对。当时上海木偶剧团没有师资力量。中福会儿童艺术剧院是搞话剧的，主要是儿童歌舞。他们设立了一个特训班，也就是木偶班。我们基本上各个学科，包括声乐、台词、表演、舞蹈、文化课等都是和儿艺学员一起统一上大课的，只有木偶操纵课是和他们分开上的。我是1962年10月来到儿艺学馆学习的，学了两年半。我的主要任务是配音，所以一开始我是不学操纵的。后来团里号召一专多能，要求专业演员学会其他木偶技能，我才开始接触操纵木偶。

采访人： 第一次接触木偶时觉得很新奇吗？怎么学的呢？

易美麟： 当时我觉得掌握木偶基本技能确实是蛮难的。像人演话剧、唱戏或者跳舞，自己把自己的本行发挥出来就可以了，比如舞蹈演员注重的就是腰腿功，而木偶戏的要求则完全不同了。木偶大致分三种，一种是布袋木偶，靠演员掌上的功夫；另一种是提线木偶；第三种是杖头木偶，这种比较难掌控，因为它是没有脚的，杖头木偶有两个支杆控制着木偶的手，而木偶下半身的肢体动作就都要靠我们演员来体现。所以我觉得操纵木偶，对于我这个初学者来说是蛮难的。举个例子，跳西藏舞，演员就必须要先学会人的动作，这对我来说不是问题，关键是把人所学的动作运用在木偶上面，这个过程是难点。演员要根据舞蹈的特点，每个动作找感觉，把它消化了以后，再体现在木偶上面，这有一个融合的过程。并不是说演员自己跳得蛮像样，就代表台上的木偶也能跳得好。因为木偶操纵也有一套基本功，对演员来讲，臂力、稳定性、头、手臂、姿态、操纵的技术等都需要有机配合，才能做到上下一体，完美统一。这需要我们演员不断地练习。

木偶跳西藏舞的时候要体现舞蹈的摇晃感，它的头要有一定的倾斜，甩着水袖，手里的操纵支杆得动出水袖的感觉。此外，木偶的脚步就是人的脚步，从这里跳到那里，就跟我们真人在跳的感觉是一模一样的。当然木偶常常还会有特殊的姿态。《孙悟空三打白骨精》里的孙悟

仙乐剧场门口合影（一排右三为易美麟，二排右三为陆建华）

空在翻了个跟头后需要打一个全身造型，或是在台口上摆一个跌倒的姿势，或是一个探路的样子，那么这就需要三四位演员合作来完成这个高难度动作。木偶角色的完成，需要一位主要操纵演员，一位配音演员，还有一位专门配手和脚的演员。手要有手的造型，腿要有腿的样子，多人合作才能完成一个特定的姿态。

采访人： 有舞蹈基础的话，对于掌握木偶技术有一定优势吗？

易美麟： 是的，但是过程比较长。我有一个有利因素，因为我是舞蹈演员出身，所以在舞蹈方面，我要比其他一些同学有优势，领悟得快。木偶戏里的舞蹈节目很多，这方面我还可以带带其他人。

采访人： 木偶演出时的后台相对比较简陋的，只有一个大的麦克风在固定位置上，人是站在一个幕布下配音的。请跟我们说说当时整个配音组的情况。

易美麟： 为木偶配音跟为译制厂的外国影片配音还是很有不同的。那时候译制厂请我们去配过音，把配音演员们都关在一个小房间里面，一边看画面，一边对口型。木偶配音不同，从拿到剧本到对台词，我们要先把案头工作做好。每个人物都是不一样的，要根据人物的内心独白和潜台词进行配音。所以每次分到角色以后，第一步工作就是对台词，分析人物的性格以及内心世界、内心独白是什么。配音演员要根据操纵演员的肢体动作来配音。配音演员和操纵演员的理解都要取得统一以后，在配音上才能够合二为一。不能让观众感觉某个角色的配音是干巴巴的，像白开水一杯。如果操纵演员表达的是愤慨、激动的感觉，而配音演员配得平淡，那就脱节了，两者没有合二为一。所以一般情况下，操纵演员和配音演员都是同时下生活，同时参加排练的。在台侧配音时完全根据台上操纵演员一举一动来配。我们自己都是完全进入角色了，随着人物的情绪而变化，所以付出的辛劳很多。一些领导干部经常到我们后台参观的，他们说，没想到木偶这门艺术这么复杂，确实是需要很强的综合素养的，演员的任务很艰巨。

我从小学舞蹈，肢体语言比较丰富。进了儿艺以后，还学了台词、声乐、表演等。我在幕后配音的时候，并没有因为观众看不到我就变得松懈了，而是随着操纵演员的情绪变化而变化，思想高度集中。木偶戏有时候也需要人偶合演的，我们配音演员也亮相过的。当演员完全进入角色了以后，就完全没有紧张的情绪了。

采访人：您曾经在上海木偶剧团演了很多作品，还记得第一次上台时候的感觉吗？

易美麟：我刚参加工作后不久就搞政治运动了。那时候好像也没怎么演剧目，主要工作是慰问解放军、下工矿去等。那时候上海市政府带队慰问部队，我是独唱。"文革"时期，人跟木偶同时在台上出现，没有屏风挡着，这就给观众很亮丽的感觉了。人们想象中木偶应该是布袋的，结果一看台上有这么大的木偶，而且人也在跳，大家都很新奇。在文化广场演出时，红卫兵拿着木偶穿着军装挺神气的，这应该算是我第一次正式操纵了。后来我们成立小分队,还到幼儿园、小学去为小朋友们演出,都是以小戏为主。我的第一部大戏是《雪山小雄鹰》。

采访人: 您配《雪山小雄鹰》里的扎西,请和我们聊一下这个角色的创作背景。您是怎么处理扎西的声音的?

易美麟: 首先要把剧本看透,理解人物。扎西是西藏农奴的孩子,当时我们参观了自然博物馆,看到农奴们悲惨的境遇,留下了很深刻的印象。在处理这个人物上,我要体现出农奴的孩子扎西看到解放军后的那种强烈的翻身感,以及对农奴主的憎恨和反抗。为了这个角色,我嗓子哑过几次,喉咙声带小结,开刀两次。一般我们唱歌都是用点方法技巧的,而配扎西基本上用的都是大嗓门了,很粗犷低沉,是用喉头音发声,突出扎西爱憎分明的个性,对农奴主的憎恨,以及对解放军的那种爱。可以说,配这个角色特别累嗓子。

小朋友很喜欢这部歌舞剧。当时之所以让我担任主角,也是因为扎西既要唱,又要跳,是载歌载舞的,其中有很多西藏舞蹈元素。扎西是由一位老演员操作,我配音的。另外我自己还要跳剧里面的西藏舞,担任群舞演员的操纵。

采访人: 能跟我们谈一下《小八路》的创作背景吗?

易美麟: "文化大革命"结束以后,上海木偶剧团决定要排一个大戏,思来想去团领导决定改编电影《小兵张嘎》。作曲、编导、舞美等都去河北的白洋淀下生活。他们逗留了几个月,去了解老区人民是怎么抗日的。

采访人: 当时您是配虎子,他是一个男孩子的角色,您运用了什么特别的技巧吗?

易美麟: 我的声音是比较清脆响亮的,很好听。电影《小兵张嘎》里面扮演虎子的小演员也是很机灵的,我觉得处理这个角色就要带点机灵的感觉,声音要高昂、爽朗、清亮。他的奶奶在抵抗日本人时宁死不屈，所以配音时也需要体现失去亲人的痛苦以及国仇家恨的感觉。剧里有一段很抒情的音乐，是杨排长教虎子识字、讲革命道理的片段。虎子是有多方面情绪的，他有耍弄日本鬼子时机灵的一面，也有奶奶去世时悲愤的一面，而他看到八路军又有一种敬爱的感觉，对待杨排长就像自己的亲叔叔一样。

小朋友们特别喜欢《小八路》，可以说是影响了一代人。当时上海木偶剧团在整个文化系统里应该是最早出大戏的，受到了市政府的肯定。当时整个文化领域比较萧条，主创人员能够搞出这样一部大戏，是很不容易的。

采访人：《闪闪的红星》里您配的是春芽子，您是如何处理这个角色的声音的？

易美麟：春芽子和潘冬子是好朋友。春芽子憨厚朴实，有点蛮干莽撞的性格，他爱憎分明，但不太会思考。他不像小冬子，跟敌人斗智斗勇。他是愣头青，不转弯，所以需要突出他愣头愣脑的特点。

采访人：和我们聊聊《金色的大雁》吧。

易美麟：《金色的大雁》的创作借鉴了《雪山小雄鹰》，但是更加提升了农奴的形象。《金色的大雁》是以《雪山小雄鹰》为基础创作改编的，我们的编导等主创人员再次到西藏青海藏区生活了一段时间，重新改编了《金色的大雁》。《雪山小雄鹰》里的扎西就是一个单纯的藏族农奴的孩子。而《金色的大雁》里的华尔丹是一个有智慧的人物形象，我觉得要比扎西在各方面都更升华了许多，性格也更加丰满了。

采访人：华尔丹这个角色具有哪些性格？

易美麟：华尔丹这个角色我很喜欢，一开始给人的感觉是苦、悲和愤。后来翻身农奴得到了解放，华尔丹慢慢变得阳光起来了，体现了军民鱼水情。当时我进上海木偶剧团也有些日子了，对人物性格的把握有了一定的经验。扎西是低沉的，我主要运用喉音；而华尔丹比较活泼开朗,性格多样化。我觉得他的声音是需要处理得比较阳刚、圆润亮丽些。我觉得因为之前我演过《雪山小雄鹰》,处理华尔丹这个角色对我来说更加得心应手了。

采访人:在"文革"时期,很多艺术团体基本上都停演了,上海木偶剧团却还是有剧目上演。"文革"期间上海木偶剧团是什么样的情况?

易美麟:因为我毕竟是改行了后才来到上海木偶剧团,刚来的时候,我不是很热爱这个专业的,没有真正地扎下根来,这是我的真实思想。后来随着自己慢慢地接触木偶,从配音到操纵,我觉得做一个木偶演员真的是很不容易。因为它是一门综合艺术,对演员的要求很高,需要全方位掌握一些技能。我自己逐渐喜欢上了这个职业。

后来宣传部明确规定上海木偶剧团和中国福利会儿童艺术剧院主要的服务对象是少年儿童。成人有很多戏可以看,也有很多选择余地,而儿童没有。我刚进团的时候,老同志们都是在大世界演一些传统戏,演出对象是成人。宣传部、文化局给我们奠定了主导方向,儿童是我们的接班人,从小给他们好的教育,让他们幼小的心灵接受正能量的东西是很重要的。作为主创人员这方面是很明确的,就是一定要有革命的题材,要让少年儿童接受我们的表演方式。我们选择的一些题材,比如《小八路》《闪闪的红星》等,都深得儿童的喜爱,并且不仅小孩子们喜欢,大人也喜欢。因为木偶剧既有点像音乐剧,又有点像歌舞剧,所以作为木偶演员,就需要学会各种综合专业技能,会唱会跳。既然干了这一行,那就必须投入进去,我也深深地喜欢上了这个专业。每次谢幕,我们拿着木偶跟小朋友见面时,他们真的很激动。

在中国,文化局对交响乐、芭蕾、戏曲等比较重视。我们对外的文化交流一般都是以交响乐、舞蹈、杂技等为主。改革开放以后,我们的木偶剧团走出国门跟外面交流,不仅有文化交流,还有商业性的演出,以及作为代表中国人民的文化使者出访国外。我觉得外国人远比我们中国要重视木偶，因为在国外木偶业是很发达的。我们到德国去演出时剧院鸦雀无声，演出完毕谢幕谢了五次，观众的掌声经久不息。这对于我们来说是很受鼓舞、很感动的。所以真的很欣慰我们木偶演出在国外为国家争得荣誉这一点，大使亲自接见，跟我们合影留念。我们在瑞士、在德国等地演出时，都是大使亲自到后台来跟我们说，你们演出很成功，为国家赢得了荣誉，演出水平非常高。

采访人：在国外，木偶戏的演出对象也是儿童吗？

易美麟：基本上都是成人。国外的木偶戏发展得很好，档次也挺高。我们在国外演出都是在正规的大剧院里演的，并不是小舞台，都是在歌剧院、大剧场。在柏林、慕尼黑等地的商业性演出，我们的演出商都是提前在歌剧院预定好场次的。

我们的出访队伍有同声翻译，在剧院演出时舞台边有字幕，就像看译制片一样的，观众都看得懂，反响非常好。

采访人：你们在国外演的是《红宝石》吗？《红宝石》的创作背景和诞生的过程是怎样的？后来到了国外有改变吗？

易美麟：上海木偶剧团现代题材的大戏比较多，改革开放以后，随着文化交流的增多，上海作为国际大都市这方面的外事活动也多了起来。为了把美好的艺术带到国外，我们选择了一些神话剧带到国外演出。《红宝石》是一个神话故事，它的主题是宣扬真善美，正义最终战胜邪恶。银蛇魔女代表邪恶的一面，男主角和女主角分别是白鹤以及凤凰，代表的是美的化身。故事既有爱情元素，又有神话色彩，里面加了很多特技。我们去国外演出，把这种中国的美好神话故事带去，让国外人民欣赏。

采访人：《红宝石》里的银蛇魔女是您的第一个反派角色吗？您是怎么处理这个角色的？

易美麟：这个确实有点难度，因为我的声音比较偏向抒情女高

在《红宝石》中饰演银蛇魔女

音。我学声乐的时候,老师说我的声音特别好听。我当时听唱片特别喜欢听刘淑芳的。配正面的形象,我的声音是完全可以驾驭的,而现在要演一个反派,对我是一个挑战,因为我的声音不是很粗犷,是比较细、比较柔美、比较亮的。在配银蛇魔女时,我借鉴了戏曲的发音方式,追求怪和妖媚的效果,说话拖腔拖调。另外我还尽量体现粗犷感,压低声音,用气音和颤音这样来塑造。

在国内演出时,小朋友不喜欢银蛇魔女,他们喜欢正面人物,他们讲银蛇魔女是魔鬼,他们不喜欢。去国外演出时,我们吸取了一些中国变脸的元素,所以在音色塑造上,我做了两种处理。舞台上一会儿是美女形象,转眼就变成银蛇魔女。一开始声音是很柔美的,细声细气,因为要引诱男一号。但是变脸变到魔鬼蛇的形象,声音就压粗,像巫婆的声音,很凶狠。

国外的演出对象主要是成人,这些专业人士是从木偶的构造和技巧、操纵、配音演员的实力这方面来审视的。因此,在国外到电视台做宣传、拍广告,不是正面人物,而是反面角色更受青睐。《红宝石》的特技很炫目,他们对这方面比较感兴趣。木偶的头颈可以伸长,还能变脸,而且妖魔的手可以伸到观众席里面去。作品的最后,男主角和女主角分别变成了白鹤和凤凰,从舞台上面徐徐飞到剧场里,慢慢向着远处飞,经过观众头上的时候,他们觉得特别新奇。

同样是反面角色,《孙悟空三打白骨精》里的村姑是由白骨精化成美女来诱惑唐僧的,所以她的声音一定要处理得很清纯,委婉动听,带有玉女形象的村姑。她来送斋饭,把唐僧引到她那里去。同时,因为她是白骨精化身的村姑,唱词里面要有表现心机的一面。我在表现这个人物的时候,基调主要是追求声音的美和纯。当时这个声音出来以后,领导都很认可。后来这部戏要带到美国去,因为人员有限,配音演员就不能去了。当时对外友协的会长等领导接见演员,问村姑、银蛇魔女是谁配音的啊,他们说

在《孙悟空三打白骨精》中饰演村姑

没来,领导说以后来我要见见她,这个声音太好听了。第二次我到德国出访,经过北京转机的时候,对外友协的领导特地来看我们。团里领导介绍我说这就是配银蛇魔女和村姑的演员,他们点头说,你把这两个角色配得很成功。我的声音给领导的印象很深刻。

采访人: 您刚刚说去美国演出,而配音演员不去,那怎么演?

易美麟: 出访的都是操作演员,配音演员不去,带录音。因为在美国,我们不是上正规的大舞台演出,属于民间交流,比较辛苦,只能去八个人,一人兼几人的工作。去日本演出,是由市政府带队的,属于中日邦交活动,到德国去的两次是商业性演出,阵容比较强大。而到日本去是国家级别的友好访问,出访的人员很多。

采访人:《红宝石》的特技是要经过怎么处理?

易美麟: 木偶上有尼龙线,还配有滑轮。我们的木偶老前辈钱时信,花了很多时间在特技上,攻克了许多难关,然后和上海木偶剧团工

在《红宝石》中饰演银蛇魔女

场间的一些特技人员下了很大功夫专门研究出来的,非常不容易。

采访人:银蛇魔女是有变脸功能的,她跟其他的木偶在制作上很不一样吗?

易美麟:银蛇魔女的脸有两面,作为操纵演员来说有一定难度。我一开始的思想负担蛮重的。操作杖头木偶的人是要跳的,一般的木偶都是有一定的比例的,但操纵银蛇魔女主杆和手的杆子特别长。银蛇魔女是一条蛇,因为要变脸,有两个头,一个是美女头,一个是蛇的头,所以头是很重的。操作杆特别粗,里面有很多机关线,包括眼睛、舌头的线,要体现蛇的舌头一伸一伸的感觉,演员拉错一根线肯定就是演出事故了。这个角色在国内的时候我练的次数蛮多的,频繁去外地巡回演出,等于实战练习了。到后来就渐渐放松了,经过几百场的巡回演出,我基本掌握了一些诀窍,积累了一定经验。

采访人:您刚才说国外的木偶业特别发达,它跟国内有一些什么差异?

易美麟:木偶有好多种。像在日本,木偶比人还要大,演员穿着黑衣服在木偶的后面操纵,没有幕布遮挡。这种操纵方式也是值得学习的,我们团里的一些老同志还专门去研究日本的木偶。在西德,他们的木偶以提线居多,操作的时候角色栩栩如生,真的很可爱。木偶可以很灵活地从上面跳来跳去,活灵活现。他们的技术发展得很成熟,看不见线的,隐蔽性很好。我们在西德参观过一些小城镇的木偶剧团,属于民间探讨交流的性质。

采访人：能和我们谈谈《龙凤呈祥》吗？

易美麟：《龙凤呈祥》是我们的创新节目，在木偶技巧方面上了一个台阶。《龙凤呈祥》属于商业性演出，代表了吉祥如意，气氛比较欢乐，在正式演出前面搞这样一个节目来热场，容易带动气氛。

钱时信老师在木偶制作上，经过多次反复研究，在特技上花了很多心思。《龙凤呈祥》里的木偶是全海绵的，之前我们的杖头木偶的主杆是纸糊的，通过铅丝棉签扎身架包布，里面塞棉花。领导选择了我来主演，主要原因还是因为我是舞蹈演员出身。我们请了上海歌剧院的李群老师来排《龙凤呈祥》，当时也是要对外演出。这部戏的操作、配音都是我，对我来说确实是一个挑战。我在上海木偶剧团长期从事的是配音，当然一般的操纵我也涉猎，比如村姑、银蛇魔女等都是我自己操作的。排练排到凌晨一两点钟是常事，我自己一个人苦练。主角弄玉的舞姿需要三个演员来共同完成，主杆是我，另外两人配手和脚。杖头木偶比如孙悟空摆一个造型——打腿，就专门有一个操纵演员来摆弄腿的姿势。弄玉是全海绵的木偶，舞蹈动作很多，飞天等造型都要靠其他人来配合，当我操纵手的时候，两个腿势必要其他演员来配合，需要三位一体来操纵一个角色。但是因为弄玉是海绵做的木偶，它非常的轻、非常的活，很难把握和控制它的平稳性，三个演员配合协调，操纵不好的话马上就会扭曲造型。经过我们的多次磨合，对外演出效果很好，弄玉能够全姿态出现在观众眼前。

采访人：相对来说，您在操纵方面是否上手比较少？

易美麟：我在上海木偶剧团这么多年来主要担任配音的工作，操纵比较少，团里几十部大戏、小戏，我几乎都是为主要角色配音。在儿艺学馆，我也学过操纵，但是正式演出时我还是以配音为主的。改革开放之后，团里的对外交流频繁了，有时候我们要分两个演出队，光靠一队的操纵演员根本不够,于是我们配音演员也都要学操纵。因为人数有限,必须人人都一专多能,这更加符合对外演出的需要,后来我们也慢慢操纵得多了。我们演出小分队到学校去表演也不能太多人一起去。因为舞台不大,人员也是很精简的,有时候乐队里的人也都来临时充当演员的。

采访人:出国演出人数受限,乐队不能出去,只能提前录音录好。录音跟现场伴奏有什么不一样吗?

易美麟:这个是我们上海木偶剧团开的先例。一些歌舞单位都有自己的大型乐队,出访的话,连演员、舞美、乐队等需要几百人,这样对于接待方来说压力太大。后来我们团用录音了,演出效果蛮逼真的。所以后来其他单位也都是放录音了,这样也为国家节省了很多开支。

采访人:演出录音的使用其实也加速了乐队的解散?

易美麟:这个蛮可惜的。上海木偶剧团的乐队办了这么多年了,水平很不错。自从取消了乐队,我们有时候也请外面的乐队来协助演

出国访问时留影(左一为易美麟)

出,但是毕竟他们不了解木偶的特性,不一样的。

这些乐手是在侧幕边上,一边看木偶演出一边在拉,随着音乐的舞动他们也慢慢进入了角色,所以是带着感情来演奏的。而且我们的乐队可以根据剧情随时调整音乐的节奏,他们的情绪在波动。看到狼出场了,就把狼的音乐拉得很诡异。突然小白兔很机灵地在表演,他们就拉得很活泼,随着人物的变化,音乐也会有变化。后来我们团专门请外面的人来编曲,都写得不是很成功,因为他们不熟悉木偶艺术的规律。木偶是一门综合艺术,需要多方面的、多方位的考虑。乐队的解散,其实是上海木偶剧团的一个损失。

我们团的音乐的鼎盛时期的作品是什么？就是《小八路》,我们的创作人员一起去白洋淀下生活,歌曲中带有河北梆子的味道,音乐写得非常感人。河北梆子那种像戏歌一样的味道,我们专门请了京剧院的一些主要演员来唱,效果非常好,唱的时候台下的观众非常安静,深深地被音乐吸引了。上海木偶剧团音乐在剧中的分量是蛮重的,我觉得小朋友之所以爱看木偶戏,一个重要的原因就是木偶戏又歌又舞,比较容易接受。

采访人： 请和我们聊聊木偶在工艺上的发展吧。

易美麟： 我们的老前辈钱时信老师,演员出身,大师级的,是这方面的权威。以前一些主要演员会根据角色的需要,自己改装木偶,让木偶能动眼珠、动舌头等,这都是根据木偶的特性来决定。《南方少年》是我们和美影厂合作拍的电影,根据题材,我们团里专门有一个特技小组来研究电影里的木偶是用纸浆、木头,还是海绵来制作,各个环节都由演员和特技部门共同参与,是由我们的钱老师亲自主导共同研究的。

采访人： 作为演员,您做到了一专多能。后来您还参与了编舞、编曲等工作,能跟我们说说您在这方面的心得吗？

易美麟： 以前我自己的专业本行是舞蹈,有时候导演要排舞,需要我来教大家形体课，虽然在职称上我不是编舞，但是我出了很多点子。《南瓜生蛋》是我们团第一次到北京进行会演带过去的木偶戏。我们开了两个通宵，后天就要演出了，连夜增加舞蹈动作。《南瓜生蛋》里彝族三个很可爱的少女，她们背着篓子，过小桥和踏溪水，上坡下坡，感觉都要跳出来。还有后来的西藏舞、《闪光的珍珠》等，我都出了很多点子。起初我们团的歌舞节目不多，他们的导演当时挑我去，除了看重我的声音，也是因为他们缺少舞蹈方面的人才。导演说，你来了以后可以发挥你舞蹈优势的作用。所以我去了以后，在丰富木偶舞蹈方面，还是有点贡献的。

我深深地热爱木偶事业，为此奉献了自己所有的精力，我很自豪。退休后，我现在主要从事舞蹈业余教学工作。我的一些学生，他

木偶表演，中间为易美麟

们说自己小时候曾经看过《闪闪的红星》《小八路》等,我觉得蛮欣慰的。这证明我们当时的演出对这些少年儿童有着一定的影响,作为一名从事儿童艺术的工作者,我觉得这方面付出的辛劳没有白费。给我一个什么体会呢?就是要把正能量的东西在小孩子内心深深扎下根,将来他的心理就会健康地成长,这个社会也会变得越来越美好,充满正能量。

(采访:陈　娅　整理:陈　娅)

我们问心无愧,我们觉得很自豪
——周七康口述

周七康,1945年出生。1960年考入中国福利会儿童艺术剧院学馆三班学习扬琴专业。1962年调到上海木偶剧团边工作边学习,1963年正式参加工作,担任乐队演奏员,参加木偶剧团所有的剧目演出,以及民族音乐普及音乐会,还深入学校演出,并与上海民乐团、舞蹈学校乐队、儿童艺术剧院乐队联合演出。1994年,参加《上海木偶皮影志》的撰写工作。

采访人: 周老师,首先请您先自我介绍一下。

周七康: 我叫周七康,1945年1月27日生。父母是到延安参加革命的,后来在晋绥工作,我是在山西的山沟沟里出生的。解放以后我到了北京,1958年的时候我来到了上海。1960年我读初二的时候,整个文艺界都在招生,包括儿童艺术剧院。

采访人: 您是怎么进入儿童艺术剧院的?

周七康: 儿艺的方亢老师到我们学校来招生了。我们的音乐老师知道我喜欢唱歌，他就说你来来来，正好儿艺来招生，你赶快去考，稀里糊涂我就去考了，然后初试还过了。过了一段时间音乐老师说，你明天跟着我走，我们去参加复试。我问，初试录取了？他说对，录取了。我进去考了以后，他们让我打节奏唱首歌，然后他们说基本上你通过了，你可以在家等通知了，我兴奋得不得了。在最后一次年终考时，我想这是我最后一次在学校里考试，我一定能考得非常棒，果然成绩是非常理想的。

采访人： 您在儿童艺术剧院的学馆三班学了些什么？

周七康： 1960年7月18日我进了儿艺的学馆三班，我们这批大概有四十来人，年龄层次从小学刚毕业的一直到高三的都有。学馆里分表演、舞美、音乐三个专业，我喜欢唱歌，我当时考的时候就想考唱歌，结果老师说你学乐器好不好？我说好吧，就学了乐器。分给了我两个乐器，一个是小提琴，一个是扬琴。我们进来以后，大家就分了专业学习。大概十几天后，上海木偶剧团把他们的学员委托儿艺学馆三班一起培训，所以后来班里大概有五十多人了。我们的大课也就是文化课，有高中的语文、历史、政治，历史方面主要是讲文艺史、文艺概论等。演员组主要学的是表演、台词、形体、舞蹈还有毯子功之类的。木偶组的除了这些都要学以外，还加学了一个木偶操纵。木偶操纵的教材哪里来的呢？上海木偶剧团有一个叫钱时信的老艺人，专业能力特别强，对木偶戏的贡献特别大，他自编了三套木偶操来教授基本功，这个就教给他们的学员学习。舞美组学的是素描、国画等，还有舞台的装置、舞台的制作。我们音乐组还需要学视唱练耳，演员组也要练习视唱练耳，但是他们就比我们简单多了。我们每个礼拜要上两次视唱练耳课，一次乐器专业课。老师对于音准、节奏等的要求都是相当严格的，非常正规。

采访人： 1960年6月1日，上海木偶剧团正式成立，您能谈谈这段历史吗？

周七康： 1960年我到了儿艺。上海木偶剧团成立之前，民间的木偶艺人有很多，比如上海郊区的，还有江浙地区的民间艺人，主要是提线木偶和杖头木偶这两种。上海木偶剧团的前身叫做红星木偶剧团。1955年，捷克代表团来访问，文化局就来选各个民间木偶剧团，最后选中了红星木偶剧团来接待捷克木偶剧团的演出、交流工作。后来红星木偶剧团又参加了全国的文艺会演，还跟北京的中国木偶剧团有了交流。到了1958年，其他那些零零散散的剧团全解散了，就剩下这一个剧团。同年红星木偶剧团就进了大世界演出。1959年，文化局打报告，说是要正式成立上海木偶剧团，成立的宗旨就是木偶戏要为少年儿童服务，这是唯一的宗旨。红星木偶剧团里的艺人大多是苏北人，以前都是演传统的戏剧，多数是演《追韩信》《白蛇传》等京剧折子戏的，唱腔也是学唱京戏。音乐伴奏是京剧四大件加锣鼓。因为人少，缺乐器，甚至有时候就是一个京胡在那儿伴奏。1960年上海木偶剧团正式成立的时候，儿童艺术剧院的院长任德耀给他们组织了演出，当时第一个演出的节目是《猫姑娘》，是王十羽（任德耀笔名）编剧、导演的，这是上海木偶剧团建团的剧目。

《猫姑娘》剧照

这个戏是根据民间故事改编的，跟《海螺姑娘》差不多，一个农村的小伙子很穷，猫一变，变成一个姑娘，帮助他打扫、种庄稼。然后地主来迫害他们，他们就跟地主斗争，就是这么一个故事。演出的效果非常好，当时音乐方面是儿童艺术剧院的演奏员帮着配伴奏的。到了1962年以后，儿艺的学馆只剩下大概三十几个人了。七八个人陆续参军了，有的自愿出去了，还有的考到上海戏剧学院、中央戏剧学院。最后有十多个人分到上海木偶剧团，包括演员和演奏员。我也是这时到了上海木偶剧团的。我们是1964年正式毕业，但是1962年的上半年我们就参加工作了。1962年的6月1日是上海木偶剧团建团两周年，我们乐队学员就去助演。

上海木偶剧团刚成立的时候只有八个老艺人，他们都是以前红星木偶剧团的成员。上海木偶剧团成立以后，他们八个人承担了各种角色。木偶制作只有三个人，音乐组四个人，同时兼做搬布景的工作。这些老艺人多少会一点锣鼓、扬琴、胡琴、月琴等，需要的时候，这些人搬好景了就坐下来拉奏乐器，就这么演出的，当时非常艰苦。

采访人：您当时参与了哪些剧目？

周七康：当时团里有《猫姑娘》《小放牛》《东郭先生》《猪八戒背媳妇》《孙悟空三打白骨精》等剧目，基本上都是孙毅写的剧本，建团后陆续有三个编剧。我们这批人来的时候，主要是参与一些小戏，而大戏就是关于猪八戒的戏，比如《猪八戒吃西瓜》之类，西瓜皮滑来滑去的，我们不是很喜欢这种戏，但是毕竟是工作，只能参加了。当时演奏的谱子是音乐家协会的一些人写的，但是他们光写了一个单旋律，我们几乎一边演出一边想打瞌睡，非常难受。我们那个时候就有点抵触的想法，难道我们辛苦学了半天就在这种乐队里面工作？实在是太难熬了，条件也非常艰苦。

有一次我们在儿童艺术剧场演《猪八戒学本领》，上午演了好久，下午还得演,我后来午睡都睡过头了,因为实在太疲乏了。而且我每天早上拿一个扬琴,一个扬琴有几十斤重,还要拿扬琴架子,再背一个包,从华山路儿童剧院出发,走到静安寺华山路,坐20路到南京路上海木偶剧团。那时候我们剧团里有剧场,有时候在剧场里面演出,有时候在儿童艺术剧场演出。

其实艺术应该是很完美的、很美好的东西,但是我们演出的时候真的无法体会到这一点。我们的大齐奏里是一点分谱都没有的,甚至有的时候人家写的二胡是两个声部,拿错谱子了,就只演奏第二声部,那简直就不像完整的音乐。还有一个打鼓的问题,随便一个什么戏,都要加板鼓的声音,就是打京戏的那个板鼓。演着演着京剧锣鼓就要来一下,当时所有的儿童剧也都是这样。因为我从小唱的是儿童歌曲,受的是新时代的教育,传统戏曲接触不多,突然到了这个环境中就很不适应。但是我们还是硬着头皮上,我们是来工作的,一定要努力工作,而不能马马虎虎对付。

采访人: 能说说建团初期的情况吗?

周七康: 我们当时学的东西还是很浅的,实际上才学了一年多就已经工作了,我们就跟领导提出来,让我们再去学学吧,你看他们演员组都在学,为什么偏偏把我们调回来演出啊?实际上团里是非常需要我们在那儿演出的,但是我们觉得我们的知识量还不够。另外我想要多学一点,再回来的时候,可能这个乐队的力量就能更强大一点,水平更高一点。但领导不放我们,我们就只能坚持跟他们一块演出。演出完了我们就回来学习。演出结束,演员们去排新戏,我们可以不参加,等加音乐后,我们才去参加。当时乐队演奏也没有什么规定,该用怎么弓法,该什么节奏,没有统一的总谱。他们老同志怎么拉就跟着一块拉。

1963年的夏天,因为我的淋巴结发作了,休息了两个月。到了11月,儿艺学馆突然说要下海岛,要我跟着一起去演出。这个下海岛的锻炼对我们很有帮助，解放军的艰苦奋斗作风给我们的教育很大，督促我们要努力工作，努力学习，不要怕困难。回来以后我们还是继续在剧场跟他们老同志一块演出。上海木偶剧团刚成立的时候，不是固定在一个地方演出的，有时候会到大世界演出，有的时候会在仙乐剧场（南京西路444号，解放前名为仙乐斯舞宫，解放后改为仙乐书场，1960年改为木偶专用剧场）演出。仙乐剧场晚上要唱评弹演出，所以每天装台、拆台的工作量很大。我们有时候也要参与团里这些搬搬弄弄的琐碎事，要帮着他们一块搬东西。

1963年团里排《南京路上好孩子》，我们参加了这个剧。《南京路上好孩子》是由张启德导演，孙毅、张启德、程宁琳一起编的，上海木偶剧团的一些老同志都参与了演出。1963年以后，木偶演员组的学员也陆续毕业到了团里了，充实了上海木偶剧团的力量，这样慢慢地新生力量进来以后我们团就逐渐壮大成熟起来了。

采访人：《南京路上好孩子》中音乐是怎样的呢？

周七康：《南京路上好孩子》，是讲国庆节的时候南京路上人很多，大家都去看灯，好多小孩走失了，然后少先队员就帮助这些走失的幼童回家。1963年，在上海音乐学院学作曲的陆建华到我们剧团来了，他为这部戏写了配器。小朋友做游戏或者干什么的时候，效果声音是没有的，比如说小锣、小鼓这种声音，而他需要这种声音，后来怎么办呢？没有钱买大乐器，就买玩具乐器。我们没有大的低音鼓，一穷二白，什么也没有。只有一个堂鼓，堂鼓的声音很响，一敲起来就把别的声音都盖住了。然后他就去买小钢琴，我们所有的演奏员，一人拿一样小乐器就开始演奏了。那个时候剧团已经有一架钢琴了，陆建华把每个声部都写好，用钢琴来给我们伴奏，有那么一段是用这些小玩具伴奏的，效果也相当好，小钢琴、小铜鼓、小摇铃等这些声音加进去，效果也挺好的。从《南京路上好孩子》开始，我们陆续拉分谱，开始走向正规了。

我们白天自己找地方练琴，因为仙乐剧场是没有专门地方练习的。

我的扬琴比较大,只能在过道里找一个靠边的地方。孙培珠就在乐队的休息室里面拉大提琴,拉二胡的许介、吹笛子的杨克勇也都在院子里随便找一个角落练习。当时乐队是我们四个人,再加上陆建华,还有两个老同志,就这么几个人。条件也是很艰苦的,一个人拉一个声部,一个萝卜一个坑,谁都不能生病,谁都不能缺少,生了病都得扛着。我外婆是1964年去世的,她上午去世,我中午回去,然后下午还得赶回来继续演出,所以当时我们乐队成员几乎没有请过一次假。

采访人:《猫姑娘》中的音乐是怎样的呢?

周七康:1963年快毕业的时候,我们与老同志都到了大世界演《猫姑娘》。《猫姑娘》的作曲是儿艺的作曲写的曲子,都是有分谱的。但是老同志们拉起来是随便拿一个什么谱子就开始拉。分谱是有休止符号的,休止的时候他也不知道如何按照谱子上的要求做,乱七八糟的。我们没有正式的演出谱子,后来陆建华重新配了一个总谱。

那个打板鼓的同志一直坚持到1964年才退休。他退休以前,我们还在大世界演《猫姑娘》。他右手拿一个鼓槌,左手是打板,打几下板鼓。这个鼓放在一个架子上,手要在膝盖上放着,膝盖一定要抬高,脚底下是一个小板凳,脚踩在那上面。那个老先生年纪很大了,但是他听我们这样演挺兴奋的,就拿起那个小板凳给我们打节奏,一会儿打鼓,一会儿敲着小板凳,挺有意思的。他节奏倒是打得蛮好的,不管什么戏,他都能给你配上。刚开始我们觉得很别扭,但是到后来,也就慢慢习惯了。打节奏一般来说会显得热闹一点,但是碰到音乐情绪比较婉转、优美,他有时候也会配上一点。

我们在儿艺学馆的时候也要学敲打锣鼓,我们想我们学的都是新文艺,怎么还要去学京剧锣鼓?虽然是在操场上练习,但是我依然感觉学四大件有时候特别吵。我们四个人,一个拉二胡的打大锣,一个吹笛子的和一个拉大提琴的打闹钹,然后我是打小锣的,我感觉耳朵都要聋了。有时候会在耳朵里面塞点东西,但是这样的话就听不清楚，只能拿掉后张着嘴打。当初我想演木偶戏哪用得上这个啊，学这个干吗啊？就很不乐意学，感到很烦躁。结果没想到最后还是用上了，《孙悟空三打白骨精》正式演出的时候，我们当时学的东西都派上用场了。

采访人：《毛毛小淘气》是用什么乐器演奏的？

周七康：《毛毛小淘气》里的音乐几乎全是小乐器演奏的，有小的钢片琴，还有小的像是闹钟之类的东西等。《毛毛小淘气》是一个快板剧，所有台词都是有节奏的，作曲是陆建华配的。音乐很有特色，是很活泼的感觉，我们利用玩具乐器弄出来的声音跟这个戏也配得非常融洽，非常好。陆建华是一个很有才华的人，他写了很多木偶戏的音乐。我们舞台边上有一个话筒，所有的人站在一排，手里拿着小木鱼、小钢片琴、打铃鼓、三角铁等，都是打击乐器和小的玩具组成的这么一个乐队在演奏。大光明电影院旁边有一个儿童用品商店，我们从店里买了这些东西，花的钱不多，但是配这个戏出来的效果挺好的。

采访人：你们还去学跳西藏舞？

周七康：演员组加起来二十来个人，大大小小的戏都靠这些演员了。另外那时候已经开始有下小学、幼儿园的小分队了。团里抽出来好几个人组了这样一个小分队，排了各种舞蹈，还有各种小戏，就带着下学校了。后来剧场的大戏不演，也演小节目了。外面是小节目，剧场也是小节目，跳舞的人手不够了，乐队里我和孙佩珠两个人就学西藏舞。还有新疆舞是钱时信自己一个人在那儿操控的。

采访人：您也参与过配音工作吗？

周七康：《雪山上的小雄鹰》这部戏里有一个奴隶主的太太是童丽娟配的，后来团里把她抽到小分队，这个人物就没有人配了，演员组各有各的事，忙不过来，团里就让我配音，后来团里都夸奖我配得很好。《南京路上好孩子》这部戏是有转台的，它要换景，那个时候灯光已经开始插灯片。以前的戏是没有背景的，后头就是白布、红布一拉，没有设计师画布景，只有几个白炽灯，布景制作的人放几个景片就完事了。1965年的时候开始有灯光的背景了。

另外，乐队在幕间的时候是不演奏的，但是我们每个人几乎都有任务，那个拉二胡就拉大幕，拉得快与慢要听导演的。我负责换灯片，而专门搞灯光的人是去拉电闸，我们都不懂电，只有他懂，我趁他把闸拉掉的时候就赶快换灯片。我换了以后还要立刻坐到乐队的位置上准备演奏。因为在没拉开幕以前音乐就开始了，我必须坐回位子上准备开始。大家分工必须明确，工作节奏非常紧凑。布景该怎么走，走哪条路线，不能随便跟人撞了。架子上是放布景的，你得有足够的力气把它抬起来放下，再把新的景套上去，然后把旧的景赶快拿走，这一条路要很通畅不能堵。我们乐队落幕的时候还要出声音，声音一结束赶快去弄灯片，抢完灯片后开幕曲就要开始了，我们又要准备音乐。我们的工作压力是很大的，演员组也是这样的，男同志只要空着，很可能就要去搬布景，或者是干其他的工作。

采访人："文革"的时候，上海木偶剧团的演出没有停过，是吗？

周七康：我们剧团在"文革"的时候几乎是没有停过，没有瘫痪过。1966年以前我们一直在演出，还把《南方少年》拍成了电影。我们乐队组四个人专门弄了一出戏，我们都拿木偶操纵，因为动作少，只要跑个过场就行了。我们除了演出就是排练，没有停过。一边刚演出两个月，一边新戏就已经抽空排好，马上就要上了，所以根本没什么时间休息。到了"文革"刚开始的时候，满街都是红卫兵，好多是从北京来的，但是我们这边还在演，没停过。直到1966年，文艺界也动起来的时候，我们就稍微停了一下，其实也没有停多长时间。当时在文化广场开了几次大会，大会上除了讲话、批斗等，有的时候还有一些有关新文艺的朗诵之类的内容。"文革"以前，已经有《红灯记》等这些样板戏了，我们剧团这个时候就排了这么一个节目，叫

《杀向舞台》，里面有四个样板戏的人物，有白毛女、杨子荣、铁梅、郭建刚等四个角色。杨子荣穿着大皮袄，一个就有好几斤重。好看是非常好看的，但是相当重。《杀向舞台》挺轰动的，每次开大会都指定要有这个节目。1967年至1969年这三年，每年的春节都有一次春节慰问团的演出，我们这个节目都要参加。当时上海音乐学院附中来了四个人加入了我们的乐队，有二胡、琵琶、柳琴等，这样的话我们的声部就相当丰富了，这个乐队就更好了。所以"文革"的时候虽然外面很闹，但是我们剧团演出没停过。大概1967年的时候，所有文艺界都集中在交大分院。我们把乐器带去了，有时候会在那儿练琴。大概半年后，我们又到"五七干校"了，我们乐队把所有乐器带过去，然后演员组把所有的木偶也带着，大家提出来要坚持练功，每天练一小时或者两小时。大家觉得，空下来的时间不能天天开会，这样太没意思，所以到了后来除了开会时间，大家学习的学习，练功的练功，有时候还会排点小节目。

采访人：《小八路》是什么时候排的？

周七康：1970年，大家从"五七干校"回来了，就开始排《小八路》了。张真是1965年到我们团的，她来了以后，我们团呈现出了一个崭新的面貌。以前她是部队文工团的，她到了上海后也一直在搞文艺工作，没停过。她后来当了我们剧团的团长，就抓整个团的业务。所以那几年，我们的业务一下子就起来了。《小八路》是后面排的。那个时候《小兵张嘎》很火，团里想把这出戏移植到木偶戏上，后来编剧就写了一个类似题材，叫《小八路》。之前提过的《雪山小雄鹰》是她排的第一个戏。张真的爱人也是部队下来的，另外她以前有一个战友在西藏，他们联系后就想着用西藏的题材写一个有关翻身农奴的戏。

《小八路》这个戏一直在不断地修改，不断地排，后来我们排的版本是越来越好了。当时是叫民乐团的人为我们伴奏，歌剧院的朱逢博来伴唱。舞台设计也非常巧妙，台上是木偶，木偶的平台下面

《小八路》剧照

有船走过,底下是芦苇荡,有很多芦苇,船走到那儿,芦苇就会动,就好像船在游一样。其实船是完全不动的,但是芦苇在动,观众看上去就觉得船在动。我们这个戏在解放剧场演出。当时整个文艺界都没什么节目的,所以民乐团、歌剧院都来帮忙。大家都没什么事情做,日子也实在是难熬,所以一下子就全来了。他们特别支持我们,说你们剧团还能排这样的戏,真的特别好。后来这出木偶戏还被改成了电影。当时为了写这个戏,我们团里的工作人员特地去白洋淀下生活。陆建华写的音乐真的不错,他把河北梆子的元素加进来。板胡一拉,乐队一起来,那个气氛就完全不一样了。白洋淀抗日战争时期的那个景色、那个灯光设计得都很好,这样一来我们的这个戏就很红了。

差不多1973年的时候,因为各种原因,我离开了上海木偶剧团,去了青岛。1976年9月,家里平反后,我回了上海,仍然待在上海木偶剧团里,回到剧团一看,三年不见,大家的水平提高不少。其实1976年,我可以选任何一个单位进的,我想想还是回到了上海木偶剧团,毕竟相处这么多年了,是有感情的。虽然那个时候条件很艰苦,但是跟同事感情很深,领导对我也挺好,我就回来了。

采访人:《孙悟空三打白骨精》是什么时候排的呢?

周七康:"文革"后,我们就开始排《孙悟空三打白骨精》。这个剧本写好后,陆建华写音乐。在"文革"中,我走的那三年,《小八路》拍成电影了,钱时信也到美影厂去跟马季合作,他操作一个木偶的马季,跟真人马季一块儿说相声。这是一个非常好的节目,后来也拍成了电影。《南方少年》也是那阵子被拍成电影的。反正我回来以后,就觉得团里的气氛可好了。接着《孙悟空三打白骨精》以后排的是《龙凤呈祥》。实际上《龙凤呈祥》就是《红宝石》的前身。《孙悟空三打白骨精》和《红宝石》,创造了我们剧团演出场次的最高纪录,到日本演出的时候一下子就造成轰动效果了,后来还去了美国、欧洲演出。这是我们剧团最辉煌的时候,同时也是我们乐队最辉煌的时候。

采访人:上海木偶剧团获得过一些什么奖项呢?

周七康:得到的奖项太多了。最好的奖是文华奖,是文化部颁发的,是给《哪吒神遇钛星人》,这个戏也是创历史纪录的。它用的音乐不是乐队伴奏的,为了突出太空的感觉,使用了合成器的音乐。《哪吒神遇钛星人》的演出、灯光、布景的艺术水准都是相当高的。

那时候上海文艺界得文华奖的其实也不是很多。《红宝石》《孙悟空三打白骨精》得了创作奖、表演奖,我们团几乎年年有奖,集体先进奖我们也有。我们那时候演出场次很多,一年大概有上千场,出国演出的场次也相当可观,我们乐队没有跟着出去,听他们回来的人说,国外观众是通宵排队买票的,有些人还把柜台玻璃都挤烂了。我们60届是上海木偶剧团的第一批学员了,继承了传统的木偶,又开拓了新文化木偶事业。当时我们所有的人正好是树立世界观的时候。学馆对我们

《哪吒神遇钛星人》剧照

的教育方针,就是要在两三年当中,成为有高中文化技能水平的人,要有一定的觉悟,以及热爱木偶事业。他们老同志在台上操纵木偶是比较活的,但是他们手里的木偶都有一个亮相,类似京剧演员的这种亮相,当时我们看着都有点不习惯。他们老同志是非常会琢磨的,比如说《南京路上好孩子》里他们简直演活了孩子们,木偶跑步的时候就真的像小孩在跑步,非常可爱。他们有时候在语言上不行,但是操作木偶的技术是非常好的。他们这批人对木偶事业太执着,太热爱了,我们也应该像他们一样热爱这个事业。所以我们这批学员中出了很多人才,对木偶事业的贡献是非常大的。我们乐队没有一个人是半途走的,那个时候就算演出条件再艰苦也是这么撑着过来的。到后来,我们发展成为一个二十多人规模的乐队了,也就是跟外面正规乐队是一样的,我们的演奏水平也都相当好。

采访人: 乐队是什么时候解散的呢?

周七康: 1988年。当时剧团出国演出的机会很多,每年都有出国,但是人数是有限制的,最多二三十个人,那乐队就不能带了。他们一说要出国，我们就要把所有的音乐都给他们录好。慢慢地，录音师到后来能很娴熟地掌握录音技术。怎么样使音乐都能配上剧情？演员怎么配音乐？这些方面一点都不能有差错。在规定的时候，音乐就必须停，节奏要掐得非常准确。到后来我们剧团只能带录音出去。张真抓我们剧团的演出业务是抓得很好的，把乐队的水平一下子提高了，当然我们也做到了她的要求。可以说乐队的发展是越来越好了。但是到了1988年，一切都变了。新领导不是搞业务出身的，他是部队下来以后到我们这儿，以前是在剧场里搞票务，对文艺发展不在行，就觉得你们这个乐队是白养着的，出国演出就用一下你们的录音，其他什么也不用，而且你们自己还能出去演出，演出收入还挺高，干脆就解散了吧。我觉得很遗憾，不是遗憾我自己怎么样，而是我眼看着木偶戏在走下坡路，我们那个时候好不容易把木偶戏发展起来了，挺红火的，但是到后来完全就是另外一回事了。

木偶戏是一个综合艺术，表演、舞美、灯光、音乐等都在发挥着作用，不停地演，就能不停地提高，还能修改得越来越完美。我们那个时候为什么那么多戏会被改成电影？《小八路》几乎演了十几年，没停过，到后来还经常会把这出戏拿出来排。后来的《红宝石》《孙悟空三打白骨精》也是修改了很多次的。《红宝石》里面的特技真的是非常厉害，到现在还有《红宝石》的演出，但是跟老版的相比已经改编了很多，那些不方便带出去的，或者受剧场条件限制的特技都不演了。老版本里面，舞台这边的妖魔鬼怪出来以后从天上飞出去，实际上在剧场后面有一个小洞眼，那里有一个机关，一拉机关木偶就一下子进去了。在妖魔鬼怪头的后面弄了一个黑纱，长长的，一下子就又飞走了，观众觉得特别神奇。后来的木偶戏再也没有这种特技出现了。

所有的演出都有A角、B角，今天A角演了明天就可能是B角演，大家有互相交流的机会，也有互相提高的时间。对我们乐队来说也有修改的空间，当然对于灯光、布景来说也是如此。现在所有的录音都录

上海木偶剧团乐队

死了,这个戏排完了以后就马上录音,提高的空间都没有了。后来我们乐队解散了,外面的乐队请不到,最后只能用电子琴录音,演出就没有特色了。另外,当时那些老演员真的很能琢磨专业,动手能力很强。到了现在,木偶人才流失很严重,如果对木偶事业不热爱的话,是无法坚持的。在这些老同志身上,我们这批人受到了很多鼓舞,我们都是非常热爱木偶的,哪怕再艰难的时候,我们都没有放弃,就这么克服各种困难过来了。我们问心无愧,我们觉得很自豪。

采访人: 乐队解散后,您去了哪里?

周七康: 我非常喜欢在乐队的生活,感觉做这个职业挺好的。后来乐队解散了以后,我就在上海木偶剧团图书馆做图书管理的工作。

(采访:陈　娅　整理:陈　娅)

我永远是"木偶人"

——周渝生口述

周渝生，1943年生，天津市人，国家一级演员。上海市文学艺术界联合会委员。中国戏剧家协会会员，上海戏剧家协会副主席，中国木偶皮影艺术学会会员，上海木偶皮影艺术学会副会长，中国木偶皮影协会名誉会长。1959年参加华东师范大学第一附属中学业余木偶小组活动，曾排演过木偶剧《无孽龙》。1964年毕业于中国福利会儿童艺术剧院学馆三班。1964—1984年在上海木偶剧团任演员、演出队队长、副团长等职，是上海木偶剧团第一位操纵大戏主角的女演员。1979年随上海友好代表团访问日本，1981年赴苏联、芬兰、比利时、法国等国演出，1983年到联邦德国演出。1984年调入上海市文化局工作，历任组织处负责人、局党委副书记、局党委书记。1999年调上海市文学艺术界联合会任党组书记、驻会副主席。2003年被选为上海市第十二届人大常委会教科文卫委员会副主任。多次被评为市、局先进工作者、上海市"三八"红旗手、全国"三八"红旗手。

采访人： 周老师，您好。首先请和我们说说您的成长经历。

周渝生： 我叫周渝生，1943年生，我的祖籍是天津，但是我的出生地是重庆。我的父母大学毕业以后分配到上海工作，抗战爆发后，单位迁至重庆，抗战胜利以后，又回到了上海。我的小学和中学生涯都是在上海过的。我就读的中学是华东师范大学第一附属中学。高中的时候，因为我从小比较喜欢文艺，喜欢跳舞，参加了青年宫的学生业余话剧团。我们团基本都是大朋友，我年纪比较小，专门给他们演小孩。师大附中有一个业余木偶小组，我帮他们配音。那个时候我记得曾经帮他们配过一出木偶剧，叫《无孽龙》。到了高中以后，我自己就觉得不能玩这些东西了，要好好读书了，因为师大附中的学习抓得很紧。

采访人： 您是如何进入木偶戏领域的？

周渝生： 1960年，我在教室里考完试以后，老师叫我到办公室去一次。上海要成立木偶剧团，到华东师范大学第一附属中学来招生，他们知道这里有一个业余木偶小组。这对我的思想震动很大，我们那个时候分文史班、理工班等，我是学理工专业的。我那个时候一门心思要好好学习，怎么一下子要去搞木偶了，脑子里一点都没有考虑过这件事。我们班还为了这件事坐下来一起讨论：周渝生该不该到上海木偶剧团去？有的说该去，祖国的需要就是第一志愿，现在成立了木偶剧团，她又搞过木偶，她应该去；也有的说现在应该好好念书的，念书能发挥更大的作用。我妈妈是教师，她认为国家需要就可以去，我爸爸是个老知识分子，他说行行出状元，工作没有贵贱之分。学校方面对于我的去留问题也有一番讨论，我的班主任说，你应该去，祖国的需要是你的第一志愿。后来征求了方方面面的意见，也没考试，我就到了儿童艺术剧院学馆三班开始学习了。1964年毕业后，我就到上海木偶剧团实习了。

采访人： 您当时在儿童艺术剧院学了哪些内容？

周渝生： 学表演，学台词，学形体，古典舞蹈、芭蕾舞的基本动作都学了，还学木偶操作。我们还学声乐，唱歌发声方法、视唱练耳、音乐欣赏、文艺理论，我是文艺理论的课代表。那个时候要写文艺评论文章的。20世纪60年代，沪剧《自有后来人》很火，我写了这部剧的评论。老师对我篇文章给予了一定的肯定。我是班级里的班长，回到上海木偶剧团以后就是团支部书记。

采访人：那个时候小戏等演出多，学习任务繁重，您当时是如何平衡这两方面的？

周渝生：我们的学习氛围很好。儿艺对学馆三班也很重视，那时候的儿艺院长是任德耀，他是儿童戏剧理论方面的专家。我们晚上就在图书馆里面看书自修，或者大家相互交流，总的来说学校生活是很愉快的。当时儿童艺术剧院所属中国福利会，即使是在"三年困难时期"，对我们的营养也给予了充分的保证。我们的学习条件、生活条件都很好，而且儿艺请了最好的老师来教我们。我们的老师那个时候都很年轻，跟学生打成一片，在中国福利会这个大环境里面我们感觉

学习布袋木偶（中间戴眼镜者为周渝生）

到了温暖。

采访人： 请跟我们说说1960年上海木偶剧团成立前后的故事吧。

周渝生： 因为那个时候在上海还有很多的木偶剧团，文化局经过反复斟酌，选了红星木偶剧团作为上海木偶剧团的班底。我们有八个老师，我们叫他们"老八哥"。他们对木偶很热爱，上海的木偶从他们开始就已经有海派的特色了。木偶除了要继承传统，表演、操作方面不能像个木棍子一样杵在那儿。木偶的头、手都有含义。"老八哥"除了演京剧之外，也演一些歌舞剧，如《小放牛》等，是钱时信和陈明兰两人操纵的，配音由其他演员来配。他们在木偶制作上、选材上都有一些开创。上海木偶剧团当时是隶属儿童艺术剧院，还不是文化局。任德耀老师非常重视木偶，他为上海木偶剧团输送了编剧、导演等人才，导演是从上海人民艺术剧院来的，编剧是从儿童艺术剧院来的。另外他还找了一些剧本，如《猫姑娘》等，当时是他帮着我们排练的。木偶戏是面向儿童的，所以造型、语言、布景、表演都要有特色，要吸引孩子们能够来看演出。《猫姑娘》的演出非常成功。

我们毕业公演的作品是《兔子和猫》，我饰演勤劳善良的兔子。猫是懒惰的，兔子帮助懒惰的猫，让懒惰的猫改邪归正，大家一起在田园里面勤劳耕耘，大概就是这么一个故事。木偶兔子并不是很大，但是我们举了一二十分钟以后也感到手很酸、很累。操纵演员要掌握兔子的形态，一跳一蹦都要有兔子的感觉。当时儿艺也在演童话剧，有的演员饰演饥饿的狐狸，任德耀就不让这个演员吃饭，让他在草地上爬着，去找内心的感觉。后来这些老师也把演戏的感觉都跟我们交流了。演《兔子和猫》也有一些技巧，比如说兔子种地、耕地、洒水这种小动作，需要演员一点一滴地把人会做的动作慢慢传到木偶身上，要让木偶做这些动作也能很美、很自然。这是我第一个大戏。

采访人： 您觉得要怎么样处理男孩子的声音？

周渝生： 张真同志原来在部队文工团演过《白毛女》，并且她曾经在京昆剧团待过，熟悉一些京昆的艺术。张真来了上海木偶剧团以后，导演张启德、编剧孙毅，创作了一个作品《南京路上好孩子》，歌颂上海的少年儿童生活、学习当中发生的好人好事。我在里面演一个男孩，操作、配音都是我。

我觉得要从男孩子的性格出发。因为我的声音可以放得比较宽，不是特别尖、特别细、特别弱的那种，是比较有特色的。另外就是抓住孩子的天真、善良、纯洁，一是一、二是二这样的特点。

抗美援越的时候，我们剧团还演过《南方少年》，我配一个老奶奶。这部剧主要是讲越南的少年儿童怎么配合着地下党跟美帝国主义做斗争的。

采访人：当时您挺年轻的，是怎么驾驭这个角色的？

周渝生：这个我觉得不是很难，因为咱们日常生活中接触的老人很多。戏曲作品里有老旦，话剧作品里也有老奶奶形象。分配给你的木偶的形象就是老奶奶的样子，你只要找到"神"，从声音的塑造中来抓住老人的特点，动作、走路等方面都一点点接近，我觉得还是可以捕捉到老人的特点的。

采访人：请谈谈您之后演出的几部戏吧。

周渝生：《金色的大雁》的主角是陈为群，我演奶奶。《闪闪的红星》里我演潘冬子，陈为群演的是地下党负责人。上海木偶剧团的领导非常注重青年人的培养，这么一出大戏，叫一个年轻女孩来操作，是有风险的。所幸陈明兰也演潘冬子，陈明兰充分发挥"传帮带"作用，带着我演。张真同志对我们年轻人是给予期望的，她给你压担子，你才能够尽快成长起来，发挥你的才干。我们从学馆一直到正式进入上海木偶剧团，氛围一直都是比较好的。老同志肯教我们，当然我们自己也肯虚心学习。当时觉得自己还有很多欠缺的地方，你不学就不能胜任。我很喜欢这个剧本，也很喜欢整个团队的氛围。我每一次演《闪闪的红星》都是一种享受。舞台上音乐一响，潘冬子的歌就出来了，"小小竹排江中游……"。小朋友的反响特别好,每一次谢幕的时候,小朋友不肯离开,都看着这些木偶。他们感兴趣的不是我们木偶演员,而是这些木偶角色。

采访人:在"文革"时期,木偶戏的演出也没有停止,对吗?

周渝生:上海木偶剧团总体来说,人和人之间的关系还是比较纯。"老八哥"在旧社会里为了谋生浪迹江湖,生活还不能完全保证。上海木偶剧团成立后,"老八哥"吃穿都不愁了,国家都给你包下来了,所以"老八哥"的翻身感特别强。他们对艺术的追求孜孜不倦,到农村、郊区去演出,从来不怕苦。他们感恩的心态,以及对艺术的执着追求,给我们这一代的影响是蛮深的。我们剧团的宗旨是为儿童服务的,我们木偶演员都在幕后,名利这方面相比较而言淡化了一点。我们的集体观念很重,一定要把这个戏塑造好,让观众能够看到舞台上一出完整的戏,感觉到这是艺术的享受,那么我们也就心满意足了。"文革"时期,有的地方"打砸抢"特别厉害,我们这儿还比较好。有时候造反派稍微有点过火的行动,这些老同志就说,不好这样子,大家都是同事嘛。有时候你受委屈了,老同志会跑来安慰你,想开一点,不要紧的,我们了解你的。所以你始终感觉到这是个蛮有温暖的集体。

"四人帮"垮台以后,张真同志马上组织大家搞《孙悟空三打白骨精》,陈为群演孙悟空,那时候我们还算年轻的,我演白骨精。这是一出大戏,我们好长时间没有好好演戏了,一下子又能进排练场了,我们都觉得机会很珍贵。木偶的声音要塑造得特别好之外,动作的设计也很重要。因为木偶的脸部没有表情的,所以木偶的动作就需要更夸张一点,但是设计的前提是符合木偶的特点。

我在白骨精这个角色里加了很多昆曲旦角的动作。我们演的是杖头木偶,木偶当中有一根管子,我人矮,所以我的这根杆子要特别长。但是如果木偶杆子加长的话,就没有腰了,木偶的上下身都连在一块儿了。怎么办?后来我们就想到在白骨精的腰中加弹簧,稍微斜一点,一猫腰,就有动作了。本来我这个手是可以控制木偶的头的,但还是觉得动作比较生硬。后来我们在木偶的头部也装上了弹簧。根据京昆旦角的需要,我们改造了木偶。这样有什么好处呢?演的时候,木偶的头跟腰就活了,妩媚的气质就更能表现出来了。但是这也给操作演员带来了困难,武打的时候,如果控制不好木偶的腰和头的话,就会歪头塌腰。腰一下就塌下来了,然后头就控制不住了,所以就需要反复练。

另外,"掏翎子"这个动作我们也需要反复练习。那时候我们剧团的风气真好,还没到上班的时候,整个排练场都满满当当的,大家都在练功。排戏排完了后,没人回去的,还在接着练。

采访人: 您在《孙悟空三打白骨精》中操纵哪个角色?

周渝生: 白骨精是我操作的,童丽娟配音。在这部戏里动用了很多木偶的特色。比方说,孙悟空一个筋斗十万八千里,人在舞台上就很难表演。木偶在舞台的远处,天幕下一个跟斗,孙悟空就飞走了,然后孙悟空从天上"哗"一下就飞下来了。一个金箍棒,耳朵一拔,那么小的东西,往上一扔,一下子就变大了。这些技巧还蛮有特色的。

《孙悟空三打白骨精》中
操纵白骨精

1979年在日本,手拿"白骨精"木偶谢幕

在《红宝石》中饰演凤凰

采访人：请说说《红宝石》这部剧吧。

周渝生：我和陈明兰两个人,一个演白鹤,一个演凤凰,白鹤是男主角,凤凰是女主角。我原来演白骨精,总的来讲是狡猾、奸诈的。凤凰是善良、美丽、智慧的化身,代表着吉祥。这部剧里的舞蹈特别多,所以就牵涉到要把演员的形体传到凤凰的身上。为了展现妩媚的那一面,在凤凰的腰上装了弹簧,这样凤凰就能展现很多腰部的细腻动作。后来凤凰被关在舞台上的一个大瓶子里面。这时候所有的光就打在凤凰的身上。所以凤凰的动作,要表现得特别细腻、有音乐感,并具有舞蹈的美,要把她这种不畏强权,为了追求正义不屈不挠,但是又非常痛苦的感觉呈现出来。这需要非常细腻的表演,眼神、动作都要到位。我在这个角色上面花了很多的功夫,手上都练出水泡了。《红宝石》体现了张真的导演水平,除了主角外,其他的角色都各有特点,特技效果也是光怪陆离,令人印象深刻。海派木偶是根据角色需要、剧情发展的需要来调整的,不是为了玩技巧而玩技巧。

采访人: 在木偶舞台上演出,跟拍电影有什么不一样?

周渝生: 抗美援越的时候,上海木偶剧团推出了《南方少年》,说的是越南的孩子们,怎么热爱自己的国家,怎么跟美国的侵略者进行斗争的。我在这部戏里演一个地下党的负责人刘奶奶。这部戏后来被上海美术电影制片厂看中了,拍成了电影。我们演出舞台比较大,木偶动作可以大,可以夸张。但是电影镜头比较集中,要是像在舞台上这么演,可能一下子就跳出银幕了。所以演员操纵时,动作要更细腻,而且木偶要更传神。1975年全国搞木偶调研,要把所有的优秀木偶剧串联成一部美术片。这些剧目怎么串联呢?就需要有一个小木偶主持人。美影厂就请我去担任小木偶的操纵。这个是吃功夫的,不是你站在那儿,给你搭一个台,有时候甚至需要跪在那儿操纵,都是非常低的平台。我跑了好多地区,全国各个省市去跑,看了人家的木偶,以此作为借鉴。

应该说我们剧团是很愿意尝试各种表演形式的。《孙悟空三打白骨精》当中已经用了人偶同演,木偶孙悟空变成了真人孙悟空。整个舞台的幕布,台口还是这么高,没有下降。后来渐渐地,就等于没有舞台的台口了。还有一种人偶同演,是由人操纵木偶,穿着黑衣服,观众是看不到人了,靠演员操纵木偶来完成整个动作。有的时候是我正在演,演到一半,木偶就演到水底下去了,白色的布,打上灯,透视出来影像,就成了皮影了。现在木偶戏的形式是蛮多的,还有套着大头娃娃跟木偶一块演。上海木偶剧团一直积极探索木偶的表现手法、表现形式。音乐剧《狮子王》里有很多的动物,我们搞木偶的去看,觉得木偶元素很多。话剧《马》,英国的剧本,电影也拍过的,我们三四个演员负责操纵,其实这匹马也是木偶做的。最早的木偶全部是木头雕刻的,木头太重了。后来木偶的脸是先用石膏做一个胚子,然后用石膏浇了以后,用纸浆一层层糊的。最早的皮影都是驴皮,咱们现在不用驴皮了,用塑料了,出来的效果也蛮好的。我们在不断地尝试,不断地探索,有成功的,也有失败的。

采访人: 您当时操纵的大戏是什么?

周渝生: 1975年,《闪闪的红星》是大戏,我在其中操纵潘冬子。但因为潘冬子是小孩,而且这部戏不是古装戏,是现代戏,他头上不要很多的装饰,服装也不复杂,相对而言对演员臂力的要求不是很高。不过第一次操纵大戏,一场戏下来,对演员的臂力是锻炼。我那时候的手臂比现在粗,都是锻炼出来的。

对我来说,真正的考验是白骨精这个角色。本来女同志基本上只需要配音就可以了。但慢慢地大家觉得,一部戏要是自己操作自己配音,那么角色就能更完整了。我觉得这个也是一门艺术,虽然累一些,但是很愉快。我那时候最高兴的事情,就是进排练厅。排练都是从人开始的,对台词,人表演完以后,演员就要把一切动作都体现在木偶上了。演员要了解这个角色需要什么样的动作和情感,然后要去考虑,在木偶设计上,应该装一些什么特技。就像白骨精这个角色,除了人排练以外,也要考虑动作。工场间给你的木偶,基本的动作都是有的,但是如果演员需要有特殊的动作的话,那就不好办了,要自己想办法。所以我们上海木偶剧团是有木偶制作课的,虽然不是专业木偶制作,但是也要懂得这方面的知识。木偶制作是我的弱项,但是我一直在请教老同志,有时候他们会帮我弄,有时候是工厂专门搞制作的师傅帮我修改。因为这些师傅他们不是演员,不太明白你的具体要求,有时候就需要自己动手,在工场间里调整,一直到木偶用起来非常得心应手为止。

操纵木偶是蛮辛苦的,一场戏演完了满身大汗,非常累的。但我不怕苦,对自己来讲是增长才干,对组织、对单位来讲,是一种奉献。那时候年纪轻,睡一觉又恢复了,年轻是我的资本,什么都要学。

上海是一个国际性的大都市,有交响乐、芭蕾、京剧、昆曲、越剧、沪剧、滑稽、杂技等那么多的艺术品种。我自己感觉到,木偶戏是有发展前途的。木偶具有国际性。虽然发展不平衡,大的小的,老的少的,他们喜欢的程度也各异,但是这个剧种,各个国家都有的。苏联的奥布拉兹佐夫原来是一个歌唱演员,最后搞木偶了。他的作品不完全是为儿童服务的,是老少皆宜的,是一些讽刺、夸张的小品。捷克现在也有木偶节,这方面也做得很好的。荷兰的木偶节不是很大型的,另外法国的木偶也很好。中国泉州的提线木偶、漳州的布袋木偶就是他们城市的代表,他们的其他剧种不像上海那么多。木偶戏是百花园当中的一朵小花,但也是一朵不可小觑的花。关键就在于木偶从业者,要抓住时机,能够想方设法,把木偶艺术再开创出一片新天地。编剧、导演、表演、制作等,方方面面都需要有突破,而且有的时候可以根据剧本的需

1981年,比利时女王接见,周渝生手拿凤凰

要,突破木偶剧种的局限,把其他戏剧好的元素吸收过来,为木偶服务。我们木偶人的梦想就是希望能搞出一个代表木偶特色的、观众喜闻乐见的、有很高艺术性的戏剧。

采访人: 您后来是演出队长,您跟我们说说,当时的情况是怎样的?

周渝生: 我们那时候条件很艰苦。因为我们剧团的方针是木偶戏要为儿童服务,所以当时我们排了好多小猫小狗等小戏,还有舞蹈等。我们除了在剧场演出,还到学校去演出。我们骑着黄鱼车,在孩子们的前面拉一条幕布就演了。我们的任务就是让孩子们高兴。队长组织排练、演出以及政治学习和业务学习。木偶演员要不断学习,提高自身的艺术素养。有时候我们还去观摩外边的演出,和外地剧团互相交流。我觉得不是很辛苦,没觉得有什么特别费神的事儿。谁家有什么困难,或者哪家夫妻闹矛盾了,这些事儿我也会去处理的。我们团就像一个大家庭,非常温暖。

采访人: 您认为什么是海派木偶的特色?

周渝生: 海派木偶艺术被纳入了上海市国家级非物质遗产。海派木偶的种类很多,有杖头、有布袋、有提线。杖头木偶在传承基础上有了新的开创。上海木偶的特色,不仅是在表演上,选材上也有木偶的特点,不一定需要剧情特别复杂,但是木偶的动作性是很强的。上海木偶的音乐,基本上都是原创的音乐,我们团里的陆建华是专职作曲的。海派木偶是综合艺术,除了表演、音乐、台词、舞美、特技、造型,包括导演手法的运用、编剧等方面都很好。上海的城市精神叫"海纳百川、追求卓越",体现在海派木偶身上也是这样。木偶戏不是一成不变的,上海的木偶还是蛮有开创性的。木偶戏要开创、要发展,必定要兼容并蓄,其他剧种好的东西,我们都吸收过来。

木偶有很多的操作技巧是需要继承的,老师不教你,你找到窍门比较难。木偶要演得像人。木偶表演,你不能站不稳,连水平线都保证不了,一会儿长高了,一会儿变低了,这是你的基本功,不能举不动。因为木偶是一个人物,站在那儿就要有站相,不能随意,一定要保证它的水平线。在掌握好基本功的基础上,再根据角色要求、性格特点设计动作。木偶走路的形态是什么,它讲话的时候,声音应该是什么样的,都考虑好了后,再完成所有的动作。我们有些同志,演孙悟空的时候,掏绫子、甩袍子动作都有,但是总觉得似乎缺点什么。缺的就是"神",这些动作应该是跟整个内容、跟情节、跟演员当时的思想状况连在一起的,而不是简单地做动作。动作的贯穿性,包括人物思想的脉络断掉了,这就不能算是一个很好的演员。我觉得上海的木偶戏还比较讲究人物,包括人物的动作贯穿、思想贯穿等,不是简单地在台上甩一甩、玩一玩就行了。

采访人：木偶戏是综合艺术,灯光、舞台、舞美等融合在一起才能称之为一个完整的木偶剧,是这样的吗?

周渝生：虽然演员自己的表情在舞台上是看不到的,但是声音的塑造,应该说是要非常有特色。演员的声音要很讲究,要有特色。另外,木偶的造型也必须很有特色。演员就长这样,再怎么化妆都是这样,但是木偶可以有变化,所以造型一定要好。舞美方面,木偶的舞台不可能太大,但是可以化成海阔天空,在特技上面需要花很大的功夫。海派木偶有两个重要的特点：一个是能演很完整的戏,很有剧情;另一个是在特技上有很大的突破。从某种角度上来讲,木偶的特技比表演方面的成绩更大。

我觉得木偶在某些方面可以比真人更夸张。根据需要,有些方面做得极不像真人,比真人更夸张。但演员必须好好地去揣摩这个角色,如果不揣摩的话,不给它个性、动作等,那它就是假的,没有生命力的。比真人更夸张是指木偶有更夸张的生命力。

采访人：每个人手的大小不一,但在塑造木偶角色的时候,语言、动作、情感三个要素,是不是可以说您塑造的每一个角色都是按照这个逻辑来完成的?

周渝生：可以这么说。第一,语言。男孩就是男孩特有的语言,比如男孩就是憨厚的,女孩则是嗲嗲的。木偶的语言应该说是很重要的。

《文汇报》对周渝生的报道

第二,动作。动作是根据性格来塑造的。老太太的动作要慢一点,小孩就活泼一点。就好比座山雕和杨子荣的动作线就不一样。第三,情感。动作也好、语言也好,都少不了情感。演员不是机械地完成动作,水袖、翎子等,这里面都有情感贯穿。

采访人: 您对木偶的感情是怎样的?

周渝生: 我对木偶是有感情的,而且很深。虽然它是个小剧种,但也是不可或缺的,是祖国传统文化的一个组成部分。我们要保存下它,不要让它断在我们手里。我觉得木偶不应该断,而且还应该很好地继续发展下去。虽然后来我离开了上海木偶剧团,但是我永远都是木偶人。上海木偶剧团是我成长的土壤。上海木偶剧团有一大批不为名、不为利,一心一意追求木偶事业的发展,潜心培养人才的前辈。我对上海木偶剧团的感情,是真诚的。

(采访:陈 娅 整理:陈 娅)

一辈子为木偶剧配音
——郑如桂口述

郑如桂，1944年出生，福建闽侯人，国家二级演员。1964年毕业于中国福利会儿童艺术剧院学馆木偶班。1964年起在上海木偶剧团任演员、主要配音演员直至1993年退休。学员期间就担任上海木偶剧团演出的童话剧《狼外婆》主角大姐的配音，后又在《兔子和猫》《南方少年》（动画片、电影木偶片）等剧目中担任主角配音，在《南京路上好孩子》中一人为音色各异的四个角色配音，在保留剧目《小八路》中为主角虎子配音，被称为有特色、有性格的男童声配音演员。1993年在上海戏曲学校木偶班、话剧影视班担任台词教员。

采访人：郑老师，首先非常欢迎您能够来参加我们口述历史项目的拍摄，请您先自我介绍一下。

郑如桂：我叫郑如桂，是上海木偶剧团的演员，1964年从儿童艺术剧院学馆毕业，1993年退休。我是1944年的春天出生在上海，我妈妈生我的时候做了一个梦，梦见有一个马戏团的小猴子穿着一条小裙子从窗口跳进来。1944年正好是猴年,后来我走上了文艺道路,我妈妈想起来这事儿就告诉我了,我觉得挺有意思的,觉得自己跟艺术挺有缘分的。

采访人： 请和我们聊聊您小时候的故事吧。

郑如桂： 我大姐当时在学校话剧队,他们的指导老师是著名电影表演艺术家韩非,他住的地方离我们家不远。有一次大姐去韩非老师家里就带上了我,韩非叔叔看到我就说,你这个小妹妹挺可爱的,我们正好要拍部电影《小梅的梦》,要拿我的一张照片。后来我就拍了张照。《小梅的梦》有24个演员入选,最后筛选下来就剩两人了——我和赵玉嵘。赵玉嵘后来在北京电视台做导演,她那时候已经四年级了。我只有二年级,还比较嫩,水银灯一开就什么都不知道了,所以后来就在《小梅的梦》里配了一句小鸟的话。上海美术电影制片厂听了我的声音后说,这小姑娘的声音挺好的,来为动画片配音吧。1954年,我就给动画片《好朋友》配音。里头有两个小主人公,一个是小鸭子,一个是小花鸡,两个人开头闹别扭,最后又和好了,挺有意思的。1957年动画片《好朋友》获文化部1949—1955年优秀影片——美术片二等奖。前两年我逛新华书店时正好看到有这套音像制品,我买了之后听了一遍,很怀念。我在上海美术电影制片厂里认识了戴铁郎,他是《黑猫警长》的导演。他很喜欢我,周末休息常常带着我到电影演员、作家家里去做客,还带我去少年宫,然后我就进入了小伙伴艺术团戏剧队。从此,我算是正式受到了艺术方面的熏陶,开始学习艺术了。

在初中毕业以前,我的很多时间是在少年宫小伙伴艺术团度过的。我是戏剧队的队长,也是小伙伴艺术团团长。那段时间接待外宾,我就担任小主持人。当然那个时候我们不叫小主持人,而叫小主席。

我曾给印尼总统苏加诺戴过红领巾。我印象很深的是,全国青工代表大会上,我代表全上海的少年儿童致贺词,在演出前我先单独朗诵给邓小平首长听,后台的一个房间里就他一个人,他还问了我好多家里的事。我还曾为宋庆龄主席演出过,我朗诵了一首《帽子的秘密》,得到了大家的好评。

有一次苏联大马戏团到上海演出,其中有一场是专门为上海少年儿童演出的。我担任这场的报幕员,演出前要求我和小丑抱着小狗拍照,我好害怕,心跳得可厉害了。但是我觉得不能丢中国孩子的脸,然后我就摸摸它,还对它笑笑,跟它拍了照。演出结束后,还要跑到关着狮子、老虎的大笼子里去给演员献花。我虽然心里很紧张,但想着不能丢脸,后来圆满完成了这个任务。

我们这批小孩因为在上海美术电影制片厂配音,认识了很多上海电影译制片厂的演员们,这两个厂都是在一块的。我都叫这些演员叔叔阿姨,后来才知道他们都是很有名的。我记得其中有位姚念贻很不幸,在配完《奥赛罗》后不久因难产去世了。上译厂里有个小花园。那个时候拍黄梅戏《天仙配》,跟我一块玩的都是演员的孩子,有魏鹤龄、邱岳峰,还有上官云珠的孩子,我们这些人都是在一块配音的。我小时候有写日记的习惯,日记上经常是写四点下课以后,剧务马飞叔叔开车子来一个个接我们去配音。我们小朋友还佩戴一个特约演员专用的红色的圆徽章,这样进出厂里就很方便。我们都是小孩,一直连续配音也受不了,都是一边配音一边玩的。有些男孩子很顽皮,厂里有一个小池塘,他们比赛从这头一下子跳到那头,很开心。我们当时吃饭都在一个圆台面上一起吃,伙食很好的。然后他们给我们的稿费就是书、日记本或者玩具等。我记得他们送给我的笔记本,上面还写着"上海美术电影制片厂送给郑如桂小朋友留念"这几个字。这些都是我小时候的故事,现在回想起那段生活挺怀念的。

采访人:您是怎么进儿童艺术剧院的?考试都考些什么呢?

郑如桂:中福会儿童艺术剧院要招生了,当时姚金石到少年宫选中了我,让我去参加考试。当时考了朗诵、唱歌等项目,我唱了一首男童声的歌,"昨夜我进入梦乡……",这首歌可能你们也都听过,很好听。接着我又考了解放军艺术学院声乐系,但是后来我没去,我进了儿艺。一起考的同学带信给我,说解放军艺术学院把我的报名单保留了半年,如果我后悔了还可以到那去上声乐系。但是我后来还是进了儿艺,因为儿艺在上海,也是我喜欢的事业。在儿艺学馆时期,我们是和上海木偶剧团的同学们一块学习的。后来我觉得随着自己年龄长大了,在台上一直蹦蹦跳跳也不太合适,正好上海木偶剧团非常需要配音演员,就把我调到了木偶班。我们的专业课有台词课、声乐课、形体课、表演课,这四个专业课是主要的,另外学一些历史、语文、戏剧理论等。

我觉得进了儿艺以后,生活变得很丰富多彩。那个时候我们除了学习,还观摩各种外国代表团,或中国很有名的演员的表演。而且我们还下部队、下农村去体验生活。记得那时候我们曾到舟山群岛去演出,那段时光也是非常难忘的。解放军战士在边防巡岗,有的就是一个战士守着一座小岛。记得有一个地方叫浪港,为什么叫浪港?一个大浪可以从岛的这头翻到岛的那头。有一次正好要回去的时候碰到台风了,大船没办法靠岸,我们回不去。结果是渔民的小舢板拿绳子一个一个这样把我们吊下去的,很可怕,很惊险,但非常有意思。每到了一个地方,解放军对我们都很热情,拿一大脸盘的长生果给我们吃。老师跟我说,郑如桂,你一会儿要独唱的,可不能吃花生米。我说"哦哦哦",其实很想吃的,嘴巴很馋,因为当时还是小孩嘛。我唱的是《洪湖赤卫队》里的插曲,拿着小盘子一边唱,一边敲打着。我还和其他几个女同学穿着少数民族的裙子跳舞,天很冷,在沙泥地上跪着。我们都不怕苦的,感觉挺有意思的。

采访人: 木偶班需要学习些什么课程?

郑如桂: 木偶班的基础课和儿艺学馆的内容都一样,就是到最后两年再加学木偶操作课。木偶演员的标准就是人能做到的,木偶也必须会。木偶演员的形体动作、表演、声乐台词等要求和真人演员都是一样,但是比真人演员多了一道技术——操作木偶。其实优秀的木偶演员必须要在自己本人会演戏的基础上再加上操作的技巧,这是很不容易的。

采访人:当时儿艺的学馆跟上海木偶剧团是什么关系呢?

郑如桂:是上海木偶剧团委托儿艺来开办这个木偶班,让他们能够和儿艺的学员在班上一起学习、生活。

采访人:所以唯一的区别是木偶班在最后两年多学了木偶操作,当时你们要学习些关于木偶的什么内容?您也是第一次接触木偶吗?

郑如桂:是的。木偶操作是从基本功开始练习的。首先练臂力,手举起来要稳,木偶走路不能够飘,虽然它的脚的感觉很难找,但你必须把木偶走路的感觉表现出来。练膀劲很苦,需要一直举着手不能放下来,我感到吃不消,但是我们必须坚持练,因为臂力很重要。另外我们演员操作木偶的动作也要很有神,要能够体现这个人物的内在。把木偶操作好的第一要素是演员的技术、技巧,手上的功夫要好;第二是对角色的理解要透彻,动作要精炼。因为木偶有限制,不像人那样活灵活现,它的面部表情等都受到一定的限制,所以手里的动作一定要夸张和精炼,该有的动作要有,不该有的动作不能有,要非常有代表性。我觉得作为木偶演员首先要有创作的设想,自己应该先把木偶人物形象都设计好。

采访人:您觉得操作木偶最难的一关就是练臂力?

郑如桂:对,举木偶的臂力是第一关,这是很艰难也是必须要跨过的一关。手臂很酸很疼,有时候臂膀会肿,抬不起来。但是这一关过了以后,功夫到家了,问题就不大了。

采访人:您在学馆学艺的时候,一些演出肯定也是要参加的。怎么平衡学业跟演出的关系?

郑如桂:我在学习期间参加了《狼外婆》的配音,这是我是第一次参加木偶戏的工作,为剧里三姐妹中的大姐和小妹配音。文化课对我来说是没问题的,我从小就有这方面的诀窍,老师当时说的内容立马就能消化明白了,所以课余时间就不需要再费很多功夫。《狼外婆》这部剧的剧情还是很有意思的。三姐妹在家里等妈妈回来,然后狼打扮成外婆的样子进来了,三姐妹靠智谋战胜了狼外婆,最后自己的妈妈终于来了,就是这样的一个故事。

采访人:儿艺是宋庆龄创办的,她曾经说过,参加儿童剧团的孩子可以得到两方面的益处,您觉得您感受到了吗?

郑如桂:为什么我们这些老同学到现在都一直碰头聚会?因为很难忘,虽不是兄弟姐妹但胜似兄弟姐妹。有一段时间大家都生活在一块,发生了很多有意思的故事,大家之间的那种友谊、情分是很浓的,我至今都不会忘记的。记得有一次我们去七宝下乡劳动,我突然急性阑尾炎犯了,很疼很疼,一个男同学抱着我就上了急救车到华山医院去。当时有很多大家相互帮助的故事,我至今都难忘。

采访人:毕业以后您就去了上海木偶剧团担任演员,我想请您先跟我们谈一下您在木偶剧团演出的第一部剧。

郑如桂:我演的第一部剧是《兔子和猫》,我在剧里是兔子。然后还参加过《三斤米》《猪八戒背媳妇》《小放牛》《东郭先生》《南京路上好孩子》等的演出。《南京路上好孩子》里头我担任了四个角色,有真假小宝、小弟等,都是不同的男孩子。

采访人:《南京路上好孩子》中您是怎么处理角色的?

郑如桂:我在这部剧里主要是配音。我需要根据角色成长的不同的年龄,以及他的经历和表现,来决定怎么来配好这些角色。我觉得首先要理解这个人物,然后演员的外部技巧很重要。演员内在对角色的深刻感受是感性的,然后再把这种感受用外在的声音技巧来体现,内在和外在需要完美地结合起来,就好像演员投入到角色的内心世界去,跟角色同呼吸、共命运,然后用最恰当的语气、最合适他的声音来加以体现。

采访人：您在上海木偶剧团的第一部大戏是什么？

郑如桂：应该是《南京路上好孩子》，这部剧是一个大戏，里面的角色比较多。我记得我一个人在剧里扮演了四个不同年龄、不同性格的男孩子。我觉得难点是要把他们每个人的特点都区分开。他们在剧里的表现都是不一样的，他们的性格、年龄也都不一样。我根据他们不同的性格特征，配合剧本的需要，采用不同的语气、不同的声音来塑造每个人物，这样观众就不会听出来其实是一个人在配。我觉得作为一个配男童声的成年演员，应该站在孩子的立场上来看待周围的一切，并且怀着孩子的心来感受世界，用孩子的眼睛来看周围的一切。只有如此，配音演员说出来的话才不会是矫揉造作的单纯模仿，而是非常生动、自然，发自内心的感悟。

采访人：您之前在《南京路上好孩子》中一个人为四个角色配音。这四个角色的音色其实是很不一样的，具体怎么处理呢？

郑如桂：首先要根据剧情的需要来完成不同性格、不同年龄的人物的声音处理。其次配音演员对人物的理解也很重要，因为需要用不同的艺术手段在声音上、语言上体现变化。在声乐课上最佳的发音状态是要非常轻松自如的，配音的时候只要根据需要来做到声音的高、低、粗、细、窄、宽、亮、暗的变化，那么就不会怯场了。我们演员的基本功很重要，所以我即使后来参加工作了，也一直都在练声，有时间我都要拉开嗓子吼一吼、叫一叫，然后再练绕口令等。生孩子那阵子练功松懈了，好像嘴巴都不会动了，后来天天练了以后才慢慢恢复到以前的声音状态。同一个戏里配不同的角色对我来说驾轻就熟，因为我能够运用不同的艺术手段处理声音以及语言、语气上的变化。当然这一切的前提都是演员必须要对角色有一个非常深的感受、理解，然后感性和理性两方面都要分析，只有如此演员才能够创造出具有变化的、非常生动的、各不相同的角色。

《南方少年》中的阿贝

采访人：您能说一下《南方少年》这部剧吗？

郑如桂：我在剧中配阿贝，他是一个爱憎分明的小孩子。《南方少年》是在越南南方等地发生的故事，阿贝是积极对抗帝国主义，跟外国入侵者斗争的一个男孩子。

采访人：您当时是怎么处理这个角色的？

郑如桂：男童声是根据剧情的需要，随着剧情的发展而做出调整。首先人物的基调一定要定好，在什么环境、人物的年龄、遭遇的那些事情，以及他的态度和性格，这些对配音都有很重要的影响。

采访人：《南方少年》后来还被拍成了电影。如何把舞台剧拍成电影呢？艺术形式的处理是不一样的吗？

郑如桂：我在电影里也配阿贝，这部影片由上海美术电影制片厂制作。他们当时觉得这部木偶戏不错，然后根据电影的特点，把它拍成了电影。舞台剧跟电影是完全不一样的手法，电影可以跳来跳去，不像在舞台上,一幕一幕的,受到了一定的限制。同时电影更细腻一些,运用蒙太奇的手法,镜头可以随意一些。

采访人: 虽然是同一个角色,但对于您来说处理的方法也是挺不同的吧?

郑如桂: 舞台上为了完全吻合木偶的动作,可以夸张一些。但电影从声音的力度上、从语气上,都要求更口语化、更接近生活以及更自然一些,这跟舞台剧不同。

我记得我曾经配过录像片《94个小希特勒》,这是一部科幻片,讲的是克隆的94个小希特勒,在全世界各地发生的故事。导演叫赵铭,他找了我来担任小希特勒的配音,小希特勒的性格很理智,是一个很聪明的小男孩儿。最后一场戏,小希特勒内心里的激情迸发出来了,他不是一直都理智的,给我留下蛮深刻的印象。

采访人: 您还在上海木偶剧团的保留剧目《小八路》里担任过主角吗?

郑如桂: 对,小虎子。《小八路》是我们团的优秀保留剧目,也是我终生难忘的一部戏。这部剧是根据电影《小兵张嘎》改编,所以我脑子里有一个原型在那。在原有电影的基础上,结合木偶的特点,我再处理这个人物。小虎子从一个虎头虎脑的、蛮干的小孩子,在八路军杨队长的教育指导下,逐渐地成长为一个智勇双全、真正的小英雄。小虎子的奶奶被日本鬼子杀害了,他深入虎穴打入敌人内部,通过误导他们,把鬼子引到村子里来了,在八路军的带领下瓮中捉鳖,一举歼灭了敌人。所以他不仅勇敢,而且还很聪明,可以说智勇双全,是非常了不起的一个小英雄。在戏里,我另外还配了一个角色——铁蛋儿(胖墩儿),他跟小虎子的性格完全不一样。铁蛋儿家庭条件比较优越,他说话是慢悠悠的、傻乎乎的、甜丝丝的那种基调。而小虎子是儿童团的领头羊,有着较大的号召力,同时他也是英俊少年,因为要美化主人公,所以声音是有力度的,要给他非常漂亮的音色。两个人是完全不同的感觉。

采访人： 您能谈谈《闪闪的红星》中的潘冬子吗？

郑如桂：《闪闪的红星》是我们团里的一部大戏，我担任潘冬子的配音，他是蛮有特点的一个人物。他非常有态度，爱憎分明，在剧里不断成长为一个小战士。

采访人： 您怎么处理他的声音？

郑如桂： 我基本都是根据他的形象来创作的。他没有小虎子那么粗犷，而是稍微秀气一些，他对敌人也是非常仇恨，对亲人是非常有感情的、非常爱的。我吸取了电影里潘冬子的声音形象，再结合木偶的特色来处理声音，显得更夸张、鲜明一些。

采访人：《孙悟空三打白骨精》中您是B角？

郑如桂： 对。我嗓子比较宽、亮。白骨精很凶残也很多变，有的时候变成美女，有的时候她又露出本来的面目。我要抓住白骨精内心的阴险、残忍的一面。剧里的唱段也带有一些戏曲的味道。我记得她的标志性的笑是很狂妄、得意的，她一口气笑了几十个"哈哈"，笑声很长，非常能够揭示她狂妄的内心，从低回旋到高，然后再到低，这个笑声非常有特点。

采访人： 能跟我们说说演员组的情况吗？

郑如桂： 一般来说一部戏由一个演员演是很累的，所以往往分A、B两个组交替演。大部分戏都是A组上去演，年轻一点的演员往往在B组，这让他们有向A组学习的机会，同时也让他们有一个锻炼实践的机会。而且万一主要演员临时有什么事情无法上场，B组可以顶上去。

采访人： 您在上海木偶剧团里主要是配男童声，要怎么样处理才能把男童声配好呢？怎样用语言的艺术配不同的男童声？

郑如桂： 从外部技巧的共性来说，首先说话、吐字要非常有力，男童声的尾音比较干脆。当然每个男孩子有不同的时候，也有小区分。另外我觉得吐字归音方面要注意，特别是有些男孩子的声音粗粗的、低低的，那就要多一些胸腔共鸣，当然也不能完全脱离头腔共鸣。因为男孩子的声音比女孩子要厚实,所以吐字要有力,收尾要干脆利落,不能拖泥带水。从性格上来说,男孩子们各不相同,有的是很勇敢的,天不怕、地不怕的;有的是很胆小的;有的是有点小幽默感,很可爱的。各种男声的形象都不一样,所以塑造每个角色时,都要听从他的内心,要跟他同呼吸、共命运,要想他所想,看到他所看到的事。从内到外,用最适合他的声音和语气来把他体现出来。一个演员如果能够巧妙地把内部和外部技巧完美结合,那样创作的角色就完美了。

采访人:《红宝石》中的小喜鹊又是一个怎样的角色?

郑如桂:《红宝石》的剧情、木偶造型、表演、音乐等,都比较完美。小喜鹊在《红宝石》里是第三主人公,它舍身去救主人公,在剧里是以拟人化的小喜鹊形象出现,有着小翅膀,长得也挺可爱,这是我比较难忘的一个角色。在我心里小喜鹊这个形象就先活起来了,我在剧里不但要自己操作,还要配音男童声。它是一个小男生的声音,很喜气、可爱。为了把它的动作完成得非常漂亮,我就观察真的鸟,鸟类的头部、翅膀的动作很多,自己就设计了一些动作,有的时候是金鸡独立,有的时候两只脚又飞起来,然后头部的动作很拟人化,又很有神。因为从头到尾都是我自己举着的,比较累,还要配音,所以一开始我挺担心自己完成不了。那个时候正值夏天,三十七八度非常热,也没有空调,每天下班我都留下来继续练习,一定要练到自己满意为止。有一次做梦我居然梦到一整套小喜鹊很优美、可爱的唱跳动作,后来我就把梦到的动作用到舞台上去了。小喜鹊是鸟类,所以它的头部动作和翅膀动作很重要,根据剧情我还设计了小碎步跑过去、感觉两个脚同时飞起来的动作等。我觉得演好小喜鹊的关键是既要吻合这个角色,又要吻合这个剧情。有一次电影演员张瑞芳来看《红宝石》,她特别指出,小喜鹊的表演非常好,这个角色太可爱了,我听了以后也感到蛮欣慰的。

采访人:《雪山小雄鹰》是一部怎样的剧?

郑如桂:《雪山小雄鹰》是一部有关西藏的戏,我为小尼玛配音,并

排练《红宝石》

由我自己操作，得到了一些老演员的赞扬。一般来说木偶走路容易飘，脚踏实地走路的感觉不够。我操作的小尼玛动作蛮细腻的，走路有步子感，但是其实她并没有脚，因为她穿着西藏的裙子是看不到脚的，而我就把走路的感觉表现出来了。

采访人：自己操作、自己配音，是不是比单纯配音要难？

郑如桂：对。小戏《三个小社员》里的小毛毛由我自己来操作和配音，他是一个农村的小社员。

还有《红宝石》里的小喜鹊、《王杰的故事》里的报幕员、《雪山小雄鹰》里的小尼玛也是我自己操作的。我觉得木偶这个剧种有一定的局限性，但同时木偶剧也是海阔天空、什么都可以做到的，也可以说它没有局限性。比如在《鹬蚌相争》中我是节目主持人，是真人跟木偶同台演出。1987年，结合一到三年级的教学需要，我在一台小戏里演了老师。真人演员起的作用就是把小观众和演员之间的桥梁架起来，是非常有意思的一种表演形式。小朋友们看过戏以后，把我当成了真的老师，会跟我说好多悄悄话，"我现在进步了，以前我怎么样、现在怎么样等等"。真人上台以后反响还是很好的，小观众很认同，很喜欢。小朋友跟成人看木偶戏的反应是不一样的，他们不仅鼓掌、欢呼，有的时候甚至用跺脚来代替掌声，非常激动。我们作为演员来说，是非常高兴的，感到很欣慰。

采访人：演员以前操作、配音都是在幕后，但后来真人可以跟木偶一起跳舞、演戏，这是否也是木偶的一种发展？

担任《三个小社员》小毛毛的操作以及配音

郑如桂：对。所以我说木偶戏既有它的局限性，但其实它也是最不受局限的，海阔天空怎么做都是可以的。木偶戏现在越来越海派了，越来越跟国际接轨了，而且它不断在创新，比如人偶同台、皮影跟木偶的结合等，只要想做都可以做到。木偶更朝前发展了，也可以说它不受什么限制了，因为连真人都可以上台了，甚至有的时候木偶会从观众头上飞过去，跟观众打成一片。

采访人：木偶跟皮影怎么结合呢？

郑如桂：我举个例子，《小猫钓鱼》里的猫用的是真的木偶的形象，然后透明的河里的鱼或者蚌等，都用皮影来代替。根据艺术、剧情的需要，我们打开了思路，并且为了让作品更完美，用了不同的形式来表现。

采访人：塑造角色的过程是怎样的？

郑如桂：塑造角色的过程就像十月怀胎一样。从接到任务开始，我就多看剧本，这不仅是为了理解剧情，更重要的是设身处地站在角色的立场上去考虑问题，把它化为自己的一种感受和体验，根据剧情发展角色会不断地成长、变化，就像雕刻一个东西一样。某一个角色能够既让自己满意，又让观众也喜爱，等到那个时候我才真正能够踏实一些。这个过程其实就是在不断探索、以及尝试，还会不断地发现自己不够好，然后思索怎么样才能做到更好。经过磨炼，到最后上舞台了，在演出中演员也需要不断提高，每次都需要总结经验。今天我突然有一个灵感出来了，觉得这个动作挺好，那我就把它保留下来，然后有一些不够满意的地方，就把它去掉。其实每一场演出演员也是在不断地进行创作，不是说演完了就没事儿了，而是需要不断提高。

采访人：您是如何把情感通过木偶传递的？

郑如桂：开始演员在舞台的角落里对着麦克风配音，后来慢慢地也可以通过录音录下来，再现场放录音，但最好的效果肯定是当场配音。我觉得配音演员虽然是通过声音来表达人物，但是内心也要有动作的感觉。有时候我们还会情不自禁地动一下，这样能够更好地体现角色的情感。所以我们虽然只用声音，但必须要清楚这个人物的整体感觉，他的一举一动、呼吸、脉搏，我们都要体会到。虽然配音演员不像舞台里的木偶们有那么多的动作，但你心里必须有这个动作的感觉。

配音演员和操纵演员必须配合默契，有时候配音的语速要完全服从操纵演员，因为观众直接见到的是木偶，我们要为木偶服务，配音演员虽然要有自己创作的主动性，但还要服从木偶语言的节奏和动作的快慢，和角色完全合拍，这样出来的人物形象就很完美了。这就像我们给电影配音要对口型一样，我们眼睛看着木偶并不会影响创作，只不过口型、速度要跟木偶绝对合拍。我们在创作时处于跟操纵演员不断交流的状态，有的时候觉得他的这个动作有点别扭，完全可以马上提出来，因为大家都是在创作一个角色，应该共同来塑造这个人物。反过来操纵演员对你这个配音演员也可以提出中肯建议，两个演员相互之间的配合度是非常重要的。

采访人：一些比较大的木偶，不可能一边配音一边操纵，所以要有配音演员和操纵演员共同来完成，对吗？

郑如桂：对。操纵木偶的演员很辛苦，工作量很大、很累。《小八路》里的小虎子是一个大男人来操作的，他操作技巧很好，但是他不可能配得出来男童声，所以就必须由另外的演员为小虎子配音。木偶戏主要角色的台词、动作都是很复杂的，所以必须由操纵演员和配音演员共同完成。

采访人：当时木偶剧团建团之初的情况您了解吗？

郑如桂：最初的时候，我们团实际上就是八个民间艺人，他们是从苏北来上海闯荡的。他们主要是在大世界演出，后来文化局要成立一个木偶剧团，就以他们这几个老演员作为基本班子，然后再委托儿童艺术剧院培养了一些新生的力量。然后我们这批人毕业后来到了上海木偶剧团，加强了团里整体的实力。现在上海木偶剧团都是上海戏剧学院附属戏曲学校木偶班毕业过来的，力量就更强了，都是演员、舞美等专业毕业的大学生，木偶事业后继有人了。木偶班不仅是为上海，也为全国各地培养了专业的木偶人才。

采访人：在上海木偶剧团刚刚成立的时候，整个舞台背景是怎样的？如何慢慢由简陋往高端发展？

郑如桂：我现在不参加演出，但是有时候也去看他们演出，我觉得灯光背景都挺现代的，跟以前是不一样了。以前是一台戏一个布景，把幕闭上，赶快把景搭好，然后再把幕打开。从舞台美术方面来说上海木偶剧团的进步是蛮大的。

采访人：请跟我们说说木偶工艺的发展吧。

郑如桂：以前的木偶的脸是不能动的，后来发展到嘴巴能动，眉毛能动，眼睛能动，甚至眼珠子也能够动。这对于演员来说，难度、要求都增加了很多，因为主要操作的杆子上的机关多了，所以在操纵上难度会更大，要更灵活一些。木偶是在不断地向前发展的，现在的木偶肯定是比原来的要生动多了，这对于木偶的传承提出了更高的要求。

我刚进上海木偶剧团的时候，在《猪八戒背媳妇》里配媳妇，她的唱段带点评剧的味道。我在《小放牛》里配的牧童也是戏曲味道，包括笛子声、唱段等都带点戏曲味道。其实木偶剧有着不同的风格，有的时候是带点戏曲味道的，有的时候是洋派的，有的时候又是话剧类的，它拥有不同的形式、不同的风格。

采访人：早期的木偶戏以传统的戏剧为主，后来慢慢地西方的元素融合了进来。您跟我们说说这个过程，好吗？

郑如桂：以前那些老演员们可能只会《小放牛》《猪八戒背媳妇》等传统剧目。后来随着编剧、舞美、演员等人才队伍的不断壮大，我们剧团的创作水平有了明显的提高，慢慢拥有了很多不同风格的新剧，这也是一个逐渐发展的过程。木偶是国际剧种，在上海举办的国际木偶节都是由我们剧团主办的，这能够吸取国外木偶的优点，相互交流、相互学习，对我们中国木偶发展有着很大的好处。

国外的观众非常喜爱我们的木偶戏。我们记得在联邦德国演出的时候，观众都是穿着礼服，很隆重地来看木偶戏，整个剧场鸦雀无声。他们的音响设备很好，我们在后台都不敢说话，因为哪怕说得很轻，声音可能就随着麦克风出去了。谢幕的时候，观众九次鼓掌，我们九次谢幕，我们有一个男演员都激动得都掉到乐池里去了。这种带有中国色彩的木偶戏，外国观众没有见过，所以特别受欢迎。

采访人：当时我们中国的木偶戏在国际上处于一个什么样的水平？

郑如桂：应该说我们的木偶戏还是很有中国特色。我记得原先是捷克、苏联的木偶业比较发达，但现在随着我们中国经济的发展，国家也比较重视这项事业，我们的木偶戏水平在国际上是属于一流的。上海木偶剧团举办了好几次国际木偶节，都受到了国外同行的肯定、赞誉。

采访人： 上海木偶剧团在"文革"的时候的情况是怎么样的？

郑如桂： "文革"期间演出很少，因为知识分子要接受改造，我们大部分时间就在农村劳动。八月的太阳是很厉害的，我们下稻田的时候脚上还被蚂蟥叮住，这两三年里是很艰苦的，睡的地方很破旧，吃饭是在农民家里吃的。后来"文革"结束了，文艺又开始要发展了。

采访人： "文革"后木偶戏的创作情况怎样呢？

郑如桂： 我们团的《孙悟空三打白骨精》是走在文艺界的前沿的。《孙悟空三打白骨精》原先就有《西游记》的故事框架在，这个故事很适合用木偶来表演。这台戏很火爆，那时候规定每人只能买两张票，很多电影演员都来排队买我们的票，我记得很清楚，赵丹都亲自排队来买我们的票。我们是请上海民族乐团来伴奏的，现场气势很大，歌唱家朱逢博亲赴现场来唱插曲，另外施鸿鄂还担任了《小八路》的独唱。可以说"文革"刚结束，上海木偶剧团就马上恢复了演出。那个时候其他团反倒没什么事情做，所以我们才能够把他们请过来帮忙。

采访人： 参加工作以后，剧团会提供关于演技的培训吗？

郑如桂： 没有，但观摩是有的。有的时候国外或者是国内的优秀剧目来上海演出，我们会去交流学习的，这种机会还挺多的。

采访人： 西藏舞是怎样的舞蹈形式？

郑如桂： 西藏舞实际上是木偶在跳西藏舞，甩袖动作是其特点，但是演员在下面的步子也要和木偶吻合。演员的手里要举一个木偶来跳西藏舞，其实难度很大。而且演员自己也要会跳，还要跳得很有感觉，把情绪通过木偶传递给观众。不像舞蹈演员只要跳舞就行了，木偶演员什么都要会一点，既要会跳、会唱、会演，还要掌握木偶操作的技能。

采访人： 掌握木偶操作的技巧，其实是一件非常难的事，不是谁都能做到的，对吧？

郑如桂： 对的。要经过艰苦的磨炼，过了基本功这关，才能够得心应手，否则的话，就达不到演员需要木偶呈现的效果了。所以必须不断地苦练，没有捷径可走。当然练的过程中还要动脑子，因为合适的方法也很重要。我刚接触木偶的时候挺着急的，不知道怎么办才好，木偶完全不受我控制。我的嗓音条件很好，但是我的个头不高，这是我不足的地方。所以我的木偶操作的主杆，要比别人长一点，那样我操纵的木偶才不会比人家矮，但是这对我来说难度就更大了，因为控制起来就没那么灵活了。我的长处是嗓音条件，所以我参与最多的是配音，但是需要我操作的时候，我也要能上场，做到心中有数。记得有一次，《小八路》里操纵小虎子的演员老家有一些非常急的事情，不得不赶回去。但是当时《小八路》的票已经都卖出去了，不能改期，而最熟悉这个戏的就是我。所以那次我就穿了高跟鞋，自己来操作，自己来配音，后来顺利完成了演出。

采访人：每一个主要演员都有自己专属的木偶？

郑如桂：是根据分给这个演员的角色，以及演员手的大小来制作这个木偶的。其实每一个木偶都是为操纵演员单独定做的。

采访人：所以说您在操作A角的时候，操纵的木偶是根据您的身体条件来定制的？

郑如桂：操作的机关按在什么位置，都是要根据演员的手的大小和身材高低来定制的。上海木偶剧团有一个专门制作木偶的工厂，我拿着那个杆子先做好记号，然后他们根据手的大小，在记号挖掉的地方再装上机关通上尼龙线。等做好以后，万一我们用得不称手，还可以返工再做。

采访人：您退休以后，曾经使用过的木偶会送给您吗？

郑如桂：不会的，都保留在上海木偶剧团的陈列室里。我记得有一次过节，剧团送了每人一个小木偶留做纪念，是《白雪公主》里面的小矮人。

采访人：上海木偶剧团有自己的乐团吗？

郑如桂：有，十几个人，很多都是上海民族乐团过来的，也有上海音乐学院毕业的。

采访人：后来乐队解散，演出基本上都是用录音来替代，您觉得哪种方式的效果比较好一些？

郑如桂：当然是现场演奏更好。但是后来为了节约开支，特别是外地演出或者出国访问，采用录音的方式就更精简了。用录音带子外出演出比较方便，那么就没必要养庞大的乐队了，后来乐队就自然而然地解散了。实际上从更完美、更高端的演出效果来说，还是应该由乐队现场伴奏更经典，这样观众的气氛也会更好。到后来连我们的木偶角色的配音也都采用录音这种形式了。我觉得这样是不对的，这使得人物的配音僵化了，不能够继续向前发展，而是定格了，永远就是这个水平了。我觉得还是应该现场配音、现场配乐，这样才能呈现更理想的演出效果。艺术是精益求精，可以不断完善的。如果录音，就不能做到不断提高、不断地去完善作品了。那个时候配音演员是躲在幕布侧面配音的，操纵演员也不露面，只是露出木偶在幕布上面，但是他们的活动余地更大一些，我们是在一个角落里，用来配音的老式麦克风都是固定死的。

采访人：当时一部剧，大概要排练多长时间？

郑如桂：根据戏的需要来规划排练时间，一出大戏最起码要一个多月的时间来排练。大家一起读剧本，对台词，演员先走位，然后再带着木偶来排练，大概是这样的流程。

我们的演出很多，在外地时常常都不知道今天是几月几日。剧团一天有好几场戏，天天在后台演得昏天黑地，我们开玩笑说是从"鸡叫"演到"鬼叫"。那时候大家都很年轻，空余时间就在玩"斗鸡"，一条腿翘起来玩，很有意思的。

我们的老团长张真是一位离休干部。她在1986年创办新时代艺术学校，是全上海第一个业余的艺术学校，有几千个人排队来报名，结果录取了几十人。这个学校请的老师都是很棒的，如乔奇、李梓、丁建华、胡庆汉等。有一次丁建华突然之间说她晚上有事不能来上课，校长张真就找到我，说郑如桂，你赶快来上一堂台词课。我从来没上过课，就把自己学的那些绕口令和练的段子带上，和学生谈谈自己是怎么样配音等内容。我就这样上了第一次课。他们的教导主任在教室外听了以后，说这个老师的声音很好听、很漂亮，然后就聘请我去上课。我就从1986年开始在这个业余艺术学校上课，后来我们自己的剧团1993年要办一个木偶班，因为他们知道我在外面上的课挺多的，就叫我去木偶班上台词课，然后话剧影视表演班也慕名找上了我，当时一个星期差不多教二十节课。我也挺热爱这个工作，一进校门，他们就说郑妈早！郑妈好！

我最大的体会就是你要爱学生，要把他们教得很完美，不达到目的不罢休。有个学生他不用功，每次教材都不带，都来问我要我的教材看着念，后来有一次我为了他都急死了，居然哭起来了。我说没有几天就要考试了，你这个样子怎么行？怎么过关？怎么办？后来就伤心地哭起来了，把学生都吓呆了，后来那个学生改变了好多。我对学生都是采用因材施教的方法，有的是性格上的问题，我就跟他说，这样的性格当文艺工作者不行，你一定要有生活的态度，你爱就是爱，你每一件事情都要有自己鲜明的态度。各个学生都不同。我在上海戏剧学院分院也上了近二十年的课，挺有成就感的。我记得有个后来进北电的，长得挺帅的男同学，当时他在我班里的台词分数是最差的，后来他蛮用功的，我就让他演《骆驼祥子》里的祥子。我上台词课不仅是要说话，还要像做小品那样带动作的，这样学生对角色的体会就更深，说出来的话也就更生动。我事先把《骆驼祥子》《雷雨》等原作小说看几遍，人物的性格都分析好，再给学生指导。这位男同学主演《骆驼祥子》，在台词考试中考得非常棒。后来他发展得很好，还跟斯琴高娃一起拍了电影。

采访人：那个时候上海木偶剧团出国访问的机会挺多的是吗？您跟我们说说去国外交流的情况。

郑如桂：我们外访跟其他木偶团交流不是很多，主要是为外国观众演出，都受到了很热烈的欢迎。我们1979年去日本访问演出，在

1979年，在日本访问演出时合影

车上经常播放日本民谣，我觉得日本的民歌很好听。联邦德国的舞台装置非常先进。我们道具箱很重，剧院的马路边上有一个房间（其实是一个电梯），把所有的东西放进去，直接就到舞台中间可以装台了，非常省时省力。当时国内的剧场，都是从楼梯抬上去的，很累的。

采访人：能跟我们说说演出剧场仙乐斯的情况吗？

郑如桂：我们剧团很幸运的，演出剧场在仙乐斯，这是一个黄金地段。解放前仙乐斯是一个舞厅，在当时来说剧场条件算不错的，后来还演过一些评弹。为了剧团的长远发展，需要舞台更大一些，而且还得有办公的地方，有关部门就把它翻造了。就在前几年，仙乐斯又翻造了一次，那个楼现在挺高的。

采访人：其实木偶也很注重跟小观众们的互动，当时演员是怎么跟观众互动的呢？

郑如桂：我们在演出的时候，跟观众的互动是很少的，但是能够听到他们在台下的反应。作为演员来说,最主要的就是把戏演好。当然,谢幕的时候都跟小观众们在一块,他们的热情对我们也是一种鼓励。有的时候他们会涌到舞台边上来,迫不及待想要摸摸木偶。那个时候我们就用木偶的手去拉拉他们的手,或者拍拍他们的头,小朋友们都好开心。

采访人: 配乐用录音后乐队解散了,后来木偶的配音也用录音了吗?

郑如桂: 是的,剧团考虑经济方面的开支,能省则省,其实这是不对的。当时上海木偶剧团的收入还不错的,演出很多,特别是到国外的演出也很多。上海木偶剧团有一个非常好的传统——发扬艰苦耐劳的精神,这是我们从前辈们身上传承下来的。我们剧团的人都吃得起苦,哪怕是演员,也能够参加装台、搬箱子等体力活动。大家都同心合力,一起参加装台拆台工作,就像一个大家庭。我们到国外去演出住的是四星级、五星级的宾馆,有的时候下煤矿或者到部队驻守的岛上去演出,条件就比较艰苦,但对于我们都是一样,我们都会全心全意为他们演出。我们各种生活都经历过,很艰苦的生活,或者非常好的演出条件,我们的生活是丰富多彩的。

有一次到德国演出的经历很有趣。《孙悟空三打白骨精》里有一匹大的丝绒的白马,应该在德国柏林卸下来,结果在机场怎么都找不到那匹大白马了,结果查出来,行李跑到英国伦敦去了。后来,航空公司马上再安排飞机把那匹马运过来。

还有一次去美国演出的经历也挺惊险的,那次我没去,是听其他演员说的。我们在国外演出经常是今天住这个旅馆,明天再换一个地方,所以个人的行李箱就放在大巴的下面,不拿出来了。结果第二天他们起来发现整辆车都不见了,后来才知道是被小偷偷走了。幸好当地的华人和大使馆及时帮助了我们,给每个演员分了点钱,让他们可以买一些生活必需品凑合着用。

采访人: 您作为木偶演员可能要会唱点戏,类似评剧等,这些您要特别去学一下吗?

郑如桂： 不用特别学，就是平时多听听，多唱唱。像我蛮喜欢听戏的，我们演出的时候，有些唱腔只需要带一点这种味道就可以了。

采访人： 配音演员因为看不到观众，是不是手里可以拿着台词本看一下？

郑如桂： 一般我们是不看的，只有在比较生疏的时候会拿着剧本。可能开头的时候会稍微看看，但是随着演出场次的增加，越排到后面就越熟练了，肯定都能背出来的。单纯的配音能够稍微看一下台词，但如果是操作加配音的话，无论如何都是不能看的，因为手上还拿着木偶。

采访人： 您配的男童声挺多的，您除了处理真人的声音，还为小动物配音，木偶是为小朋友服务的，那么动物化、拟人化的剧本就有很多，您处理的时候有什么不同呢？

郑如桂： 从木偶形象来说，虽然配的是动物，但都是以拟人化的手法来代表真人的，有些动作、声音，可以在允许的时候稍微加上一点动物的感觉。比方说我配《芒卡环球旅行记》里的小猴子，可以带一些很顽皮的语气词，带一点猴性。但配音时还是以人为主的，是拟人化了的手法，所以还是代表真人。

采访人： 儿艺学馆的课程里是不是对普通话发音很重视？

郑如桂： 对，我们都是从最简单的开始学，一开始是拼音字母、普通话、绕口令等内容，"声、字、气"即声音、吐字归音、气息，这是基本功。后来在我自己的教学生涯中我慢慢领会到单单有"声、字、气"还不够，还应加学"意"。哪怕在念最简单的绕口令的时候，也要带着情感，把"意思"体现出来语言就不会死板。配音一定要走心动真情，要从内心发出来。演员一定要把自己感动了，才能够感动观众。我配那些小男生的时候，是进入忘我状态了。从他的心里到外部，我就是他，跟他同呼吸、共命运。我能够感觉到他的脉搏，想他所想。我们演员要从孩子的内心出发来想问题，孩子眼睛里看出来的跟成人眼睛里看出来的世界是不一样的。

采访人： 所以您平时是不是也注意观察很多小男生走路的神态和讲话的语气？

郑如桂： 是的。我觉得男孩子说话是比较干脆利落的，字尾的音拖得没有那么长，配音时可以多用胸腔来发声。

采访人： 您是否觉得演员应该要把不同的感情倾注在角色里面，不然的话这个木偶角色是不可能立起来的？

郑如桂： 对。投入要快，塑造角色进去快，很快就能抓住它，而在这之前就像十月怀胎那样，一个演员要富有想象力，就要多看一些优秀的作品，需要的时候，这些素材就能源源不断地在脑海里涌现出来。我塑造的这个木偶形象和曾经看过的作品里的人物，这两者如果有类似的地方，我就把其他作品里的形象作为我的模特，在这个作品形象的基础上，再加上自己的创作，借鉴学习。

采访人： 演出结束了，是不是要出来得快？不能把生活也变成演戏？

郑如桂： 对，你还是你，并且要进去得快。开头抓不到感觉没关系，在实践中不断地去琢磨角色，再不断地完善，我觉得这是很重要的。木偶原本是死物，但是因为后期有演员赋予了它生命，那么木偶就活了。演员在创作时，脑子里面一定要有一个可借鉴的模特，这样就生动了。要把木偶看成是一个活灵活现的人物，而不是一个工具。

采访人： 您对木偶有着怎样的情感呢？

郑如桂： 我从事木偶事业将近三十年，我非常热爱木偶，它给我带来了许多美好的回忆，特别是在男童声配音方面，我觉得还是有很多收获。我今天非常高兴能有这个机会，上海音像资料馆的朋友们给了我这样一个机会，让我能够回顾艺术生涯，能够作为一个口述者给历史留下一些东西。要感谢你们，这了了我的心愿，也让我对这些过往的艺术道路有一个总结。非常感谢，你们辛苦了，谢谢你们。

（采访：陈　娅　整理：陈　娅）

二十年木偶情缘
——赵玉美口述

赵玉美，1947年出生。1967年毕业于上海音乐学院附属中学，分配到上海木偶剧团，担任乐队队长，参加木偶剧团各个剧目的音乐伴奏。组织和举办民族音乐普及音乐会，深入学校，与上海民乐团、舞蹈学校乐队、中国福利会儿童艺术剧院乐队联合演出。1988年上海木偶剧团乐队解散后，调入上海舞蹈学校工作。

采访人：赵老师，请您先简单介绍一下您的家庭环境。

赵玉美：我出生在一个知识分子家庭，爸爸妈妈都是教师。我爸爸高中毕业后同时考取了清华大学和北洋大学（现天津大学），但是读了一年清华以后就被我爷爷叫回天津，考上了海关税务学校。那时候全国只招20个人，所以我父亲听从父命读了海关学校，最后就留在海关工作，一直到新中国成立以后才离开。我爸爸实际上对共产党是非常感恩的，觉得有了共产党的带领，我们的国家才摆脱了半殖民地状态，所以党叫干什么就干什么，一直都想要加入中国共产党。过去需要支教，他就到东北去了八年，后来80岁高龄了还到宁夏去支边，一生都无怨无悔。

我妈妈也算出身名门，但是从小丧父。我的外祖父29岁就过世了。他在圣约翰大学学习法语专业，毕业后就在东海铁路当翻译，也算工程师。虽然我妈妈家里门第很高，但是因为没有父亲，所以总是过着一种寄人篱下的生活。在这样的环境下，我妈妈是很富有同情心的，因此我们兄弟姐妹也都是非常善良向上的。

我从小就喜欢唱歌跳舞，大人唱什么我都跟着学。妈妈看到我有这方面的特长，就让我学了钢琴，后来我还考进了少年宫。我妈妈特别会发现孩子的特长，我姐姐小时候喜欢表演，妈妈就让她去拍电影，《两个小伙伴》《青春之歌》等，拍了挺多电影，现在说起来也算个小童星。在这样的环境里，我也受到了很大的影响。那时候自己家里是没有琴的，到少年宫去练琴也很苦，但是我记得少年宫的老师都很关怀我们。那时候大厅里有给外宾演出这一类的活动，我也去表演过钢琴独奏。正是因为在少年宫学琴，后来才有了考入音乐学院附中的机会。

采访人：当时进入少年宫学习需要考试吗？

赵玉美：那时候的考试是很浅的，比如让我们唱个歌，把学过的钢琴曲弹一首，老师拍一段节奏让你模仿，或者老师唱一段旋律让你模仿……主要就是考察你的音准、节奏、记忆力等方面的能力。后来附中的考试差不多也是这些内容。

采访人：进入音乐学院附中需要考文化课吗？

赵玉美：那时候不考文化课的，可能就是凭学生手册里面反映出的文化课成绩来做判断。我入学的那一年是1960年，那时候收了很多农民和工人子弟，可能是音乐附中史上招收学生最多的一年，招了一百六十多人。等到学习了一年多以后又进行了精简，退出去不少同学。

我入学的过程还有一个小插曲。我本来应该是保送的，当时让我拿着一个单子去给学校里的老师签字,应该是写"同意保送",结果我那时候小,也搞不清楚,拿到学校去以后音乐老师写了一个"同意报考",结果最后还是通过考试考取的。附中每年的招生实际上不是什么百里挑一,可能要千里挑一,因为报考的人非常多。幸亏我们这一年招生的名额也多,虽然"保送"变成了"报考",但也考得上,当时觉得也没有那么难。

采访人：附中的学习经历中有什么让您难忘的事吗?

赵玉美：过去附中的学制一共是七年,初中三年加高中四年,从我们的上一届开始改成了六年,结果我们念完高中三年正好遇上"文化大革命",又留校一年,等于是上了四年高中。

初中三年我主要学钢琴,那时候上午半天是专业学习、练琴,一个星期两次课,每两个星期会举行一次演奏会,大家轮流去参加演奏;下午主要是文化课,包括基本乐理、视唱练耳这些。

等到我们初三毕业的时候,当时提倡"全盘民族化",比如徐州的解放军文工团,原本的管弦乐队全部改成了民乐。这在当时是一个风气,大家觉得应该要积极响应组织号召,所以都报名要求改学民乐。我们大多数钢琴专业的同学都改学琵琶、扬琴等,我的专业就改成了二胡。

这中间又有一个小插曲——我们学校有一个圆号老师,他当时是世界青年节铜质奖章的获得者,他听了我弹琴以后就觉得这个孩子很有乐感,想让我跟他学圆号。但是我个子很小,身体也一般,学了半年最后还是没能坚持下去。后来我们的程卓如校长拿着我的成绩单去找当时的教研组长王乙老师,让我拜他为师学二胡。可惜二胡没学多长时间,就开始了"四清""文革",所以我的二胡水平在那时候只能算是三脚猫功夫,并没有学到什么。

话说回来,幸亏我们当时都改学民乐了,不然的话,当时钢琴专业的同学毕业以后,因为"文革"的关系,分配到钢铁厂、钢琴厂、手风琴厂等地方工作，有一个同学还做到上钢一厂的炉长。当然了，后来随着"文革"的结束、各项政策的落实，这批同学也纷纷回归母校重操旧业，成为钢琴老师、钢琴教授。

我们这批改学民乐的同学，因为当时正是需要民乐的时候，所以基本上都没有改行，比如我毕业以后就直接分配到木偶剧团的乐队工作。

采访人：刚进入木偶剧团的时候，那时候的乐队是什么样的？

赵玉美：我们刚去的时候，记得是在一个很小的房间，里面有一架钢琴，有五六个老同志欢迎我们。老同志里有一个作曲也是附中毕业的，比我们高三四届；还有四个从儿艺过来的，即周七康、孙珮珠、杨克勇、许介良，他们是儿艺从1960年开始培养的，比我们早进入木偶剧团；还有一个老艺人王春松。我们一批四个同学，我是拉二胡的，还有一个二胡叫李梁，另外还有何文英是弹琵琶的，周慧芬是演奏柳琴的。除了李良是从小学二胡以外，我们三个都是半路改行的。刚开始乐队就只有这么点人，音乐也都比较简单，更适合演一些小型木偶剧。

后来"文革"慢慢进入尾声，那时候除了样板戏以外，其他剧种基本上都停止演出了，但是木偶剧团没有。木偶舞台相比其他剧种还是有它的特殊性，我们的观众都是小孩，当时我们根据电影《小兵张嘎》搞了《小八路》，因为演出的需要，作曲就提出一定要扩展乐队，只有乐队编制越来越丰富了以后，才能够更好地表现人物和剧情，领导也很支持。在这样的情况下，我们的乐队陆续续吸收了很多新的力量，有从其他文艺院团转过来的，比如青话、评弹团来了一拨人；也有原本去工厂"战高温"之后回归的，像越剧院的、京剧院的；后来民族乐团也来了六七个人；还有音乐附中我们后面几届毕业分配过来的；复员军人也来了……各方面的人员逐渐加入我们的乐队当中，所以我们最高峰的时候整个乐队包括作曲、指挥等岗位，大概有32人。弦乐有高胡、二胡、中胡、大提琴、贝司，弹拨乐有扬琴、琵琶、柳琴、中阮、大阮，管乐有笛子、唢呐、笙，打击乐有木琴、钢板琴，大中小鼓、低音鼓全套都有，应

《小八路》剧照

该说配置是比较全的。

有了一个编制比较全的乐队以后,实际上是为作曲提供了一个很好的、施展自己才华的平台。木偶音乐在木偶剧当中的分量是很重的,有人说音乐是舞蹈的灵魂,木偶音乐如果不能说是木偶的灵魂,但至少木偶舞台是绝对离不开木偶音乐的,它是一个不可或缺的依靠。对人物的刻画、情绪变化、气氛烘托,从开场到幕间再到结尾,木偶剧演出的任何一个环节都离不开音乐。

音乐的创作主要是落实在作曲身上。作曲不仅仅要写曲子,他首先要参加剧本的创作,对剧本有了全面、细致的了解之后,再根据剧本的需要进行创作,通过音乐的设计将故事的各个环节连贯起来。

作曲完成之后我们有一个很繁重的任务,就是要把作曲从五线谱写的总谱全部翻译成简谱。这个工作量是很大的,因为牵涉到几升几降的各种升调降调,也是很复杂的,一旦出错就乱套了,无法正常进行排练。我们乐队一群女同学都是附中毕业的,大家不但有这个能力把简谱翻正确,而且都非常团结,加班加点总能按时完成这项工作。

这里我觉得必须要提一下我们的作曲陆建华。他是非常有才华的,在学校里成绩就很优异,因为家庭出身的问题没有能够进入大学,被分到木偶剧团。那时候几乎所有的木偶音乐都离不开他的创作,任务紧的时候他都是加班加点、通宵达旦。他手脚很快,写出来的总谱既清楚又漂亮。当时我们主要的几台演出,像《小八路》《红宝石》《孙悟空三打白骨精》,都是大型木偶戏,所以有时候创作任务比较紧迫的话,也会请外面的作曲来帮忙。我记得《红宝石》的作曲就是儿艺的张鸿翔,也是很有经验的一位老作曲家,来帮助陆建华一起完成的。到后来的话,我们乐队内部有的演奏员对创作很感兴趣,也会参与到音乐创作当中,比如《孙悟空三打白骨精》,乐队里有一个叫周树雄的,他在旋律方面比较擅长,但是配器一点都不会,就在陆建华手把手帮助下一点点学习,辅助他一起完成音乐创作。

作曲真的可以说是整个木偶剧团乐队的灵魂,没有他,没有好的作

《孙悟空三打白骨精》剧照

品，对我们来说真是巧妇难为无米之炊。不幸的是他74岁时去世了，我们这些老同志都感到非常惋惜、非常心疼。提到木偶剧团，提到木偶音乐，就必须提陆建华，他在这方面是权威，除了木偶音乐他还创作了很多儿童音乐，可以说是功不可没的。他是我们的记忆中永远不会磨灭的存在。

乐队中还有一位必须要提一下的，就是我们打击乐方面的总导演王林松。他是从越剧院调来的，有着多年越剧打击乐创作经验，在《孙悟空三打白骨精》中发挥了重要的作用。《孙悟空三打白骨精》这个戏因为有很多的打斗场面，动作性很强，又带有戏曲成分，所以加入了很多锣鼓点子，有的是纯粹的锣鼓点子，有的是音乐当中融入锣鼓点子，这些都是王林松和作曲一起设计的。演出的时候也很有意思，我们除了要演奏好自己的乐器，有打击乐的时候还要放下琴去敲打击乐。打击乐一旦出错，就"众人皆知"，那时候我们除了演奏自己的乐器之外，还分别负责敲小锣、大锣、大钹、小钹等，因为以前从未玩过这些玩意儿，所以先得自己个别练，到时候再合起来练。

采访人： 作为乐队的队长，在演出之外你还需要承担哪些工作？

赵玉美： 我们有两个队长，我是正的，还有一个副队长。日常工作的话肯定是根据团里的安排来进行，具体乐队做些什么，我们总是一起商量，安排好每天的日程，保证乐队的排练、合戏、演出不出差错。

20世纪70年代初，木偶剧团演出间隙舞台留影

排练的过程是很细致也很琐碎的,一般先是演员管演员排戏,乐队管乐队排练,两边都准备好了以后,再一起合戏。合戏的时候就需要让木偶的每个动作都能够和音乐相契合,一场一场地排,一个个动作磨合,完全配合好了才能进行彩排、正式演出。

总而言之,我们的任务就是确保乐队在演出的时候一定不出差错。虽然那时候没有专门的琴房,但平时大家有空的时候,有的在树荫下,有的在墙角,总是会自己找一个地方不停地反复练习。

采访人: 过去木偶剧团的演出,乐队都是现场演奏的吧?

赵玉美: 现场伴奏的音响效果和录音完全不一样,从艺术质量和艺术效果上来讲,肯定是现场伴奏比录音要好。我们也常常去看别人的演出,那时候看芭蕾舞剧、歌剧等,都是现场伴奏,乐队演奏本身对于观众来说就是一种莫大的享受,如果通过录音播放出来总会觉得隔着一层,有一种假的感觉。音响效果好一些的剧场用录音的话问题还不大,如果本身音响效果就不怎么样,那出来的音乐效果真的是大打折扣。

我们当时都是现场伴奏,现场伴奏的过程也是我们自己不断提高的过程。当然是经历越多的磨炼,质量才会越来越高嘛,对不对?我们不仅是在演奏,自己也是一种很好的享受,所以我们一直都是主张真正的艺术还是应该要现场伴奏的。

采访人: 现场演奏的时候是不是能很直观地看到观众的反应?

赵玉美: 我们那时候主要演出的是《红宝石》《孙悟空三打白骨精》这几个剧目,表达的都是正义战胜邪恶,教育孩子要惩恶扬善、崇尚真善美。通过童话故事的形式,配合舞美灯光,对孩子有很强的吸引力,所以台上演出的时候台下的小观众常常都会有很热烈的反应——坏人出来了,孩子们的表情就变得很紧张;好人胜利了,他们会很激动地鼓掌。台上台下的互动很热烈,有时候看着孩子们的反应,我们自己也觉得很感动。

虽然作为乐队成员,演出的时候我们不能和孩子们有直接的互动,但是他们的反应,他们的笑声、掌声,以及有时候演到孩子们熟悉的歌曲时他们会跟着音乐全场大合唱,这些我们都可以听到。对我们来说,孩子们的表情也是一道风景线,看着他们不停变换的反应,我们演起来就更带劲了。

那时候演员还搞过一支小分队,送戏到幼儿园、学校去演出,有时候在学校的餐厅,有的条件好一些的学校会有舞台,这时候我们就能和观众有更直接的接触了。演出结束后,小朋友会上来看看木偶,或者看看我们乐队的乐器。有时候我们还会到部队去慰问演出,战士们看木偶戏演出也是很全神贯注的,从他们的表情上你就能感觉到,他们对木偶也是非常感兴趣的。

木偶戏的特点就是孩子通常更喜欢这种形式,在小孩子那里产生的共鸣是很大的,而大人往往是出于好奇,感觉很新鲜。同样的故事,真人来演和通过木偶来表演,效果是完全不一样的,大家会觉得,这个木偶的眼睛怎么会动呢?他的手怎么可以这样动呢?帽子怎么会摘下来了?大家都会有一种想要一探究竟的心态,这就是木偶这个剧种独特的魅力。

采访人:现场伴奏如果出现突发意外,一般怎么处理?

赵玉美:乐队里有那么多乐器,如何步调一致地互相配合,完成作曲的意图,靠的就是乐队指挥了。他是总调度,不仅要负责台下的排练,更要在演出时既沉着冷静,又要充满激情地带领大家用音乐形象和音乐氛围为舞台上的木偶的演出增添光彩,我印象中,突发意外几乎是没有的。

采访人:能请您再详细谈谈如何通过音乐来更好地表现木偶的形象吗?

赵玉美:木偶戏里有各种各样的人物,每一个人物都有属于自己的音乐,叫做音乐形象,比如白骨精、孙悟空,各个人物都有刻画他性格的音乐,体现他个性化的地方,这个音乐会陪衬着人物出场。除此之外，还有用于表达人物情绪的音乐、用于烘托气氛的音乐，音乐的种类应该说是很丰富的，而且是不断变化的。

由于我们的乐队配置比较全，所以在演奏方面也可以有更多的变化。过去的木偶音乐基本上都是大齐奏，或者在大齐奏的情况下稍微加一点低音什么的。后来我们的乐队配置上去了以后，就开始向各方学习，和声变得很丰富多彩，经常会有转调、复调，各个声部之间还会有所变化，一个声部承担主旋律的同时其他声部作为伴奏。配器方面作曲也动过很多脑筋，管乐、弹拨乐、拉弦乐经常都在变换。所以如果不看木偶表演，单听我们的音乐，也可以成为一个独立的、很好的合奏曲。还是那句话，木偶音乐在木偶戏当中是非常重要的，起了非常关键的作用。

有时候不需要台词，单单一段音乐就能将人物的状态很好地表现出来。比如孙悟空，他在思考、眼珠子转来转去的时候，有音乐和没音乐给观众的感觉是完全不一样的。我们要根据他的表情，配上适合他的音乐，展现出他内心的活动，这样能够起到很好的衬托作用。

木偶有它的特殊性，通过木偶，我们可以在舞台上呈现出各种各样的表演，话剧、戏剧、舞剧、科幻、童话，可以说是集大成者，是很综合、很灵活的一种表演形式。对于木偶音乐来说，就更有表现空间了，表演童话故事我们可以用电子琴、钢琴这些很有想象力的乐器，如果是表演戏曲成分比较多的，像《孙悟空三打白骨精》，就可以用戏曲音乐，它的表现手法是很灵活多样的。

实际上首先在于作曲，作曲要先抓住剧目的特点，根据这个作出适合的、风格统一的音乐，我们乐队的任务就是把作曲的意图通过演奏反映出来。

采访人：后来什么原因使木偶剧团从现场乐队演奏变成录音呢？

赵玉美：这个转变实际上有我们内部的原因，也有当时客观形势的需要。

从内部来讲，当时整体的形势都在逐渐开放，乐队里有些同志会接一点私活，比如参加外面宾馆的演出，这样的情况下如果团里每天晚上演出多少有点牵住手脚了，所以就有人提出录音，录音的话大家就有更多自由活动的空间了。

一开始领导是反对的，演员们也反对。因为木偶戏一直以来都是乐队现场演奏的，突然换成录音，万一演出的时候录音出点什么问题，不是影响到演员的表现了吗？大家心里都没底。后来因为大环境的改革，文艺团体都在讨论，不光要考虑艺术效益，还要考虑经济效益，怎么样用更少的代价来做更多的事情。这样一来又想到了录音，想要试试看是不是通过录音也能达到同样高质量的演出效果，这样的话演出的成本就可以降下来了。

试下来效果真的还可以，再加上当时正好遇上国际木偶节，出国演出不可能带着三十几个人的乐队一起出去，用录音的话队伍就可以精简很多。几次尝试下来，渐渐地就把录音这个事情确定下来了。如果从艺术效果的角度来考虑，我觉得现场演奏肯定更真切、更悦耳，录音总是会稍微有点差距的，但也不妨是一种选择，而且事实证明它的确是行得通的一种办法。一切还是要从实际出发，我们也要灵活机动一点。

既然决定了用录音，那么就尽量把录音搞得好一点，尽量把戏合得更到位一点，这样既能够节约成本，又能够满足对演出质量的要求。我们录音是在衡山路那里一个专门的录音棚里，大家把乐器都搬过去，花好几天的工夫在那里耗着录。当时真的是非常精益求精，稍微有一点点差错就再来一遍，有时候一段音乐可能要录十几遍，大家都力争要拿出自己最好的水平，把它录下来，都满意了才能通过。其实即使是现场演出，观众也并不会像我们苛求自己那样来苛求我们，但是我们大家会竭尽全力来争取做到最好。

话说回来，我们就算搞了录音，乐队也并没有就这样空闲下来，大家对自己还是有着很高的要求。我们利用不演出的时间来搞训练,提高乐队的整体水平;请作曲来给大家上和声课,从音乐学院请了教授来上合奏课;定期组织各个声部之间的专业交流和切磋……有的演奏员还是很有想法,想表演独奏曲目,其他人就会帮着伴奏,渐渐地我们就萌生了一个搞儿童民族音乐普及音乐会的想法。我们准备了二胡独奏、笛子独奏、唢呐独奏,还有合奏曲、独唱等,加起来有一个多小时,排练好了就到学校去送音乐会上门。在演出开始之前,我们会给孩子们介绍本场演出的每一样乐器,介绍乐队的声部构成,让孩子能够看得懂。再比如二胡独奏的节目,开始之前演奏员会先介绍二胡的结构、性能。这样一台音乐会和普及民乐知识结合起来,是非常受欢迎的。当时有一个电子琴独奏,演奏的是动画片《阿童木》的主题曲,小朋友对这个都特别感兴趣,每次音乐一起大家就很带劲地在下面跟着打拍子,一边拍手一边唱,特别开心。另外我们还把一些世界名曲,以及我们的作曲、指挥、演奏员创作的曲子,编成合奏曲的形式,连贯起来又是一台音乐会。那时候我们是很大胆的,在木偶剧团专门腾出两个大的房间,乐队在阁楼上演奏,下面就开起了交谊舞会,也对外开放,反响还很热烈。所以在录音的同时我们并没有闲着,还是做了很多事情。

采访人:乐队最后解散了,也是因为演出改了录音的形式吗?

赵玉美:最终的解散也是有各种各样的原因。当时我因为去读书,不再担任乐队队长的职务,新的队长认为没有太大的必要把乐队再保留下去,但是又觉得直接提出解散乐队可能不合适。正好那时候遇到剧团领导改选,候选的两个领导一个主张保留乐队,他认为有乐队当场伴奏效果更好,就算用录音,乐队也不是白养的,还是做了大量的工作,像儿童音乐会、舞会什么的也产生了很多经济效益;另一位候选领导就认为从经济效益的角度考虑,还是把乐队解散更好。最终是后面这位领导竞选成功,刚好他的想法又和乐队队长不谋而合,于是我们的乐队就这么就散了。

虽然小小的一支木偶剧团乐队在文艺界是不起眼的，但是我们的乐队也曾经和一流的民族乐团同台演出，民族乐团对我们也是认可的，这就说明了我们乐队的演出质量。

毕竟是经过了那么多年的逐步壮大才形成这样一支乐队，一下子就解散了，当时大家都很心疼，也很遗憾。但既然是领导做出的决定，大家也都服从了。当时安排人员，我分到了舞蹈学校，其他有的到了昆曲团，有的到了音像资料公司，大部分还是留在木偶剧团，但是改行了，做档案的、搞剧务的、跑业务的……基本也都安排妥当了。

采访人： 您在木偶剧团那么多年，对木偶艺术和木偶剧团有着怎样的情感？

赵玉美： 讲起木偶剧团，我在那里毕竟工作了整整20年，最好的青春年华都在那里度过，所以是很有感情的。

在分配到木偶剧团之前，我对木偶可以说是一无所知。过去我们在附中经常会看歌剧、芭蕾舞剧、各种世界一流的音乐会，眼界应该说是比较开阔的，所以一开始对木偶的印象就觉得它属于比较民间的艺

《红宝石》剧照

术形式,并没有太多认识。但是后来进入木偶剧团工作,自己付出了劳动,接触时间久了以后,才感觉到木偶艺术能够流传至今,而且在孩子们的心中始终那么受欢迎,确实有它独特的魅力,而且是其他剧种、其他艺术形式所不可替代的。

我们过去常演的《红宝石》《孙悟空三打白骨精》可以说是在木偶剧历史上登峰造极的一个阶段,很多观众,包括我们自己身边的亲戚朋友那时候都去剧场里看这几个演出,而且评价都非常高。到国外演出,反响也很热烈。所以,我们是一步一步看着木偶剧发展得越来越好的。当然,我相信木偶艺术还有很大的提升空间,在我们之后学馆培养了很多新的演员,一代胜过一代,肯定各方面都会越来越好。

(采访:陈　娅　整理:陈家彦)

我一生都在玩木偶

——赵根楼口述

赵根楼，1942年出生。1960年考入中国福利会儿童艺术剧院学馆三班学习表演专业。1962年调入上海木偶剧团边工作边学习，1963年正式参加工作，担任剧目的表演，参加木偶剧团演出。后改任编剧、导演，并担任多期学馆及大学木偶班的教学与管理工作。

采访人：赵老师，首先请您做下自我介绍。

赵根楼：我叫赵根楼，出生在1942年。我的老家在浦东农村，我父亲在上海工作，我妈妈在农村，所以我是工农子弟。我读小学一年级的时候是国民党统治时期，到二年级的时候就变成新中国了。等到了高中的时候，国家提倡"文艺要招接班人"，于是到我们乡下来招生，我是那个时候进入了文艺界。

采访人：请问儿童艺术剧院的招生过程是怎样的？

赵根楼：这个说来话长。我在浦东的张江中学读书。我家里一直希望我考大学,而且我当时对艺术是一窍不通的。我不会说普通话,也没看过什么戏,更不会演戏,从来没有过搞艺术的念头。我从小喜欢理工,想考理工学院。1960年初夏,突然学校里来了好多不一样的人,男女都很漂亮、很时髦。在我们农村看到很时髦的人来了就挺新奇的。而且我们校长、教导主任等都在教室外面转悠。我们的教室很好,四面都是玻璃窗的。同学们都不知道他们是什么人。到了第二天早上,学校广播了,以下同学到大礼堂集合,第一个名字就报到我。当时倡导文艺要大发展,就是说无产阶级文艺接班人要对工农兵子弟开放,有这么个指示,所以那个时候好多单位都到农村来招生。

我不会说普通话,那个时候我们张江中学的老师和学生都不会说普通话。我们都说浦东本地话,读书也是用浦东话读。招生的老师让我用普通话朗诵一篇诗词,我不会说普通话,以为卷着舌头说就可以了,我就卷着舌头念了,他笑笑。第二天通知我到县里去复试,我就去了。老师问我:"你想考哪里?"我不知道,是我们老师叫我们来考的啊。他说:"你看这里这么多单位,你想考哪里?"我说不知道,又问他,"你什么单位的?"他说:"我是中国福利会儿童艺术剧院,你知道不?""不知道。""我们拍了一个电影叫《地下少先队》看过吗?""没看过,"接着我说,"我就考你们吧,你要不要我?"他说:"你要是考我们这里,很快就知道你有没有被录取。"

其实我当时对这件事一点都不上心。过了两天接到通知,说要到上海复试一次。一共去了三个男孩子,都是我们学校的。我是本地人,我记得其中有一个同学是启东的,还有个年龄虽然比我稍大一点,但是他比我小三级,我高三他初三。因为他爸是部队的领导,他爸爸被转到哪里,他就跟到哪里去读,所以耽误了学习。我觉得他肯定没有问题,因为他是山东人,家里说北方话。当时请了谁考我们?任德耀,他是中国儿童剧的鼻祖。具体的台词是让当时上戏著名的台词教授朱铭仙老师来辅导我们。朱老师问:"你知道我是哪里人吗?"我说不知道。然后朱老师用本地话说了:"我是浦东三林塘人。"她用上海话说,我们浦东人是可以说好普通话的。最后那个启东的同学没有被录取,只剩下我们两个进来了。

还没进的时候,我就跟家里说了,我要到上海去了,去学戏曲。我奶奶首先就反对,她是个小脚。"当戏子?不去!"然后我妈也不让我去。那个时候在她们心目中,做戏子是很低档的。我就跟校长说,我们家里不让去,我就不去了吧。但是不行,通知都来了,不能不去。我说我们家让我考大学,真的不去。它是中专嘛,我都高中了,还反过来读中专干嘛?我要读大学。但当时上面不让你考你肯定考不了的,没办法,就只能去了。1960年7月18日,我去儿童艺术剧院报到了,开始步入新的人生旅程。

采访人: 您在儿童艺术剧团学了什么呢?

赵根楼: 声、台、形、表等都学。我的普通话很差,听不懂老师在说什么。当年有一本辞典,叫《汉语拼音字典》,它没有任何解释的,就告诉你这个字是什么音。我就买来,一直揣在口袋里,用坏了三本。我整天死啃,这个字是怎么念的,拼命地找、拼命地学,慢慢地我的拼音就非常好了。第一学期朱铭仙老师给了我5分,她说我的台词进步太大了!我的表演老师姓曾,曾老师是我们表演上的启蒙老师。形体课我就不擅长了。我个子很高,骨头有点硬,劈腿的时候骨头直响。不过我们还是挺能吃苦的,虽然质量不高,毕竟我们不是专业搞舞蹈的,但是能坚持下来。同时我们还要学一点文化课,我们班的水平是参差不齐的,有小学生、初中生,也有高中生。我们这一个班60个人各个专业都有,有话剧表演、木偶剧表演、舞美、音乐等,并涵盖了上海木偶剧团的一批学员。

采访人: 您是如何进入上海木偶剧团的?

赵根楼: 历史原因,我的基础太差,因为没学过。我一来以后就知道我完了,我的很多同班同学都非常厉害。比如郑如桂,她从小给上海美术电影制片厂配音。你说我能跟他们比吗？没法比。学了一年以后，要甄别一批。甄别了几个，留下几个，我既没被甄别又没留下，我不知道什么意思。那个时候有好几个人是这个情况。老师说："你们这些孩子，学话剧恐怕有点问题，发展前途不会太好，现在上海木偶剧团需要人，建议你们改专业，去学木偶表演。"大家都号啕大哭，哭得要死要活的。我没有哭，那个时候很单纯的，绝对没有什么名利思想，特别我们农村出来的更单纯。我觉得有什么好哭的？后来大家还是改专业了。第二年，也就是1961年的下半年开始改学木偶。

1962年放暑假的时候，我发现不对头，好像要甄别很多人。我就有点按捺不住，就问老师，是不是要走一批人？他说："你不问我就不说，你问我就告诉你。对，要甄别一大批人，原则是哪里来的回哪里去。"我心里非常不高兴，我当年不愿意来，让我来，我要考大学也不让我考，到你这儿来了以后，又被弄回去。我这个人不太容易生气的，那次我很生气。我心里非常明了，很多地方我不及我的同班同学，因为时间实在是太短了。后来我就写了一封信给了任院长，整整六页纸，阐述我的一些想法。我不知道甄别是什么意思，也不知道为什么要甄别。我当年不愿意来，你们现在又叫我回去，耽误了我整整两年，如果我当年考大学，我今天已经大二了，早知今日何必当初？我说，我不想回去。当年如果提到"回去"，会有一些其他的含义，就是你肯定是犯错误了，比如被打成"右派"。我没犯错误干嘛要回去？我说请院长安排，让我到部队文工团继续学习，我不怕苦不怕累，再不行我愿意到北大荒。后来那次开会，宣布谁谁谁走，谁谁谁留，真的是大动作了。留的人不是很多，也就十多个吧。然后到我的时候，领导说，赵根楼的事情再议，先留一留。我就一个人在剧院里待着，老师过来说："在我们的努力下，你还是留下来了，但是我跟你说，你在艺术上是没有发展前途的，你先跟大家学着，以后搞点业务行政之类的。"我也不懂，就问老师什么叫业务行政？老师说是舞台监督、剧务之类的。我说，好吧，老师，我先回家去。

我老家有一片从小陪伴着我的小竹林,很干净,我们南方每家每户后面都有小竹林。那时候是夏天,我就搬了个凳子,拿一把躺椅,借了两本书,一边看书,一边思考人生。我将来应该怎么办?从来没想过,这次开始想了。在我的去留问题上,有一些老同志说,赵根楼同学还是很不错的,感觉也不是很差,主要是他的基础差,不是他不用功,这个孩子不错的。这说明我虽然很用功,但是我还是有很多地方比较差。想了几天以后,我决定恶补,主要方向是补我以前不知道、没看过的内容。

待了几天以后,我跟奶奶说我回去了。放暑假回去干嘛?我到剧院里看戏、排练。我到上海以后,最多的一天,可以看六七部电影。那时候电影多得不得了,小礼堂、文化馆等都有放电影的,各国的电影都能看到。八分钱、一毛钱一张票,很便宜。那个时候戏也很兴盛,全国大大小小各种剧团都会到上海来演,都会有招待票,我们传达室有厚厚一叠,自己拿就行了。好的、不好的,懂的、不懂的,我都看。这样无形中补了很多课。再一个,看书、读书。我几乎把我们那个小小的图书馆里存有的古今中外的名著都啃遍了。另外,我也练习写作,偶尔也会在报上发篇小文章。我想靠自己来开辟我新的人生道路。1964年毕业以后,我被分配到上海木偶剧团。

采访人: 所以您不是1963年正式工作,是1964年?

赵根楼: 算1963年。当初编制上是这样说的,学制四年,但是算的时候算1963年,所以工龄是1963年开始的。其实我们当初正式毕业是1964年,前一年已经回团实习了。

采访人: 您学的第一个戏是什么?

赵根楼: 我学的第一个戏叫《小放牛》,钱时信老师教的。那是内钎的,钎子在里面,外面是看不到的。它是根据李玉茹的京剧《小放牛》移植过来的老戏,挺好的,现在没人会演了。还有《萧何月下追韩信》《兔子和猫》等,我记得周渝生演兔子,黄大光演猫。那时候我们这批人就已经可以去参加演出了。

团长张真在领着大家讨论剧本（右一赵根楼，右二陆建华，右三张真，左三钱时信，左二陈志秋，即童丽娟的爱人）

采访人： 那个时候的舞台相对比较简陋吗？

赵根楼： 比较简单，舞台也很小，是在仙乐剧场。最早是一个舞厅，是外国人维克多·沙逊搞的，但是这个舞厅在当时来说是一流的。据说以前一些达官贵人喜欢去那里玩，比如蒋经国等经常来的。到了1953年8月，舞厅停业改称"仙乐书场"，经过改造，设有座位612个。1960年改为木偶戏专用剧场时扩大了评弹演唱舞台，台口装上高3米、宽6米的活动台口供演出木偶戏用。上海木偶剧团成立的时候，找专用剧场，发现这个地方很好，外面有片广场，为了孩子的安全，车可以进来集合慢慢走，所以就进行改建，将它改成我们上海木偶剧团的专用剧场。剧场虽归属上海木偶剧团，仍兼供评弹演出。

采访人： 上海木偶剧团是成立于1960年6月1日，它成立前后的故事您了解吗？

赵根楼： 知道一些。为什么会成立上海木偶剧团？当年政府有关部门调查研究以后发现，上海有两百多万少年儿童，其中有很大一部分是没戏看的，课外活动很少。上海有京、昆、越、沪、淮等戏曲，还有话剧、交响乐、歌剧、芭蕾舞等，但都不是专门给小孩看的。所以文化部门找任德耀院长商量，说能不能成立一个木偶剧团，专门演出给小孩看。在解放初期，木偶剧团很多的，号称"三星五乐"。其中有一个剧团叫红星木偶京剧团，长期在大世界演出。国家以此为班底，再从别的单位比如越剧院等调了些人过来，就成立了上海木偶剧团。为什么成立日期是6月1日？非常明显，上海木偶剧团的宗旨是为少年儿童服务的，这在全国来说是比较早提出这个口号的。木偶剧不等于儿童剧，它们完全是两个不同的概念，但是儿童喜欢木偶剧这是事实。

上海木偶剧团成立的这个班底，说是上海红星京剧团，但其实那些老艺人不是上海人，而是苏北人。他们大部分是来自江苏泰州、泰兴的民间艺人，农忙的时候种地，农闲的时候到外面跑码头。那个时候我们叫他们为"老八哥"，当时是以"老八哥"为基础成立了上海木偶剧团。成立之后，同期就招了一批学员。因为上海木偶剧团刚成立，业务上比较弱，所以文化局委托儿艺在业务上面代管，当时儿艺的任德耀院长协助帮忙。这是两个系统，儿艺是中国福利会系统，上海木偶剧团在行政上属于上海市文化局。当初为了庆祝上海木偶剧团成立，任院长还亲自搞了一个戏，叫《猫姑娘》，还调了一批人过来帮忙排练这个戏。第一批和上海木偶剧团同期诞生的年轻人，在以后相当长一段时间里，是我们剧团的生力军。

采访人：所以说其实那个时候上海木偶剧团和儿艺的关系是非常紧密的？

赵根楼：对。我一直住在儿艺的宿舍，直到1965年才回来。如儿艺的金安歌等，我们当时都住一个房间，关系非常密切。金安歌的爱人俞红跟我是同一个班的。

采访人：当时演出的设备比较简陋吗？

赵根楼：当时的各种设备还停留在20世纪60年代初的水平，设备

《猫姑娘》剧照

很一般,比较落后。我们演出是现场配音的,没有录音,很多都是自己操作自己配音。当然有些主要角色也是需要多人操作的。比如说演一个女主角,但是操作木偶的是男演员,那么势必要一个女演员来配音,这就是专职配音。不能同时承担木偶的配音和操纵这两个任务的情况下,只能由两个人来完成这一个角色。我们现场一般都是用那种老式话筒,台上装一个、旁边装一个,台下一般左中右三个话筒,用来现场配音。而音乐有用录音机录磁带的,另外有我们剧团小乐队。差不多到了20世纪70年代以后,上海木偶剧团乐队就慢慢发展起来了。在此之前我们的乐队挺简陋,因为"老八哥"以前是唱京剧的,二胡、扬琴、琵琶、唢呐等就组成了小乐队。灯光、舞台效果则完全谈不上,传统戏不讲究这些东西。后来引进了新文艺工作者,专业的儿童剧导演、话剧导演等都介入木偶戏创作以后,想象力,以及对专业的要求,就发生了很大的变化。上海木偶剧团1960年成立前后大致就是这么个情况。

采访人: 请和我们说说您的表演经历吧。

赵根楼: 我的表演经历比较短,曾经学过《小放牛》《萧何月下追韩信》。基本功是跟我们同班同学一起学的。那时候的基本功没像我们现在要求那么高,是钱时信老师自己研究的十个动作,我们叫它"木偶广播操"。钱老师是个老艺人,精通操纵木偶,演艺生涯的后期,在木偶特技方面也是非常厉害的,全国都闻名的。为了教学,他自己总结经验,编了十套动作,教了我们一年。然后团里开始排《兔子和猫》,有的时候需要我们去帮忙,比如跑跑龙套。我作为演员,演的最多的是"小分队"。当初剧团排了一些小节目,主要是为了送戏到学校。后来很长一段时间,这成为上海木偶剧团的一种标志性风格。我们踩着三轮车、黄鱼车,拉着布景还有木偶道具去,今天到这个学校,明天到另一个。

采访人:小朋友反响怎么样?

赵根楼:非常好。因为那个时候,也没有太多小孩子可以看的戏。小孩子有喜欢玩耍的天性,而木偶是带有玩具性的,所以很受欢迎。而且那个时候,为了达到更好的效果,我告诉打前站的人,让每个学校的辅导员收集具有代表性的好人好事。下午差不多四五点钟演完后,我就马上回到宿舍写稿子。明天有四个学校的话,我必须写四篇现场表演的稿子,有对口相声类的、快板书的等等。我把孩子的材料写成这样一个东西,第二天现场演,效果很好。所以我几乎每天都很晚睡觉,有的时候累得我牙齿都肿了。虽然是小东西,但是我很重视。那时候我还是演员,虽然自己在编一些小段子,但是还没有当编剧的想法。

采访人:当时属于业余爱好?

赵根楼:对,因为没人做啊,只能我自己做。我是小分队队长,当然由我来做了。所以那一段时间,大概差不多半年多的时间,一直到1966年"文化大革命"开始之前,我一直在虹口区和杨浦区为孩子们演出。

采访人:《南方少年》中您演了谁?

赵根楼:剧中故事发生在越南战争时期,我演美方的一个狗腿子。后来上海美术电影制片厂把它拍成了电影,我们也参与了。

采访人： 舞台上演木偶，和在电影里演木偶，有什么不一样？差别很大吗？

赵根楼： 差别很大。看录像和现场看木偶戏完全不是一个概念。把木偶剧原封不动拍成录像片的话，还原得再好也还是不一样的。特别像我们木偶戏里的有些东西，观众亲不亲临现场，得到的感受是完全两样的。所以，我认为电视、电影等，那是科技艺术，是由于科技的发展派生出来的新艺术品种，跟观众在同一空间进行的现场演出是两个概念。我们现场舞台艺术是不一样的，演员能够和观众直接交流。经过这么多年的发展，把舞台剧搞好是很不容易的，如今要把好的作品奉献给观众也很难。我记得以前的优秀话剧是很多的，几乎每个剧都能被改编成一个电影出来，特别是我们上海人艺（上海人民艺术剧院）的。现在呢？很少了。题材越来越窄，创作方面也不怎么有新意，弄来弄去就是三角恋爱，或者说像现代《雷雨》一样，搞了半天，男女主角是哥哥和妹妹的关系，再就是继承遗产的问题，或者是商业战。

仙乐剧场门口广场留影（后排左六为赵根楼）

就这么几个题材，涉及不了太好、太大的东西。所以我觉得中国的电影电视面临着如何改革、创新、发展的问题。我个人感觉舞台木偶剧这几年发展得比较快，有很大的突破。可以说，木偶受到了全世界很多观众的欢迎。我的演出生涯，加起来最多也就两年。后来我偶尔也会去上舞台。为什么呢？哪个演员倒了就是我去顶，所以《小八路》里的所有主要角色我都顶过。因为我是导演，要调度全场，总体的动作我都知道。

采访人：您后来怎么会转做编剧？

赵根楼：可能这也是一个历史的机遇吧。1966年"文化大革命"开始，也没有什么戏好演的。他们动员我参加什么派，我不参加，依然悄悄看我的书。后来有毛泽东思想宣传队，让我帮忙创作些节目。为什么找到我呢？我们原来的老编剧、老导演，因为历史上或者个人的身份等原因，都关牛棚了。当时上海木偶剧团先搞了一个毛泽东思想宣传队，是用木偶宣传的。那个节目火得不得了，好多单位抢着要接上海木偶剧团去演出。

一年多以后，我们几个年轻人就想搞一个大戏，把《小兵张嘎》改编过来。1968年5、6月份的时候，团里决定派我们三个，加上两个业余工农作家一起创作。他们大一点，我们三个是同龄的，那个时候我26岁。我们奔赴北影厂，想要《小兵张嘎》的台本，也没要到。当时接待我们的是葛存壮老师。后来通过关系找到一本台本，我们就直接上了保定，想从保定进白洋淀。

后来我们拿着介绍信到县里，再到乡下。我们说，我们就吃在你们那儿，住在你们那儿。接待我们的人说，住没问题，吃不行。他一定要让我们自己开火，说你们上海人吃这里的东西可能不习惯，那也没办法，只能自己起火。那个时候用的是全国粮票，在粮管所去换。换的什么？一个月的30斤粮票，给了我们27斤棒子面，就是玉米面，不是细腻的玉米面，很粗。后来，我们好几个人都吃得生病了。没有菜，做饼子我们也做不好。然后变成一天吃两顿,都是吃像浆糊一样的东西,配着糖醋黄瓜吃。老百姓反正是啃咸菜、窝头,我们也就这样了。洗澡的话,我们问老乡借了船到白洋淀里洗澡。白洋淀很大,芦苇荡里面很隐蔽。洗着洗着,我突然想起来,这里应该有捕鱼的吧?这么大地方应该有鱼虾吧?洗完之后我们就靠边看看有没有渔船。后来看到在我们不远的地方有卖鱼的。我就去问了,我说,"你这鱼虾卖不卖?""卖啊,怎么不卖?"我说我们买一点可以吗?"可以啊。""我就买一块钱吧。""一块钱那么多?你拿个脸盆来。"他给我们装了一脸盆。从此慢慢地,我们就有鱼吃有虾吃。

我们在那儿待了个把月,把初稿写好再回上海。差不多七月份正式开排。八月,我在解放剧场排练,突然来了很多人,后来才知道是工宣队。最后是在国庆节的时候正式公演的。这出戏得到了大家的肯定。那时候,上海民族乐团没事干,就帮我们现场伴奏。很多戏不让演的,所以好多剧团都很空。而且当时如果要进样板戏剧组是要经过审查的,不是谁都能进的。从此我就开始走上了木偶编剧导演之路,开始新的事业道路。1968年开始,领导也不让我参加什么演出,让我一门心思搞创作。团里有个创作室,也没几个人,老的还不让进,只有一个年纪比较大的中年人,他是上戏毕业以后分配到我们这儿来的,大多都是年轻人。到了"文革"后期,陆陆续续有大学生分配来,丁言昭、王建华等,包括儿艺最早的副院长孟远也调到我们这儿来,陆扬烈是从《萌芽》来的。那批人都是单位不要的,让他们去厂里"战高温"。很多人觉得不习惯,所以有的人还是千方百计想回来。上海木偶剧团本身人手不够,借着这个当口,从乐队到创作等各方面,吸收了好多人进来,补充了很多的力量。所以从那时候开始,创作方面风生水起,剧目比较多。

我记得《小八路》之后,排了一台歌颂毛主席的小节目,后来又把《闪闪的红星》改编为木偶剧。中间我搞了一个戏,叫《东海小哨兵》。为什么会搞这个戏呢?那年发生了一件事情,外交部给我们剧团一个任务,巴基斯坦总统齐亚哈克向我方提出,他们国家要成立国家木偶剧院,希望我们能帮助他们培养人才。这个任务转来转去就到上海木偶剧团了,最后就叫我去负责这件事情,担任助教。我把钱时信老师的十套广播操拿出来,再稍微改良了一下,教大家。后面总要排个戏吧?"文革"期间,很多戏没法弄,想来想去,想到了当年有一个《东海小哨兵》给枪毙掉了,文化局领导审查没通过,不许演。后来我就跟文化局打了报告,要求排《东海小哨兵》,他们同意了。然后我就排了这个戏,让学生毕业的时候演这个戏。1979年,第二批巴基斯坦学员又来了,团里还是让我去负责教学工作。他们就来了十个人,所以我带了几个学生一起配合教学。这一批学员毕业回去的时候,排了《孙悟空三打白骨精》,也很成功。毕业典礼在锦江饭店的对面举行,以前叫文化俱乐部,开了200人参加的中外记者招待会,比较隆重。后来到了北京,巴基斯坦大使也请我们聚会表示感谢。现在的巴基斯坦国家木偶剧院的院长,就是由第一届来华进修的学生担任的。从1968年开始,我就主要从事编导工作,中间大大小小搞了有几十个比较成功的木偶作品。

采访人:请说说《孙悟空三打白骨精》这部剧吧。

赵根楼:《孙悟空三打白骨精》,是我根据同名绍剧改编的。这部剧是在一个特殊的历史时期创作的。1976年10月6日"四人帮"被粉碎了。我们就想排个戏,选了绍剧《孙悟空三打白骨精》。领导让我把这个剧改一下,移植过来。我根据原著进行了一些改编,其中很重要的就是把唐僧赶孙悟空的那段戏进行了重新创作。怎么创作呢?在绍剧里,有猪八戒要分财产什么的情节,有点逗趣。而我想更突出孙悟空对师傅的忠心耿耿,对取经大事不敢懈怠的精神。所以,我紧紧围绕着孙悟空的坚韧、忠贞、心怀取经大事这一点改编。白骨精使诡计,说佛祖生气,降下圣旨,难取真经,唐僧很害怕。孙悟空告诉他,这是妖魔作怪,是假的。唐僧说:"你满口胡言,你走吧,回花果山。"无论怎么劝说,唐僧也不听。孙悟空没办法,拉着师傅的袈裟说:"师傅,我走了,你要多加保重,师傅在上,受徒儿一拜。"唐僧眼睛一闭:"免了!"然后孙悟空浑身颤抖倒在地上。这个时候我写了一首词作为伴唱,"依依难舍师徒情,双脚尤似挂千斤,千般凄楚强忍受,只盼冰消雪迎春"。当初伴唱的人都流眼泪了。在演出的早期,这个歌一出来,从演员到观众都会流泪的。孙悟空如此忠心耿耿,为了取经大事鞍前马后、降妖伏魔,但是师傅还是把他赶走了,这一段很令人感动。原著里没有这个词的,是我当年自己写的。

当年郭沫若看了这部剧以后写了一首诗,曾在报上发表的。毛主席也看了《孙悟空三打白骨精》,他见郭沫若写了这首诗以后,也写了一首诗,叫《七律·和郭沫若同志》。郭沫若写的那首里有一句话毛泽东是不能同意的,就是"千刀万剐唐僧肉",意思是一切事情都是由唐僧引起的。毛主席不是这样认为的,他怎么写的呢?"一从大地起风雷,便有精生白骨堆。僧是愚氓犹可训,妖为鬼蜮必成灾。金猴奋起千钧棒,玉宇澄清万里埃。今日欢呼孙大圣,只缘妖雾又重来。"毛主席认为,白骨精才是敌我矛盾,是我们要解决的重点,唐僧只是阶级斗争观念不强,或者是比较模糊,但不是主要矛盾,主要矛盾是敌我矛盾,是白骨精。

在《孙悟空三打白骨精》里,我们第一次比较完整地把杖头木偶的一大缺点改良了。杖头木偶是没有腿的,而在这部剧里孙悟空有了两条非常灵活的腿。孙悟空是我师弟陈为群演的,脚是他夫人打的,珠联璧合,非常精彩。我后来为此写过一篇文章——《杖头木偶天下第一脚——孙悟空的脚》。这部剧里还有一个很大的突破,就是木偶的特技运用得非常好。当年我把需要特技的一些地方告诉钱时信老师,他负责特技制作。可以说上海木偶剧团的特技技术,从全国木偶界来讲,那绝对是属于一流的,很精彩。

这个戏当年排演以后,请了中央工作组过来。上海是"文化大革命"重灾区,中央派了以苏振华为团长、彭冲为副团长的工作组来

《孙悟空三打白骨精》剧照

上海主持工作。我记得是1977年春节以前,大概是2月18日,请他们来审查。审查完了以后,没有明确表态,结果需要请示中央。我们等他们定通知,中央答曰:"内部公演。"内部公演的票是非常紧张的,四张舞剧《小刀会》的票换一张木偶票,很多人在门口排队。全国很多木偶界的剧院、剧团都在下面看戏,画的画、录音的录音,其实我看见了,他们也不跟我打招呼,不好意思嘛。所以这个戏后来陆陆续续就在全国各地演出了,那是公认的黄金时期。"文革"后,还没有完全放开的时候,传统戏不让演,也不敢演,"才子佳人"的题材更加不敢演。我可以说,全国第一个敢搞这个传统神话剧的,就是我们上海木偶剧团。一直过了很长时间,才允许登报、公开宣传。后来上海恢复政治生活,人大政协会议召开的时候,要请代表看戏的,市政府决定给代表们看的第一个正式节目,就是我们的木偶剧《孙悟空三打白骨精》。当时很多文艺界的代表都来看戏,这是我们比较成功的一个戏。

采访人：《孙悟空三打白骨精》这部戏在特技上有什么特点？

赵根楼：举个例子。一打村姑，白骨精化成一缕青烟在舞台上飞走了；二打老太婆，在舞台口飞成S形的；三打老头，老头出来以后，直接从舞台台口飞过观众头顶上到后面去了。观众觉得非常兴奋。变老头以后，孙悟空下来说，"妖怪！"只听声音不见人，只见木偶是从观众头顶上往舞台上下去的。以前不大出这种特效，所以效果很成功。另外，我们最后让"大孙悟空"出来，是真人扮演的。孙悟空有个金箍棒，是在耳朵里的。那怎么弄呢？我们设计了一个非常巧妙的环节，耳朵一掏，往空中一扔，空中出现一个金箍棒，非常精彩。很多院团要做金箍棒都找钱时信老师。木偶特技在这部剧里发挥了很重要的作用。

采访人：能跟我们说说《哪吒神遇钛星人》创作前后的故事吗？

赵根楼：1992年，文化部发通知，要进行全国木偶戏会演，在北京举办。这个通知发得早，1991年就发了。我中间去过一趟日本，回来以后，正好碰上这件事。我们创作组的人员还是挺多的，最多的时候我们上海木偶剧团创作室有三十多人，含编剧、导演，包括技导、舞美设计、造型设计等。剧团让创作室讨论，拿什么剧目去参加比赛，大家七嘴八舌，反正什么主意都有。我当时没说什么，后来领导就单独问我，你怎么不说话？我说我也没想清楚，但是有一点我想知道的就是，所谓会演比赛嘛，总要知己知彼吧，你知道人家外面一些院团在搞什么吗？领导说不知道。我说我知道一些，总体上，依然是一片传统。所以在传统方面我们是弱项，我们要搞我们的强项。我接着问，钟晓婷来过吗？领导说，小钟她说了一点，有个叫《哪吒回故里》。我说不一定回故里，可以把哪吒这个神话人物和现代的科幻相结合。我提了这么一个建议，他们说好，然后就明确，钟晓婷编剧，赵根楼导演，组织一个创作班子。一直到1992年的五、六月份，戏还没开排，但是北京方面规定6月22日前要送录像的。但是我们还没排戏呢，因为演员还在美国演出，就请文化局跟文化部打招呼。

当时这个剧本出来以后,一片哗然,说上海木偶剧团怎么回事,怎么会排这个戏去参加比赛?包括我们的老团长也说,赵根楼很聪明的,但是为什么要排这个戏?这个戏没法排的。消息传到外面去了,因为有的同志在帮外面的剧团排戏。他们问,上海木偶剧团拿什么戏啊?什么哪吒,什么玩意儿?这次赵根楼要砸牌子了。这样的说法很多。但是我依然坚持排,一直排到差不多8月20日,因为9月22日就是正式会演。到了8月20日我们的戏就有点意思了。全部到位以后,先进行内部排练。彩排的时候,请了上海的各界人士悄悄来观摩,然后开了座谈会,评价还是可以的,比较中肯的。大家说这个比话剧好看,比戏曲好看。

为什么我坚持排这个戏呢?因为这个戏最终的效果是变成了一个现代的科幻剧。这个戏说的是什么呢?太空中有一个星球,科学高度发展,但是不注意环境保护,没水了,引起了整个星球灭亡的危机。然后他们往太空的其他地方派出宇宙飞船去寻找水。其中一个宇宙间谍说地球上有大量的水,然后他的父亲,也就是宇宙飞船的船长,率领宇宙航空队的队员来到地球,放出高科技的汲水器,只见海水一下子就快没了。"不得了啊,东海的水没有了,不知道哪里来的妖魔,再弄下去,这里就要变成虾条鱼片干了。"龙王大喊,何方妖魔!哪吒一看,果然有问题,就想办法。这部戏就是围绕这个主题展开的。最后是哪吒把水弄回来的,东海的水恢复原样。哪吒陪钛星人回去,去看看到底怎么回事。结果到了那个星球,满目疮痍,他心里面感慨万千,当场莲花化雨,拯救了钛星球。大致就是这么个故事。这部剧里面有宇宙飞船,竖立在舞台上面。到起飞的时候,音效、灯光、喷火等一起发挥作用,很震撼。领导来看戏时也大大地表扬了我们一番。评委肯定枪打出头鸟评嘛,把这个戏评得一无是处,说这个毛病、那个问题。到最后结束了要评奖,他们又反过来说,现

排戏

在看了一下,这个戏不得奖,还有什么戏好得奖?这个戏从大局上面还是过得去的。所以第二年,有一次回家打开报纸一看,我得了文华导演奖。那时候全上海只有我一个。年底的时候,我到人民大会堂去领奖的,场面非常隆重。

采访人: 请说说《华山神童》排演前后的故事吧。

赵根楼: 1997年有个戏叫《华山神童》。我正要写的时候,报纸上登了一则消息,京剧院准备排练《宝莲灯》。我爱人就说:"你不要搞这个了,人家京剧院搞这个,你搞得过人家吗?"我说他搞他的,我搞我的嘛。所以我后来改编了一下,把镜头对准沉香。从他父母谈恋爱、相好,到他出生,然后被玉皇大帝扔出天庭,中间被神仙救下,吃着老虎奶长大,神仙教给他功夫,镜头一直围绕着沉香。后来这个戏演出的时候反响非常好。有一次,正好碰到学校组织学生看戏,校长们都在。他们说,这个戏的宗旨是这样的,孩子要孝敬父母,要懂得报恩。校长说,好戏,一个孩子如果连父母都不爱,还会爱国吗?

《华山神童》剧照

采访人：《华山神童》之后，您还排了哪些戏？

赵根楼：1995年的时候，我搞了一个小戏，叫《太白醉书》。在这之前，舞台上是没有木偶现场表演书法写字的。1993年我突发奇想，在《哪吒神遇钛星人》之后写的《太白醉书》中加一点小节目铺垫：李太白在很大的月亮上写一首诗，"白发三千丈，缘愁似个长，不知明镜里，何处得秋霜？"当初演的时候人家不相信，以为是用电脑做的。这怎么可能呢？怎么可能现场用毛笔写呢？后来到后台一看，有人用毛巾在擦月亮。因为那个月亮是特殊的，闪闪的笔拿在木偶手上表演，演出中间还蘸了一下墨的。这个小节目开了杖头木偶现场表演书法的先河。

还有一个小节目，叫《玉兰飘香》，我们上海的市花就是白玉兰。那个木偶是我进行改造的，是完整的跳芭蕾舞的形象。它包在白玉兰的花苞里，到花苞绽放的时候，玉兰仙子就起来跳芭蕾舞。木偶用脚尖跳舞，能踢腿能蹦腿，什么动作都能做。而且还能从这片叶子跳到那片叶子上，从地上飞到叶子上面。还能把花蕊拉出来，拉出来是一个五线谱,在线上进行表演。这个剧在当时也是影响很大的。

另一个小节目《高山流水》,体现了偶人双绝。我设计了一个环节,演员操作木偶的手,也就是那双木偶的手,现场在真的古筝上面弹一曲《高山流水》。这个是很难的,因为木偶的手是硬的,按上去要滑掉的,而且弦音也要准。后来想了个办法,把木头手做成V字式样的,进去肯定到这里边。但是木头碰到琴弦会产生一种杂音,所以后来我让他们模仿真人。工作人员用汽车轮胎内胎的橡皮把它包起来,这样就有点肉感了,也不会产生杂音。这样练了好久。同时,我们在旁边用国画形式画了一幅高山流水图,规定要在六分钟的剧目里画完。工作人员不会画国画,是临时学的。

我还搞了一些小的剧目,给时任上海木偶剧团团长何筱琼搞了一个假面舞会。应该是2008年的时候,全国有个中青年木偶皮影技艺大赛。何筱琼跟我说:"我的年龄还可以参加,你可不可以给我搞个戏?"后来我搞了一个假面双人舞,木偶我是请钱时信老师做的。我说我有个节目,你有兴趣合作吗,他说:"那要看你这个创意我满不满意了。"我说你应该会满意的。他说:"你来我家里吧,我好久没吃你烧的菜了。"我就买了一些菜,我们俩边吃边聊,从早上10点聊到凌晨4点,基本确定方案,然后让他去做。木偶做得真不错,最后在衔接上出了点小问题,调整一下,之后就运用得非常自如了。在正式演出的时候,因为还打着灯光,观众一开始真不知道哪个是偶、哪个是人,以为两个都是人,或者两个都是偶。平舞台上没有挡片的,但看不到任何钎子。最后把它拆开,脸都没有的,是一个偶。这个节目最后总分排名第一。

之后我搞了一个大戏,叫《春的畅想》,那是新概念木偶剧,是编剧、导演、作曲、演员等全方位对木偶的理念和创作的一个全新的畅想。它跟我们常规的那种杖头木偶不一样。它有很多都是线条,用线、布、植物、动物等形象来演这个戏。这个戏刚出的时候,有人说这不是木偶戏,特别是外地的老艺术家们。我说,你不要只认为煤油灯才是灯,而日光灯、霓虹灯都不是灯。他们一直以为木偶剧就是那样的。其实不是，木偶有很多很多元素，所以这也是一种探索，是对木偶理念的全新诠释。后面又搞了一个《卖火柴的小女孩》，2003年在广州参加文化部举办的第二届全国比赛的时候反响特别好，这个戏是久演不衰的，现在还在演。

采访人：《卖火柴的小女孩》这个戏出彩点在哪里？

赵根楼： 这个戏同样打破了常规表演方式，借鉴了《玉兰飘香》，用灯光隔离出一个演区，灯光非常亮，使得这个木偶看起来非常清楚。木偶的身材非常完整，手、脚、头都是完整的，由三个演员合作完成一个木偶的表演。所以说表演是非常细腻的，走是走、站是站、躺是躺、哭是哭、笑是笑，动作很到位。但是只有60厘米的演区。这道隔离光幕，我称它为"交叉立体式隔离光幕"。它能把后面的演员隔离掉，观众是看不见后面的演员的。这个戏，第一是视觉效果比较好；第二，我们在改编的时候，运用了火柴，所以很多道具是用火柴的形象来组合的。马都是用火柴棍拼起来的。第三根火柴划燃以后，小女孩快死了，我设计了一个云梯，也是一根根火柴搭起的，送她到天国去。第三，三根火柴划燃后小女孩做了三个梦，这三个梦跟三根火柴是紧密联系在一起的。最后，小女孩临死的时候，划完最后一根火柴，爬着火柴的云梯，朝天堂走去，即将走完她苦难而短暂的童年，一步步朝着已经失去生命的父母走去。音乐、动作、表演、语言朗诵、画面等巧妙组合在一起。

这个戏后来到其他地方演出，都是非常成功的。在北京演的时候，据说丹麦大使也看了，现场就发言说全世界有各种各样的艺术样式来演绎《卖火柴的小女孩》，但是这之中，上海木偶剧团无疑是最优秀的，他邀请我们第二年参加"纪念安徒生诞生200周年"的活动。当时我以为只是随口说说的呢，没想到真来请，真去了，而且给我们颁发了一个特殊贡献奖。这个戏2003年在国内正式公演，前几年到成都演出，票卖得像发疯了一样。报道评价说，"这是从东方刮来的一阵蓝色旋风"。

采访人：《终南山传奇》的创作过程是怎样的？

赵根楼：2003年《卖火柴的小女孩》排完以后，我帮陕西排了一台戏，是参加全国比赛的，叫《终南山传奇》。其实它是围绕着《钟馗嫁妹》展开的。我去看了以后，发现它完全模仿北京厉慧良演的《钟馗嫁妹》。木偶旁边还有两个小鬼，在旁边转啊转，转了差不多有一个小时，主要靠一些动作或者是配角在那里撑半天。我看了以后说："到今天你们还在这样模仿，不是上策。真人的腿踢上头顶上是功夫，你这个木偶明显是假的，踢十次也没人鼓掌的，我们要发挥我们自己的特长。我的意见是你这次参赛，作品很一般，不会有什么成绩的。"他说，他们花了很大力气，还请陕西戏曲研究院里的很有名的人来帮着排练了好长时间。我说："那可能他们不懂木偶。"他们把我留住让我帮他们再想想办法。我感觉这事儿太突然了，就让他们给我两三天时间让我想一想。后来我突然想了八个字告诉他们，"思妹、探妹、救妹、嫁妹"。这就有点意思了，这四场戏，想念妹妹，必然要去看她，发现妹妹出问题了，要救，救出来之后，要嫁。院长说："那就请你赶快帮着把戏排一下？"我花了不到一个星期，现场给他们写了一个《终南山传奇》的剧本。最后是过了春节以后再正式开始排练。后来那一年因为"非典"流行，本来在5月份比赛的，后来改成9月份在广州比赛。这个剧获得了金奖，我也得了导演奖。

采访人：请您说说上海戏剧学院木偶班创办前后的故事吧。

赵根楼：上戏木偶专业的创办，要从上海木偶剧团领导的构思说起。他们认为，上海木偶剧团主要演职人员的文化素养和艺术素养要达到大专以上的标准，于是上海木偶剧团想跟上海戏剧学院合作开设本科班。本来不是我去的，因为我不懂教育，后来组织又叫我去。领导说："想了半天，你去好。"我说，我不懂教育的，教育和编导

赵根楼与学生合影

是两个概念，完全两码事。后来他们还是说："你去吧，你去的话我们放心。"2004年，上海木偶剧团联合上上海戏剧学院开创首个木偶专业本科班，第一届只有三十多人报考，最后招录到14人，在上戏莲花路校区。不过，正是这首批14位本科生，毕业后进入上海木偶剧团后表现出众，才引起了社会对木偶专业的关注。到2007年，上戏木偶专业开始每年招生，报考人数也逐年增多。我们是面向全国招生的。同时开设的还有儿童歌舞剧专业，是儿童艺术剧院的顾正勇负责的。以他为主开设儿童歌舞剧专业，我开设木偶专业。

采访人：考试是跟高考一样的流程吗？

赵根楼：不是，先考专业，通过后发文化考通知，考生再去参加全国文化统考。因为是第一年，我也不是很懂，当时来考的人也不多。

当年面试的题目，我出了七个信封。后来有学生说，老师，这些题目挺普遍的，外面都知道的。我也没有经验，好吧，没事，我随机应变。举个简单的例子，比如说第一个考生抽了一个信封：请问河南省的简称什么？"不知道。"这一轮以后，后面的学生又抽到这个题目了。我说，同学，你可能知道河南的简称是豫，我不问你河南，我问你河北简称什么？"不知道。"下一个说河北是冀。第三轮又回到这个问题，我继续变。同学，你可能已经知道河南和河北的简称，那请问，河南、河北的省名从何而来的？"没想明白。"河南、河北这个名字怎么起的？肯定与河有关系，什么河？"黄河。"后面又轮到这个问题了，再问，黄河的发源地在哪里？考生又不知道了。我只能用我自己的积累来临时应付他们。所以后来我有经验了，考试的时候就做一百个信封。其实我这样做，没什么太大的目的。第一，是为了近距离观察这个孩子的情况，给人的感觉怎么样、灵敏度怎么样、协调能力怎么样，面对这种状况态度是怎么样的；第二，知识如海洋，我们学一辈子也不过沧海一粟，不要去相信学富五车，都是瞎说。可能只是知道得多少的问题，但是不可能全知道。我们再努力，活到老学到老，也学不完。所以年轻人必须要好好学习，我就把这个目的告诉他们。

当时没有在职老师，就我一个。我只能到处请老师，把其他专业的请过来。木偶的表演专业是上海木偶剧团派人过来，皮影课请皮影团的人，提线课请提线团的人过来。声乐、台词、表演等都请专业的老师来。这一点我还是有点影响力的，基本都能叫得动。到了2008年的时候，因为我老是带这些孩子们去比赛、观摩，全国的其他院团羡慕得不得了，他们纷纷跟中国木偶皮影艺术学会、国际木联中国中心提建议，希望上戏能为兄弟剧团培养些人才。因此，学会跟上海戏剧学院签订了一个协议，共同创建中国木偶皮影艺术人才培养基地。2008年9月正式签约挂牌，然后就着手面向全国有关单位输送人才。第一届，一个是布袋班，还有面向全国的木偶剧作班。这两个班开出来，上海、福州、哈尔滨等，各个院团陆陆续续都希望让我们来帮他们培养。现在毕业生也有几百人了。

在这中间，对木偶的表演或者演员把握度方面等，我自己也在教学中有了新的感悟。和孩子们在一起还是很开心的。我的很多照片,都是和孩子们一起拍的,感情很好。我在上戏的办学宗旨是这样的——以传承为基础、以创新为主导、以国际交流为平台,坚持民族性、坚持独特性、坚持畅想性。现在很多孩子的发展挺不错,有的在各个院团,有的自己在搞演艺,就业率挺高的,特别是在莲花路校区,我们专业的就业率是最高的。

2012年,国际木偶联合会代表大会在四川成都召开,它就像奥运会一样四年一届。那个时候学校领导跟我说:"老爷子,你能不能去展示一下?"我说容我想想,我们以何种方式、以什么剧目去参赛。后来我想了半天,决定用拼盘式的,叫《戏有东方》。因为当年我们上戏那届,中国的四大木偶品种我们都有。我们当时有四个班、杖头班、提线班、布袋班、皮影班。我就设计四个篇章,中间加以处理,一头一尾加以创新化,排得很紧凑。到四川演的时候,大家比较认同,效果也比较震撼。这个戏是比较成功的。很多木偶界的朋友说,这样玩还真是第一次。这个戏只有上戏能演,别的地方演不起来。为什么?第一,别人没那么多品种;第二,别人也没那么多人,场面撑不大。我们的场面很大,有五十多个演员,比较震撼。

采访人: 木偶戏的剧本,是不是相对于其他文学的剧本来说,有它的特殊性。因为有些剧本在话剧中能演出来,但是可能就不适合木偶戏,是不是这个意思?

赵根楼: 有这个意思。毕竟隔行如隔山,不是完全一样的。戏曲是靠唱出来的,木偶是靠玩出来的,所以叫"玩偶感悟"。我跟朋友们聊天的时候,我说,演木偶戏的,你感悟到了"玩",那就真的进入了一种新的境界了。很多人说到木偶的传承问题,其实这里面有一个问题是比较复杂的。原始的木偶戏不是这样的,它是从兵马俑的"俑"慢慢进化过来的。奴隶制社会的时候,男的死了,女的要陪葬。社会进步以后,人们觉得这种方式落后了,所以变成了用陶俑或者木俑替代。慢慢又把俑的作用从陪葬扩展到了供奉，之后还用来驱鬼、驱邪。俑开始会动了，成为一种表演的样式。家里有丧事，或者驱鬼驱邪，就需要用到它，这是最早的表演样式。后来喜事也用了，出现了另外一种形式。最早的木偶表演大概是在汉代。山东青岛莱西出土了一个2 100多年前的高1.83米的大木偶，这个大木偶的出现，证明了我们以前记载的一些故事和研究是可信的。

木偶戏是以形式、动作为主，以情节的结构为基础的。我们需要不断挖掘它自身的艺术特色，所以在写剧本、在排练的时候，要充分挖掘这些东西。举个例子，话剧的语言很重要，虽然我们也很讲究台词，但是木偶的脸部没有表情，是一张死脸，它的喜怒哀乐、内心情感变化，包括人物性格的刻画展示，如果全部靠语言，木偶戏能好看吗？小戏可能还好一点，但是大戏的话就不行。

我认为，什么戏都能排成木偶戏。但是要排成真正的木偶戏，就不能仅仅靠那些了，所以木偶戏不是很好排的。现在很多院团流行请外界导演，因为现在大多数院团已经没有专职导演、编剧了，这是很严重的问题。我经常跟学会提出这件事，希望注意这个问题，木偶戏必须拥有自己的创作队伍。如果是懂木偶的、甘于奉献的、敢于钻研的这样一群人去玩木偶的话，我们木偶事业的发展将会非常健康，并且能够飞速发展。我们可以借鉴、可以引进其他剧种的人才。话剧导演的总体构思和对人物的要求比较完善，这方面我们可以引进。

问题是，怎么用木偶形式把这个人物玩好？现在大部分的木偶剧团都是戏曲化的，特别是在清朝民国之后，大量的木偶剧没有自己的创作能力，形成了"人"搭什么台，"偶"演什么戏，"人"唱什么曲，"偶"哼什么调，只是单纯地模仿。比如说上海木偶剧团的前身红星木偶京剧团。其实从如今来看，他们唱得很一般，就是稍微会唱两句，不是真正意义上的京剧，只能模仿戏曲。广东的唱粤剧，陕西的唱秦腔等，这成为解放初期木偶戏流派的主流方向，但都没有更好地去揭示木偶本体的艺术内涵以及木偶特色。我们从教学上来讲是需要注意这点的。因为在世界木偶界,中国的木偶戏品种之繁盛、历史之悠久、技艺之高超、体系之完整,是全世界其他任何一个国家没法比的。木偶戏是中国特色。今天所谓的非物质文化遗产木偶戏,是先人创新的成果,我们要传承的话,除了要传承具体的东西之外,更要传承先人的创新精神。所以,今天的非物质文化遗产,是历史进程中的驿站,创新是历史发展的必然。

所以我认为传承的同时,也要注意创新。如果木偶艺术只注重传承而不创新的话,它只能作为中华民族曾经拥有过的见证,在历史博物馆里存在着,不会有太多的生命力。现在科技发展到了今天,人们的欣赏理念已经发展到一定的程度,不能太守旧,还是要不断地创新、不断地改革,这样艺术才会不断进步。全世界有很多木偶人,反正有人的地方都有木偶剧团。有些国家在木偶的发展创新上是花了很大功夫和大量心血的。有的在我们看来觉得很创新,而在他们看来却是非常传统的,他们说这些东西只能留着做纪念,不能作为今天的主流。外国人在这方面的思路也是很清楚的。最近看了一些外国的木偶表演,他们在形式、表演手法上面,在创意上、构思上有很多独到之处,让我有了很多感悟。

我认为世界范围内,从理论角度讲,世界上最漂亮的女孩子的形象,应该出现在木偶舞台上面,因为这是人为的,你要怎么漂亮就怎么漂亮。可是这是不可能的,为什么呢?每个人的审美观不一样,他喜欢这样的,而我喜欢那样的,所以不可能产生所谓"最美的"。但是"最丑的"是可以的,为什么呢?因为木偶是别人把它创造出来的,不是爹妈给的,它有很强的可塑性。如果真人搞一个最丑的形象,和木偶比,肯定木偶是最丑的。所以生活中到处都有木偶。

什么是木偶呢?什么是木偶戏呢?一个没有生命迹象的物体,通过木偶演员赋予它生命、赋予它气息、赋予它演艺功能,能为观众演出,并且受到观众认可的，就是木偶戏。后来有的人套了个大头娃娃演，就成木偶戏，那是完全不对的，是另外一种形式，那不是木偶戏。木偶戏就是傀儡，是被人操作的。和历史上的傀儡皇帝其实是一个意思，木偶就是受人操作的这么一门艺术。"傀"，单人旁一个"鬼"字，其实世上本没有鬼，是人想象出来的，所以产生了"傀"。这个东西既然原本就是想象出来的，那我们现在为什么不赋予它更好的想象力呢？我们在创造中为什么要那么写实呢？特别是一个有限空间的木偶艺术，你为什么不赋予它更大的空间呢？它可以做人做得到的，同样可以体现人没法体现的。拿人的手举例，我们说这个人的手伸得好长啊，其实是不能伸长的，但是木头的手是可以伸长的。再举一个例子，眼睛是心灵的窗户，那是一种感觉而已。可是木偶戏，特别是皮影戏，完全可以通过眼睛来演戏。荧幕上一个巨大的眼睛，瞳孔里出现很多很多画面，人是不行的，肯定做不到。

现在很多木偶艺术工作者只知道单纯地玩木偶，但是不知道如何玩好它，他知道传承，不知道如何创新，或者说不知道如何将传承与创新相结合。

我这十多年在大学里教书，能感悟到一些以前没有静下心来好好思考的问题，包括一些表演元素的培养。我在教学的时候，经过各方面的调查、了解和思考，产生了木偶表演的元素训练。这个元素训练，不会玩木偶的人、没有掌握基本功的人，是玩不来的。你必须在掌握基本功的情况下，我再给予你表演元素的训练，告诉你手上这个偶，你要注意怎么玩好它，它有几个要素你必须掌握。

采访人：它的几个要素是什么？

赵根楼：我设置了五个篇章。

第一个篇章是"诗词篇"。所谓"诗词篇"，其实是让孩子们掌握木偶表演最基本的元素练习。第一，气息，呼吸的气息。木偶也好，皮影也好，是不会呼吸的，是没有任何生命迹象的。可是当它到你手上的时候就不应该是死的。生命的最明显的标准是什么呢？气息，有气息就是有脉搏的、有生命力的。偶在说话或者表演一个任务的时候，你必须让我感受它说话的气息，要把生命的体相特征体现出来。我们很多演员都不太了解这些。第二是激情。你操纵表演木偶，没有激情是不行的。任何艺术都要有激情，木偶更加需要激情。虽然木偶是没有生命的，但是它有自身的结构生命。每个木偶是不一样的，你想控制它，必须遵循它的结构。如果不能够把握它，那么它会产生一种反控制。演员一懈怠，就起不来了，就被木偶反控制。演木偶戏，精力必须集中，动作要到位，要有气息。动作要准确，判断也要准确。第三，步伐，从木偶来讲，步伐很重要。杖头木偶是没有脚的，所以从形体角度，演员的步伐就等于替代了木偶的步伐。这种感觉要设计好，并且要体现出来，这样木偶才能达到栩栩如生，否则不行。

我让学生们自己设计，找一首诗也好，一首词也行。手上的木偶是一个老艺术家，它今天出席诗歌朗诵会。我的规定情景是，台下有200名观众，所以你的台词必须让后面都听明白、听清楚，而且要有形象感。比如说"日照香炉生紫烟，遥看瀑布挂前川。飞流直下三千尺，疑是银河落九天"，如果这样念的话：第一，人家都听不到；第二，没有激情；第三，没有气息；第四，你的语言传到观众耳朵的时候，人们接受不到你这种语言描绘的景色，在脑子里面想象不出来。这样的话，观众肯定很快就游离在外了，不看你、不听你，也没劲，所以语言朗诵是很重要的，它的情感、节奏和气息要有直接面对着观众的感觉。有的同学像背书一样，是不行的。我不是教你台词课，而是教木偶如何朗诵台词。所以我们木偶对台词要求是很高的。我规定，一人有四首诗词的练习，让学生慢慢习惯，以后说话都要注意气息，说话要想到观众。我们是在为观众说话的，是说给观众听的，要有对象感、观众感，没有这个是不行的。因为要面对观众，所以更加要充满激情，要选择最好的方案去面对观众，去占有表演空间。让你一个人上台，下面200双眼睛就看着你一个偶。你在台上有多热,台下观众的心就有多热,你在台上有多少情,观众就有多少感。情感嘛,都是相互产生的。如果你一片空白,你操作的木偶是不会有情感的。第一篇章,虽然说的是诗词,其实讲的是木偶表演基础的东西。

第二个篇章叫"行路篇"。每个学生要做十个练习。学生拿一个木偶,不要告诉我是什么东西,不许有任何台词,也不许有音响,就是在台上来回走一遍做动作,让我们感觉到这个偶是谁,或者在干什么。而且规定,之前出现过不能再演了。比如说盲人,一看就看明白是盲人,只要出现过盲人了,之后就不允许再出现盲人了。每个人必须要做十个练习,十个学生的话,就有100个练习。一人展示众人点评,等于是同学们一起完成了100个练习。看明白没有?谁不明白?都不明白?你再来一遍,还不明白?那你说这是什么?说完之后,大家说不对,那就重新再来一个。所有的同学搞到后来都绞尽脑汁,想不出来的话就特苦恼。为什么要这样练习呢?因为木偶不仅需要形象,更要用具体的动作,来让人们认识、感觉到这是一个什么样的人,这个人在干什么。所以必须要准确。

第三个篇章是"情感篇",这已经进入了微型小品的阶段了。每个同学完成一个笑的和一个哭的小品,时间不能少于三分钟。但是笑必须笑到最后,要不你前面笑完了,后面就没了。而且要让我们看到为什么会笑、怎么笑。前面必须有情节铺垫,有人物关系。哭也是一样。人的感情表现的最大特征,就是四个字——喜、怒、哀、乐,我们木偶戏要有善于表现这些情感的能力。

第四个篇章"畅想篇"。什么意思呢?就是创新。你凭你的想象,构思一个具有比较新颖的新样式或者新材料的作品。这几年来,有很多同学这样做了。有的时候,创意挺好,但是做起来比较困难。玩木偶,必须要有想象力,木偶艺术本身就是一个艺术想象的结果,所以世间万物里都充满了木偶。桌子、椅子、矿泉水瓶等都可以做成木偶。你把它改变一下，或者赋予它表演功能，赋予它情感、感觉进行演绎，都是可以的。所以我有的时候让学生们玩椅子，椅子的属性和椅子的仿真性都可以做成木偶。我国古代有水上表演木偶戏的技艺，叫"水傀儡"。我让学生做，但是没成功。我曾经跟我们学校的领导说，能不能投资，把水傀儡搞起来？什么叫水傀儡？现在号称是越南的国剧，但是其实是唐宋时代从我们这儿传过去的。时代的改变、材料的变革将引发很多新的想象，所以要有畅想篇。你不成功也没关系，但是你要给我去想。也有很多同学本来想得蛮好的，做着做着就出问题了，有的解决了，有的没有解决。现在可以运用好多高科技，比如说在白纸上面可以现场写字，用各种各样的塑料水果、纸、扇子做成偶。也有一双脚跳迪斯科，用鞋子在演，节奏感非常好。可以从各个方面发散思维，对木偶全方位进行畅想，不管从制作、形式、内容再到构思，都可以畅想，培养学生们的创新精神。

　　第五个是"名著篇"，要求同学们在世界名著里，选择一个片段进行改编，用木偶来演。为什么呢？一方面让他们多读点书；另一方面，名著是流传至今的全人类的财富，它本身已经是很成熟的东西，不必再去想情节和故事，只要适当改编一下，就可以利用木偶去表演了。什么样式、怎么演，就是留给学生解决的问题。有一次，学生演《仲夏夜之梦》片段。他用甲壳虫为材料，表演这段戏。因为甲壳虫背上的图案和脸非常相像，我觉得蛮好的。也有用提线木偶演《黛玉焚稿》《黛玉葬花》的，也很精彩，非常好看。有的同学是人和偶一起演一段戏，比如《罗密欧与朱丽叶》。有的学生学到"名著篇"的时候，自己动手做布景、道具、偶。虽然我们教室的问题一直没解决好，但是在条件有限的空间里，也要尽量创造好的条件把作品内容搞好。

　　这五个篇章是我大学教书时期搞的，全国只有我自己在做，是我的首创。以前没这个课的，学一点基本功，学习操纵了以后就排戏。但是我觉得我们大学生在实践、理论上，如果没有一套比较准确、完整的课程,那你跟中专、学前班有什么两样呢?当年有一部分07级的,是中专里学了四年后再考的大学。请问他们在大学里学什么?所以我在2006年花了很长一段时间来研究这个课程,当时我推出了这五个篇章,叫"木偶表演元素训练"。

采访人: 能跟我们聊聊张真吗?

赵根楼: 张真是一个老革命、老干部。她十多岁的时候就参军,加入文工团,演过《白毛女》。后来到了上海军管会以后,她转业到了群众艺术馆,然后到戏校,后来又到京昆剧团当组织科科长。大概1965年底1966年初的时候,她被调到上海木偶剧团担任团长。她非常聪明,脑子好使,很睿智、很善于团结群众。她来了以后,排了一个有关藏族的戏《雪山小雄鹰》。因为她有战友在西藏,是个作家,就给她搞了这部戏。《雪山小雄鹰》是她到上海木偶剧团里搞的第一个木偶戏,挺好的,很成功。在很多方面是她带领我、培养我的。《小八路》是我的第一个大戏,虽然她不直接参演,但是有很多事情我都向她请教。那时候我没读过编剧,也没学过导演。虽然以前自学了大量的书,实际上这还是我第一次排这么大的戏,她还是挺帮我的。张真是《孙悟空三打白骨精》的总导演。她带领我们,把握总体要求,而且亲自参与排练。细细算下来她排了好几个戏,大概有七八出。我们合作的次数比较多,我当时还是小青年,而她已经是一个比较成熟的艺术家了。在她的培养和带领下,我们年轻人也慢慢地成长起来了。张真团长前几年走了,我们去参加她的追悼会,我代表大家说了几句。张真团长到了剧团以后,很快改变了上海木偶剧团的形象,特别是在创作、排练方面,扭转了以前比较落后、比较被动的局面。

采访人: 张真担任团长期间,上海木偶剧团取得的成绩还挺多的?

赵根楼: 挺多的。有一个戏叫《红宝石》,这个戏的剧本有点问题,不是很完善。但是其中的木偶造型、制作设计等方面可以说是有里程碑意义的。举个例子,剧里面有很多神仙鬼怪,如霹雳大仙等。霹雳大仙一激动,头就会劈开,然后闪光。里面还有个菩萨一样的大仙,肚子很大,肚子里会出现一个小脑袋,两个人还会吵架。还有伸缩大仙,唱着唱着,身体可以长高,两只手可以伸到舞台侧面。这个戏在造型设计上是很值得总结的。所以当年我的导师任德耀就说,这是木偶造型史上的一个崭新里程碑。张真来了以后,在剧团剧目的创作、排练、演出等方面,都有创新,总体是比较繁荣的。同时张真也吸收了很多人才。以前我们团才几十个人,后来慢慢地人就多起来了,乐队建起来了,灯光也搞起来了,录音设备也都搞好了,而且剧目创作质量也越来越高,他还会亲自带着我们去实地深入生活,开展创作,挺好的。

采访人: 您一生都是在从事木偶的事业,您对木偶是有怎样的一种感情呢?您觉得什么是木偶最独有的特性?

赵根楼: 其实"木偶"是一个大概念,木偶的可塑性和独特性,是人不能替代的。再具体点说,它能人之所能,能人之勿能。从另一个角度讲,木偶艺术的空间之大,可塑性之强,是别的艺术所没法比的。你把木偶、皮影搞成一个想象的空间这样去练,那么它的独特性就完全体现出来了。所谓"玩偶",我们的本事,就是把死的玩成活的。木偶最大的特色也就是这个。它原本是没有生命的,我们赋予它生命、赋予它情感、赋予它气息,于是玩活了。这就是我们木偶操纵者的功能特色。"玩偶",玩到一种境界的话,你会感觉到它的天地之广阔,是比人的舞台要大得多的。所以它的独特性在于:第一,它是一个被人操纵的没有生命的物体,有玩具的感觉,但是它不是玩具;第二,它能跟人一样仿真,又能跟人不一样,所以一个是真的、一个是假的,所谓真真假假,产生了很多奇妙的化学反应。党和国家给了我们非常好的机会,中国的木偶艺术创作,已经进入一个新的灿烂的春天。相信在大家的共同努力下,我们的木偶艺术将一如既往地走在世界木偶界的前列。

(采访:陈 娅 整理:陈 娅)

木偶是我生命中的一部分

——柳和海口述

柳和海，1945年出生，浙江宁波人，国家二级演员，上海戏剧家协会会员，中国木偶皮影艺术学会会员。1959年参加华东师范大学第一附属中学业余木偶小组活动。毕业于中国福利会儿童艺术剧院学馆木偶班。1964年起在上海木偶剧团任演员。曾在不同版本的《小八路》《孙悟空三打白骨精》《红宝石》《东郭与狼》《白雪公主》等剧中担任主要角色。擅长操纵技术性比较强的木偶，且擅长改革制作木偶，解决木偶操纵技术上的难题，使娴熟的操纵技巧与比较完美的制作技术相结合，从而让木偶顺利地完成特技表演动作。在《哪吒神遇钛星人》中，担任布景、灯光、表演等方面的特技总设计，将现代科技的新材料、新型电子技术等应用到木偶戏中，在1992年全国第二届木偶皮影会演时荣获特技单项奖。曾多次随上海木偶剧团赴日本、美国、联邦德国及我国香港、台湾等地访问演出。还担任上海戏剧学院木偶班和上海戏曲学校木偶班的教学工作。

采访人：柳老师，您好。首先请您先自我介绍一下。

柳和海：我叫柳和海，1945年生，出生在宁波。我父母在上海打工，把我扔在乡下。我是1960年到上海木偶剧团的。之前我考入上海师大附中，那时候我们学校六个班级里只有两个人考取了。进了学校我才知道这是上海市的重点中学。在上海师大附中念了两年书，后来班主任找我，说现在上海要成立一个木偶剧团，这不是上海的任务，而是国家的任务，你应该要去。我说我书还没念完呢，他说："我们这个学校的教学方针，就是要培养能够为了国家随时奉献自己的人。"每年我们到暑假的时候，总是要发通告，多少同学考了清华、多少同学考了北大、多少同学考了复旦。我说我考这个学校不容易的，应该继续念下去。他说："你毕业以后考大学是为国家服务，而你现在可以提前为国家服务。"我想这个也有道理，就这样进了木偶剧团，当时也没有什么考试。

采访人：1959年，您参加了华东师范大学第一附属中学业余木偶小组活动，请和我们聊聊这个木偶小组的情况。

柳和海：那是业余活动。那个时候我在学校念书，业余木偶小组周末搞活动，我有点好奇，就去看他们排练。那个时候也巧，我母亲正好在里弄的加工厂做洋娃娃，我就说你们这种场景可以拿洋娃娃代替吗？在这里装两个腿就可以动了。他们说："哎不错，你蛮聪明的。"后来熟悉了以后，他们就慢慢教我演一些角色。

采访人：这是您第一次接触木偶？

柳和海：对，学校里第一次接触木偶，我感觉这个也就是玩玩嘛。当时我还没毕业，我是初二离开的，正常应该是读到初三毕业的。我们这个学校是四年一贯制。什么叫四年一贯制呢？两年初中两年高中。1958年正是"大跃进"的时候。那时候念书累得不得了，一个月要写三四篇作文，我就感觉学习很累。其实我念了两年基本把三年的东西都学完了，我的学习能力很强。那么我怎么会进入上海木偶剧团的呢？主要的原因也是因为参加华东师范大学第一附属中学业余木偶小组。那个时候学校带了我们这些搞木偶的孩子去观摩其他省市的木偶剧团演出，第一场戏看的是广东木偶剧团，那个时候叫广东木偶剧院。广东人唱的是广东戏，我住在虹口区，这是上海的广东人最聚集的地方了。我家离海宁路的解放剧场不远，一刻钟就走到了。我看了以后感觉木偶戏真神奇。它的布景和木偶造型都很漂亮，造型、表演、唱腔也很完整，我觉得蛮有意思的。后来我又看了北京的木偶剧团的表演，它的演出不是很传统的，吸收了一些好的剧目进行创新。这两个团的剧目我看了以后，觉得木偶是大有发展潜力的，因此我才放弃了继续升学的想法，响应国家号召，进入上海木偶剧团。

采访人： 当时一开始是先进了儿童艺术剧院学馆培训？

柳和海： 对。

采访人： 儿童艺术剧院跟上海木偶剧团是什么关系？

柳和海： 后来我才知道上海木偶剧团是怎么成立的。苏联有一位木偶大师叫谢·奥布拉兹卓夫，他带了一个剧目到上海文化广场演出，当时是很轰动的。他把木偶演神了，相当于我们现在看的《战马》的震撼效果。他不是光为儿童服务，把那些老艺术家们都吸引住了，包括斯坦尼斯拉夫斯基也很喜欢他的戏。奥布拉兹卓夫认为木偶不仅为儿童服务，也为成人服务，他还表示上海这么大一个城市，没有一个专业的木偶剧团是不行的。上海文化局马上在第二年就打了报告给中央文化部，然后批复要成立上海木偶剧团。那么具体怎么操作呢？我们经常讲的"老八哥"都不是上海人，是江苏那些专门走江湖的人，他们经常在上海大世界演出，上海方面就找到了这个剧团，以"老八哥"为班底成立了上海木偶剧团。儿童艺术剧院有专业的编剧、导演、舞台美术人才可以支援我们，这样就把上海木偶剧团的班子基本建立起来了。当时任德耀还为上海木偶剧团专门写了一出戏——《猫姑娘》。

紧接着一个很重要的任务就是要抓紧培养接班人,我们这批人是上海木偶剧团成立以来的第一届,也就是第一批木偶传承人。那么我们的专业知识要去哪里学呢?我们班里差不多有六十个人,上海木偶剧团当时只有木偶操纵老师,所以我们就去儿童艺术剧院的学馆学习专业知识。学馆请的老师都挺不错的,像声、台、形、表我们都得学。声乐、台词我记得是跟着上海戏剧学院的老师学的,而表演和形体老师是儿艺的。"老八哥"一个礼拜来上一两次课。那个时候是按照正规培养演员的方法来教我们的,而不仅仅是按照木偶演员的要求来培养我们。

在学习中我碰到了很多困难,因为我根本没想到我会当演员,当时我的志愿其实是造飞机。我家里也没有搞戏曲的前辈,以前甚至都没怎么看过戏,现在突然要当一名演员了,确实是很困难的。我感觉最难的就是语言关了,我是宁波人,一口宁波腔,普通话不标准,前鼻音后鼻音我是搞不清楚的。我的形体也很差,腿硬得不得了。我们当时是一个礼拜休息一天,我一般一个月回家一次,周末就在学校里洗洗衣服、被子,下午再练练功,就这样咬牙坚持下来了。在学校里,我们搞了两部剧,《无孽龙》和《荷花舞》。我对《荷花舞》的印象蛮深的,因为我不会跳舞,只能帮他们打打杂。我们应该是要学四年的,而实际上两年就毕业了。1962年我就回到了上海木偶剧团,因为那个时候剧团急需要人手。

采访人: 您毕业后第一出戏是哪一部?

柳和海: 我记得我们毕业以后的第一部戏就是《兔子和猫》,是皮影跟木偶的结合。兔子是比较勤快、爱劳动的,猫是偷懒的。其中有一个比较生动的情节,就是老猫钓鱼。钓鱼嘛,兔子很勤快,鱼钩啊什么的都有,猫就拖着个尾巴打瞌睡,然后鱼没钓上来,王八把它的尾巴咬住了。它宣传的是我们要从小爱劳动,不能像懒猫一样。这个剧目也是我们学馆的毕业剧目,基本上这个班子都是我们学馆的人,老同志一个都没参加。

采访人： 上海木偶剧团是1960年6月1日成立的，您是元老，我想请您跟我们讲讲它成立前后的故事。

柳和海： 我在上海木偶剧团待了四十多年了，对剧团的发展，我是很了解的。应该说，上海木偶剧团的发展是有一个过程的，首先要把剧团成立起来。根据前面我讲的，剧团是以"老八哥"为基础，并且从儿童艺术剧院调了一些人来，然后慢慢发展起来的。当时团里定了一个宗旨是要为儿童服务，所以以前演的戏是不能演的，因为以前演的都是京剧的戏，比如《小放牛》《萧何月下追韩信》唱的都是京剧。我们毕业以后，剧团的面貌马上就不一样了，毕竟我们这批人经过了正规的教学。打翻身仗是从《小八路》开始的。上海木偶剧团在"文化大革命"期间为什么没有很萧条？关键的原因就是我们搞了一个《小八路》，这是革命题材，不是"封资修"的东西，所以搞得很成功。

排《小八路》对我自己来说是有很大的收获的。从演员角度讲，因为我本身是个演员，学过专业的表演课程，知道木偶应该怎么演。但是这里有一个问题，就是木偶演员和舞台演员，这两者之间到底有哪些

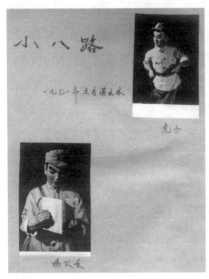

《小八路》剧照

相同的地方？又有着什么区别？这是我们木偶演员要研究的。从表演上来说应该是一样的，但是木偶有其独有的特点，那就是夸张，人做不到的，它都能做到。相反，人能做到的，木偶却很难做到，那你就要动脑筋了，你要把假的东西演得像真的那样。我就通过《小八路》里"胖翻译"这个角色为例来谈。

其实《小八路》我们之前就搞过，我们以前看过那个电影叫做《小兵张嘎》，实际上就是《小八路》原稿的版本，我们是根据这个改编的。里头有个买西瓜的胖翻译，我当时演这个角色。在这个戏里面他是一个还存有点良心的汉奸，戴着粗粗厚厚的眼镜。里边有一段戏是刚开始排的时候没有的。有一封信，要给一个叫龟田的日本人，然后要把它念出来。最早排的时候是怎么念呢？一上来就拿张纸念出来了，很平淡，观众看了以后对这个人物也没什么印象。我觉得这样并不是演木偶的办法。信拿过来以后，要把信从信封里拿出来，然后把信纸展开来念，这个过程如果把它演细致了，那就显得很真实。观众就会想你这个木偶是怎么把信拿出来的？木偶戏一般是做不到这步的，但是如果我做到了，给人家的印象就深了。我那个时候为了演好这个角色好多天都睡不着觉，一直在琢磨这个段落，后来从魔术里受到了启发。魔术看起来像真的一样，但实际上很多地方都是假的，无非通过中间的环节使你相信它。

我设计了一个信封，它是完整的信封，正面没什么特别，关键是背面。在观众看不见的背面，我撕了一个口，把里面的信纸露出一个角，这样撕的时候用口技，同时做一下这个撕拉动作，把后面的东西一拉，就拿出来了。第一个问题解决了，那第二个问题来了：怎么把信纸展开？抖一抖很容易，但是展平就难了。于是就要动脑筋了，必须以假乱真。我在信纸里面埋了一条线。什么线呢？就是缝纫机里用的细线，隔着几米观众根本看不出有条线。线一拉就行了。但纸是很薄的，拿不好就容易滑掉。而且纸就是纸，不能拿其他东西代替，所以就要在手指上动脑筋。木偶的手刻成专门的形状，大拇指和食指要搭起来，然后在这里弄一个槽，必须得陷下去，不能鼓出来。我就用钉子把它扎起来，除非把纸撕坏，不然根本掉不下来。通过这些手段，胖翻译的人物形象更生动了。对人来讲，拆信封是不稀奇的，但是对于木偶来说，这个动作就很新奇了，观众觉得这很不容易。从这个角色身上，我体会到，木偶演员要想办法使木偶更有力地体现人物，学点技术、学点木偶操作应该说对表演是很有帮助的。

第二个我想讲的就是我怎么演东郭的。怎么会去演东郭呢？其实这是剧团进一步发展的里程碑的标志。改革开放以后，我们到国外看了很多木偶剧，它不是一个大型的戏，都是一小段一小段的小戏。这些小戏确实很实用，毕竟小戏的投资少，国外好多都是零散的街头艺人在玩木偶。东郭属于这种类型的，整张纸折起来就是一只狼、一个东郭，把它全部拆掉了放平了就是张纸，这个设计确实是蛮绝的，后来还得奖了，我的这个表演也是得奖的。

我们当时也遇到了一些问题。皮影最大的特点就是正面是不行的，一定要侧面。正面你要怎么行走？难道横着走吗？不能跟我们平时演的木偶一模一样的，那怎么办呢？就要在表演上动脑筋，把折纸折出来的形象变成像舞台上皮影一样的演法。其实演东郭倒是不累，反而做木偶很累，做了两个多月的时间，反复跟设计师商量怎么修改才能更适合舞台。因为折纸是没办法装好多机关的。一张薄薄的纸能装什么呢？我反复跟形象设计的老师一起研究这个问题，后来怎么处理的呢？脸按照他的设计来，而脸上则按照我的表演要求设计。东郭遇到狼以后，害怕的时候眼皮是翻上去的，得把眼珠子翻到里面，嘴巴一张，眼睛就动起来了，这个形象马上就变了。人表演的话，脸部表情可以变得很快，但木偶在这方面就很难表现。这个角色的配音也是我自己配的，那个时候我在党校学习，跟蔡正仁对门住着，他经常唱昆曲。我琢磨如果这个配音用昆曲的腔调，肯定挺有味道的。我本身嗓子条件还

1960年，向著名表演艺术家杨胜学习

可以，就把调弄高配，那样就非常合拍了。我完全忘记了自我，进入到这个角色里面。

东郭这个角色从人物造型、配音到木偶装置改革这三方面的结合，再加上导演的启发，使得它所有的表演都是围绕着杖头木偶变皮影的腔调，也就是用皮影的表现手段来演杖头木偶，腔调越浓人物就越好。如果一个木偶演员不懂技术、不懂装置，他是想不出点子来的，而且也演不好。我好久没回剧团去了，后来有一次我看他们学生的演出，我说怎么你演的跟我演的不一样，都走样了。他说柳老师，木偶坏了，不知道怎么修。我就帮他们修过一次，我说所有的东西原来都是活的，你把它弄死了，拿胶带一绑，根本就演不出那个味道了。

采访人：杖头木偶跟皮影有什么关系？

柳和海：皮影是在皮上画好后刻出来的，再装上关节。它不是立体的，而是平面的，搞皮影的那些人拼命想办法，想把皮影搞成立体的。杖头木偶本身就是立体的，无论往哪个方向转都是立体的。

采访人：1989年，在重新改编排练《狮子舞》时，您将杂技表演中的狮子翻跟斗、狮子钻火圈的表演形式运用到木偶戏《狮子舞》中，加强了木偶戏的表现力，该剧成为上海木偶剧团出国保留节目之一。请和我们说一下《狮子舞》的创作经历吧。

柳和海：《狮子舞》的改编背景是这样的。我看了杂技团表演的转火圈等节目，有了灵感，我觉得如果把这些内容放到木偶戏里面去应该效果会蛮好的。但是让木偶演杂技的话该怎么演呢？这是一个很具体的问题了。我后来接触了福建的布袋木偶，这给了我一些启发。布袋木偶就是演员手上套着布袋后两个角色在那儿打，往上一扔，掉下来还套在手上。我看了后一下子就有了灵感，福建的布袋木偶是小布袋，那么我的狮子可以搞大布袋，狮子下面有个口袋，转圈的时候我一扔穿过圈，然后再套起来，这不是一样的道理嘛。受了这个启发，我就把它改了，如果解决了技术难题，那么就达到了钻火圈的目的了。有了这个基础，那么下面怎么编舞都不怕了。我当时跟搞音乐的合作，他原来全部是用打击乐，我说不好，你全部换成民乐的方法，有头有尾的，中间加入打击乐，那就比较好了。

所以这个剧目是这样改的。我把小狮子采用大布袋来演，就有点

1960年和福建布袋木偶的合影

震撼力了。我们剧团只要是碰到喜庆的演出,都要带这部戏出去。有一次我们团受到泰国公主的邀请,去她那儿演出。还有一次正月十五我们到台湾去,也是带着《狮子舞》去的。这个剧目好在哪里呢?舞台中间是一个"福",两边挂着灯笼,很有民俗风味,然后转圈的时候"福"要掉下来,变成倒的"福"。圈转过来的时候狮子从两边穿过去。怎么穿呢?狮子从跳板上跳过去。要演好两只狮子对穿的场景就难了,那是全剧的高潮。这个戏一共十分钟,搞得还是很成功的。

采访人:《太白醉书》是一部怎样的戏?

柳和海:《太白醉书》是我学生演的,不是我演的,但是我为这部剧出了很大力。太白醉书第一个字不是"书",是"醉",他醉了以后才写成"书",那怎么醉?就难了。前面喝一盅,不过瘾,直接倒过瘾。没酒了,再拿坛喝,喝了以后有醉意,于是提笔在月亮上写诗。

这个戏的难点在哪里呢?木偶手上拿的东西实在太多了。木偶的手不像真人的手,什么都能拿。它前面拿一个这么小的盅,一口就完了,然后要拿一个壶,壶里是有酒的。要让观众真的看到壶里的酒倒出来,再把它喝掉,这对制作的人和演员来说都是考验。下面还有一个难点是什么呢?要手拿那个圆圆的坛,也很困难。第三个难点是,喝醉了以后木偶要拿笔写字,然后要把笔扔掉,这一连串的动作很复杂。

那时候我自己还不太会雕手,我跟师傅说你先给我多雕个手,给我做试验。木偶的手有十根手指,要把这十根手指分开用,左手、右手,包括这个壶口都要装上机关。

我先讲讲小口径的酒杯。我用的办法就是在两根指头这儿做一个开关,一抽就能弹掉杯子。在壶上也要动脑筋,壶的环不是空心的,是实心的,这样手就能拿得住,而且这里有根线带着壶。壶嘴也很关键,壶嘴的高低跟壶是有关系的,里面真的是有水的。刚开始排练的时候大家说别放水进去了,我说要弄就弄真的水。壶嘴一高了,水平面在壶嘴下面,演员不是这样斜的话,水是出不来的,演员必须反复去练倒水。

至于拿酒坛喝酒的话,关键就不是手的问题了,我说酒坛前面装两个环不就可以了吗?大拇指往前一套准掉不了。

最难的环节是在最后那个笔该怎么拿。那个时候我不知道跑了多少次福州路的店了,去找符合我要求的笔。我说有没有一支毛笔可以写好长时间的,要一直有墨水的?他说有的呀,然后拿来给我看。前面一个头是泡沫塑料的,可以写出字,但是不太像是毛笔写的字。我给导演看,他说不行啊,没有毛笔的笔触。因为李白毕竟是大师,他写的毛笔字要有豪放的气质,所以只能用真毛笔写。全部用狼毫的话,吸水力不强,要用羊毫。我之前还试验过在空心的笔里灌水,但是这也不行,因为灌水以后笔会滴下水来。笔的问题解决了,那第二个问题就是要解决拿的问题。木偶把笔拿在手里是很难的,我怎么解决呢?我在笔后面做一个机关,这样它就不会动了。然后我不断调整角度,拆掉重新焊,焊到演员熟练为止。机关不能太复杂,为什么呢?因为在"醉"的中间,得马上偷偷摸摸地把笔装上,不能磨蹭弄半天,那会影响演出效果的。

把人物的技术问题解决了以后,剩下的就不是我的事了,让演员们自己去练吧。为什么要练呢?因为墨水就这么一点,演员必须平均分配好。什么时候用墨水多一点或者少一点,哪个字大哪个字小,演员要自己心里有数。不能临时再加墨,写着写着后面干掉了,也是绝对不行的。我为演员提供了一个技术方面的平台,然后他借助这个平台,经过自己的苦练,把人物给演出来。

采访人: 请您聊聊《红宝石》这部剧吧。

柳和海: 任德耀对《红宝石》给予了很高的评价,他说在木偶界里,《红宝石》是一个发展的顶峰,人想不到的,《红宝石》想到了,而且不光想到了,还做到了。那个时候导演排这个戏,就说一定要把木偶表演、造型的特点充分发挥出来,最后我们做到了。

《红宝石》中有几个关键的人物,一个双头的大肚子,肚子底下还有小头,而且大头和小头之间有交流,表演上是不难的,把胖人走路的味道演出来就可以了。另外一个角色,它的手可以伸得很长很长,个子可以变得很高很高。里面还有一些角色,比如霹雳大仙、银蛇魔女。这部戏完全跳出了原来木偶单纯模仿人的思维,发展到让木偶能发挥自己的特长,这是上海木偶剧团发展的第二个阶段。第三个发展阶段就是利用灯光的变化,比如《红宝石》中的背景布是通过紫外线来变化的。第三个阶段可以说就是找到了上海木偶剧团自己的风格——海派风格、海派木偶。这是其他团都想不到的,而上海能想到这一点,毕竟上海是一个开放性的城市,接触外国的机会比较多,所以能把外国的经验吸收进来,为我所用。

采访人: 您能和我们谈谈《白雪公主》这部剧吗?

柳和海: 我在这部剧里操纵了女王,导演希望把女王傲慢的一面演出来。《白雪公主》里有个镜头是需要一片片撕花瓣的。我说这个东西简单得很,先做一瓣一瓣的花瓣,没有必要做很大的机关,技术的关

《白雪公主》剧照

键是怎么把花瓣粘在花心里。这我是怎么想到的呢？我跑去了四川木偶团，我说你们这个变脸怎么变的？他说这个保密，后来才透露说面部的布有弹性。我受到了启发，用纸或者布做成花的形状，然后演员在表演之前一层一层搭好，搭成一朵花，撕的时候演员的手一定要表演得好，一手拿着花，一手再拿着纸。还有种办法我也试过的，就是中间一根根插销，像伞一样，一拉花瓣就掉下来，但不像演员自己拉出来的。这个技巧对我来讲好像不难。

采访人：《进城》里的艺人可以不用拉线装置能够完成顶缸的技术动作吗？

柳和海：我们学了福建布袋戏后，把一些桥段用到了《进城》里。它也是个顶缸的，但太小，确实是蛮像拿着个东西在头上转，我说这个绝了，什么绝了？上面有一根尼龙线，观众根本看不见。我猜想布袋木偶小，我把木偶放大了以后，这条线不就看得明显了吗？我说试试看，去练练，看看能不能让演员自己练出来。但是那个缸不知道摔破多少个，我后来就用纸糊的。技术的关键在哪里呢？缸扔上去以后要有一个阻力，不能被弹出来，要在头顶上做一个简易的装置。我利用泡沫把顶缸技术练出来了，因为它软、大，底下还有个盘子，手操纵着转它。这主要是靠演员练，80%是演员练的，20%是技巧上的问题。《进城》有几个地方的难点，一个是变脸，一个是顶缸，还有一个是抽烟、吐烟，要把这些东西都串起来。这段戏是以娱乐性为主的。

采访人：真人木偶的演出效果怎么样？

柳和海：应该是比自己亲自操纵方便多了。我当时在韩国看演出，绝大部分是这种类型的，做一个娃娃头，然后往上一套。演员的表演跟形象很有关系，演员的动作不能像真人一样，要有一点木偶的感觉。广东木偶剧团在这方面做得不错，我们受这个启发改成了别的东西。演员的形象就像是一个大头娃娃，穿着卡通衣服。凳子上有个钉子，然后第一个学生往上一坐，扎屁股了，就换了凳子，一共来了四个人,轮着换,最后一个人做了好事,拿了把榔头把钉子敲掉了。这是个蛮有趣的小故事。我觉得这个形象比较大众,并且容易普及,还不受舞台的限制,在广场和小剧场里面都能演。后来我们剧团搞过一个大戏,也是用这种方式。这种演法跟之前的风格很不一样,有点像美国卡通片的味道。这类剧被称为人偶剧,或者偶型剧。现在好多剧团都排人偶剧,因为很方便,就算是不会操作木偶的演员,套上头套就能演了,这也是木偶的一种形式,好多迪士尼的人物形象都是这样的。但是夏天就很苦了,因为衣服很厚,而且头套也重,闷得受不了,演员在里面满头大汗,很累的。

采访人:当时演员组具体是什么样的情况呢?

柳和海:主要的角色一般都是要配音的,因为演员操纵的量多,而且技术要求比较高。像《小八路》里,郑如桂是配音,话筒就给她了,她就坐在边上,其他的演员是没有话筒的,后来慢慢有领夹麦克风了就好办一些。现在都不是现场配音,都是事先把音录好了,这样有个优点,声音比较平均,不会一会儿响一会儿轻。现在我们剧团也不用麦克风了,因为现场杂声多。录下来以后对于演员来讲是有考验的,不能今天这样演明天又那样演,动作一定要在这个时间段里完成。特别是技巧难度高的动作,如果没练到一定程度的话,录音时间过去了而动作还没做完,这就不行了,所以这对于演员来讲是有难度的。

采访人:上海木偶剧团的演出全部改成现场录音之后,艺术性会打折扣吗?

柳和海:《孙悟空三打白骨精》演了一百场才录音的,作为演员来讲,此时配音、语言、节奏、表演都到了一个非常高的层次了。演员如果有突破性的表演,那么演员也可以提出来,这段戏重新录音,这都是允许的,而且录音是可以后期剪辑的,但是整体来讲不可能全部推翻重搞。所以我觉得不能说质量降低了。现在录《孙悟空三打白骨精》的时候，我们就遇到问题了。1976年的版本节奏慢，而现在我们的生活节奏快了，就觉得怎么《孙悟空三打白骨精》的节奏这么慢啊？语言节奏、整个情节都要想办法快起来。这就不是重新录音的问题了，而是整个剧本应该怎么改的问题，要适合现在人的生活节奏。

采访人： 您是《哪吒神遇钛星人》的特技总设计，能谈谈这部戏吗？

柳和海： 当时用国外记者的话来说，我们看中国的木偶剧只需要看一个团就行了，因为大家都差不多的，你孙悟空他也孙悟空，你猪八戒他也猪八戒，表演方法大同小异，全国走的都是这条路。所以在全国会演之前，团里就想能不能搞一个完全跟别人不一样的剧目，于是就想到"太空"这个概念。我当时是受了什么启发呢？受了动画片的启发。那时候动画片刚进入市场，日本的阿童木、机器人，特别是小孩喜欢的变形金刚，能变出各种各样的东西来。于是我就在想，我们的木偶戏能不能也搞成这样？我希望这个机器人既能在空中飞，又能在舞台上演，上天入地都要行。这方面就动脑筋了，光我一个人负责所有特技是不行的，钱时信老师负责一方面，另外找我的学生负责一方面，有问题大家一起讨论。这样反反复复研究以后，在北京会演的时候的确是蛮轰动的，他们说："你们上海人是聪明，我们还没想到你们就把它演出来了。"因为舞台上人家还是孙悟空那套东西，我们完全是一个崭新的内容了，给孩子一种科技的想象。

采访人： 您作为木偶剧演员，对特技也特别熟悉，当时是怎么会想到要学特技的呢？

柳和海： 我也不是专门去搞特技。特技行家是钱时信老师。我是受他启发，觉得他搞得不错，我们年轻人也应该学习这方面的知识，能把我们自己脑海里想象的东西自己亲手做出来。另外懂了技术以后，对演员是有帮助的，特别是对塑造人物有帮助，对整个戏也都有帮助。我后来年纪逐渐大了，上舞台演出的机会逐渐少了，基本都是年轻人演，那我就多动脑筋、多出点子吧，我就是这样逐步走上了这条路。最起码我自己当过演员，知道木偶怎么演，不然做出来的东西演不了，那就白干了。

采访人：木偶有着自己独有的特色，木偶真起来比真人还要真。请问木偶的真与假之间的关系是怎样的？

柳和海：木偶毕竟和人不一样，本身没有生命，有着很大的局限性，这是它的缺点。优点呢，就是人做不到的地方它能做到。我们就是要发挥木偶的这一特性，让人不能做到的，通过木偶尽可能做到。如果是木偶不大容易做到的，要动脑筋，要在细节上做到。我看了好多老艺人的演出，都对我蛮有启发的。打个比方，布袋戏精彩在哪里呢？精彩在打完后的那一瞬间的喘气，一下子就有生命了，演员把这一点表现得非常仔细、生动、真实。人都是会呼吸的，那个不稀奇，但是如果把这个没有生命的东西演得有生命了，感觉就完全不一样了。我之前操纵的《卖火柴的小女孩》里有一段也能体现这一点。导演说你能不能让木偶的眼睛里流下眼泪啊？我说可以啊！演出的时候我就真的让木偶把眼泪流出来了。我想办法在木偶的眼睛里动脑筋，把一个个透明的小珍珠用线串起来，然后让它们嘀嗒嘀嗒掉下来，特别有效果。因为舞台是很大的，在表演上，要让所有的观众都集中看你这一点，就等你这点表演出来。这都是老艺人教我们的。他说让观众的注意力都集中在那个部位上，然后你再表演，不要匆匆忙忙，不然表演完了，人家还不知道你干了什么，要让观众静下来看。其实很多舞台剧也是一样道理，观众全都静下来听你唱这句话、这个台词，各门艺术在有些地方都是相通的。

采访人：木偶的一些舞台剧也被改编成了电影，在表现手法上两者会有什么不同吗？

柳和海：那个时候我们为了拍电影吃了好多苦头。两者最大的不同是什么呢？我们木偶的演出舞台框起码长六米，高三米或者两米半，这就要求演员的动作要放大，让观众看得清楚你在干什么，因为木偶本身就这么小，不放大在台下根本看不见动作。但在电影里，不管多小的动作都变成大动作了，所以在演戏的时候根本不许乱动，导演要求动作越小越好，越细腻越好。特别是拍近景或者特写的时候，需要三四个人一起抓着这个东西不让动。这就是框子的大小不一样，表演的幅度大小是不一样的，这是第一点。第二点，在表演的过程上要更细腻。为什么要细腻呢？因为屏幕越放大，表现就得越细腻，观众所接受的东西就能更深入，这跟木偶舞台上的要求是完全不同的。第三点，观众看木偶戏就是一个视线一个角度，拍电影则有不同的机位，这个就看摄影导演指挥我们应该怎么演了。

采访人：上海木偶剧团力求改革，不断创造出了新的形式的木偶？

柳和海：是的。应该说我们剧团最近几年比较重视改革木偶形式，而且成功的例子也不少。像他们现在搞的真人和木偶一起跳舞，那个是成功的。我早些时候看过北京木偶剧团的这类演出，人是真的，木偶是假的，观众看不出真假，这个很难。而我们进步的地方在哪里呢？北京木偶剧团的木偶是穿长裙，没脚的，上海木偶剧团的木偶的两个脚都露出来了，这两个脚跟真人的脚完全是合拍的。另外就是借助于现代的灯光进行表演。现代的灯光好在哪儿呢？可以不要打成全部，打成一条线都可以了。它的光区就在这个范围内，离开这个范围观众是看不见的，这样的话演员就可以在整个平台上面，而不是像以前那样只能在舞台下面操纵了。通过现代灯光的手段，操纵演员在舞台上穿黑衣服操纵木偶，观众是看不见的，这是很大的进步。我们的木偶是完整的，有手有脚也有身体。《卖火柴的小女孩》里很大篇幅都是用这个方法演的。当然现在还可以搞更多的其他形式。比如，《战马》里一匹马是几个人一起操纵的，这个方法我们也可以借鉴。其实这个戏我们也演得了。我听说木偶班好多毕业生报考了《战马》这个剧组。

采访人：您在上海木偶剧团的时候，多次去日本、德国等国交流，您感觉中外的木偶戏有什么区别？

柳和海：我们第一次去的国家是日本，感觉这个国家的现代化建

在日本演出时合影

设还不错。从东京到大阪全是高铁，我们直接体会到了什么是现代化。那时候中国的地铁还没造，而人家高铁都有了。后来我们去的国家多了，跟当地的剧团交流也就比较多了。他们的特点是小型、多样。它的剧目不是编剧写的，而是根据演员来制定的。这个演员有什么本事，然后套一个剧目，是这样来的。它最大的优点是，所有的剧目，没有一个剧团是一模一样的，而且没有一个演员是一模一样的，这点我蛮佩服的。所以它出来的东西真是百花齐放。我们国内也在走这条路，每个剧团要有每个剧团的特点，让每个演员发挥自己的特长，导演、编剧可以为这个演员专门写戏，应该说这是我们最大的进步。在技术上，我们有的地方是比人家强些。比如说同样是杖头木偶，我们做出来的效果比较好，我们能让木偶的手指拿张纸，外国人不会的。但是他们有些项目是走在我们前面的。他们的演员是针对某一个剧目的某一个项目定位练的，练到一定程度才停。我觉得，老前辈传下来的过硬的整套东西不能丢，要把它继承下来，但是要套上新的内容，符合现在时代的内容，让这个技巧更能发挥它的特点。

采访人：您对木偶是什么样的感情？

柳和海：我的一生就投入在木偶里了。只要是有什么木偶的消息我都非常关心，包括剧团出了什么新的剧目等，或者国外有什么好东西出来了，我都很关注。有些剧目，像《战马》，我说我一定要去看，再贵也要去看。尽管我已经退休了，我还在思考，人家是怎么搞出来的，然后我们应该怎么借鉴。有时候我也会回团里跟年轻人商量我们应该怎么发展木偶，木偶像是我生命中的一部分。我没什么其他爱好了，我这一辈子都在搞木偶事业，确实是有感情的。

采访人：木偶演员通过木偶来呈现自己的喜怒哀乐，这是木偶演员和舞台演员最大的不同吗？

柳和海：对，这就是木偶演员跟舞台演员最大的不同。木偶戏就是演员通过操纵木偶来讲故事。不管你用什么办法来操纵，舞台上的主体都是木偶。现在还有第二种形式，就是人偶剧，把人装扮成木偶，手也不是人的手，戴个大手套，脚也不是人的脚，穿个大靴子，衣服是卡通的。虽说完全是把人装扮成了木偶，但是其实还是木偶这么个形式。还有第三种形式，人和木偶同台，人是真人。比如七个小矮人和白雪公主，那个大人是真人。

操纵木偶

采访人：您对年轻一辈的木偶人有些什么寄语？

柳和海：我感觉我们年轻的演员要有自己的想法，要给木偶事业添上一个新的篇章，我是对下一代的演员提出这么一个期望的。木偶戏需要开发的地方还有好多，像京剧、昆曲等都传承了好多年了，其实它们也是慢慢成形的。木偶也是一样，刚刚出了一个芽，还有很多领域没有被开发出来，需要我们一代代去挖掘，不要停留在前人的经验上。我们现在说"海派木偶"，估计也是这个意思，开发一些我们没开发的东西，变成艺术舞台上的一个新品种。但是木偶还是应该保留其原汁原味，搞成不伦不类就不对了。我们这代人年纪大了，需要靠年轻人接过棒了。我们这一代完成了我们的传承任务，而下面这一代年轻人还要开拓新的领域，把木偶进一步传承下去。

（采访：陈　娅　整理：陈　娅）

写木偶需要想象能力
——钟晓婷口述

钟晓婷,1960年出生,籍贯广东。国家一级编剧。1982年毕业于上海戏剧学院戏剧文学系。1987年从北京引进至上海木偶剧团担任编剧,在岗工作28年,曾任剧团艺委会主任。自担任上海木偶剧团编剧后为剧团创作的上演剧目有《哪吒神遇钛星人》(第三届文华新剧目奖、全国木偶皮影大赛编剧奖)、《妈妈的丑小鸭》(捷克国际木偶艺术节儿童剧奖)、《海的女儿》(乌克兰国家木偶艺术节最佳剧目奖)、《阿里巴巴》(首届上海国际木偶艺术节最佳木偶艺术奖)等约二十个。其间,撰写的"海派木偶戏"申遗报告通过上海市非物质文化遗产项目和国家级非物质文化遗产项目的审定,撰写的《海派木偶戏漫谈》《人偶合一的创造》等发表于报刊。担任《小木偶大文化》文集执行主编,并撰写《海派木偶戏》、策划《木痴偶德》等书。

采访人: 钟老师,您好,欢迎您参加我们木偶戏口述项目的拍摄。请您简单地介绍一下自己。

钟晓婷： 我叫钟晓婷，出生于1960年。1978年考入上海戏剧学院戏剧文学系。我是班里年龄最小的，社会阅历也是最浅的，但是我的吸收能力比较强，有上进心，有幸得到了老师的培养。1982年我毕业分配到了北京，进了中国戏剧家协会。我在研究室和《中国戏剧年鉴》都工作过，主要从事编辑工作。但因为我是上海人，父母也都在上海，还是比较向往回上海工作。

采访人： 您是什么时候进上海木偶剧团的呢？

钟晓婷： 当时上海木偶剧团的编剧岗位缺人，我就借着这个机会回上海工作了。1986年10月，我借调到上海木偶剧团；1987年3月，经上海市人事局和文化局审批，作为人才引进到了上海木偶剧团担任正式编剧。剧团给我的第一个任务是写幼儿小戏。那个时候，我们创作组大概有十几个人，有三四个编剧，还有导演、编舞、舞美设计、造型设计等，行当齐全。每周一或者周五，我们都有一次碰头的机会，学习党的文艺政策、探讨剧本，还有关于外面的文艺形势等各方面的交流，很充实。

我当时写了一个小戏，有关哪吒和机器人的戏。我们团长看了以后觉得很有趣，因为这方面的题材我们之前从来没有涉及。团长问我是不是可以把它发展成一个大戏。我的兴趣比较广泛，各方面的书都看，我还订了《飞碟杂志》。我觉得"外星人"这个题材可能在木偶戏上会有比较大的发挥。木偶的表演有两大特色，一个是仿真，演员用木偶模仿真人表演得特别真实，那种细小的东西都能到位。观众会觉得这个动作可能真人演起来比较方便，但是木偶演起来就比较困难，所以演得特别真也是一个绝活。还有一个特色就是木偶本身是可以大卸八块、可以拼装、可以把想象无限放大的。所以要是能把"外星人"引入木偶戏里，就很容易出效果。正是基于这样的考虑，我觉得这个题材是可以深入下去的。

我大概先后写了13稿，得到了老同志的大力帮助，每个人都和我说我这个戏应该怎么写。每一次讨论会也都非常激烈,这个不行、那样不行,怎样会更好,大家出了很多主意,真的是非常难忘。那个时候上海的创作中心的一些资深编剧会到剧团来,了解我们是否有一些比较好的题材或者剧本。当时这个戏是被列入重点项目的,所以这些编剧也一直在关心这个戏,花了很多力气。我还记得我们大概先后有两三次被集中到一个封闭式的讨论室里,在大学里或者研究所里,专门讨论《哪吒神遇钛星人》剧本。

1992年正好有一个契机,首届木偶皮影大赛如火如荼举行。经过我们剧团反复论证之后,觉得拿这个题材去,肯定能取胜。上海木偶剧团在全国的木偶界是有一定地位的,综合实力比较突出,舞台综合能力比较强,一直处于全国领先地位。1992年10月我们到了北京,在东华门中国儿艺剧场首演。当时的第一炮就非常轰动,所有的木偶同行都说,哇,上海木偶剧团真是拿出了一个意想不到的题材啊!我们那时候虽然号称"高科技",实际上木偶特技都是用一种简单的技术替代的,但给人的感觉是挺酷炫的。

《哪吒神遇钛星人》剧照

采访人： 您能举个例子吗？

钟晓婷： 飞船飞上去，然后下面冒火花，配合表演，给观众的视觉冲击是很不得了的，这都是舞美等各方面配合的效果。还有空中大战，有许多飞来飞去的画面，其实都是涂了荧光粉的球扔来扔去，但给人的感觉是非常眼花缭乱的。我唯一参加演出的就是这次，因为这部剧的最后有一个哪吒莲花化雨的场面。花瓣要开，雨要下下来，但没那么多的演员来托着花瓣。我们到北京去参加比赛，人数是限定的，所以我就去参加了这场莲花花瓣的表演，去帮着托一下。这是我唯一一次上木偶舞台的经历。

采访人： 观众们对《哪吒神遇钛星人》的评价如何？

钟晓婷： 我最近在编地方志的时候，翻阅了大量有关我们团的报道。《哪吒神遇钛星人》的剧评在各大报纸上大概有十几篇。1993年第三届文华奖上，这个剧拿到了"新剧目奖"，我个人获得了全国木偶皮影比赛的"编剧奖"。现在回想起来，感到自己真的是很幸运。这部剧使我的事业有了一个比较高的起点，也激励我每次写一部新戏的时候，要审视自己、超越自己。这是我一直追求的，现在我也是这么认为的，如果不能超越，只是这么随便一写，就对不起木偶事业，也对不起自己。

采访人：《哪吒神遇钛星人》这部剧对您的意义是什么？

钟晓婷： 从这个戏开始，我对木偶艺术的本质就有了比较深刻的了解。同时我也继续跟赵根楼导演学习。赵导可以说是我事业的引路人。当年我从北京进入上海木偶剧团时，他是常务副团长，是他把我引进剧团的。另外，他也给我的剧本提出修改意见。木偶剧的剧本创作流程是这样的，编剧出了一个新剧本以后，先交给导演修改。因为导演调整后的剧本，更能适合木偶戏的实际演出。赵老师自身也是一名编导，给了我很多启示。他跟我说，你的主线是怎么样的，不要写那么多的副线，会让你看不清。因为木偶剧的容量就是一个多小时，主线需要写得一波三折，每个人物最好都有自己的特色。我受到了很大的启发。

《哪吒神遇钛星人》剧照

赵老师本来是演员,后来自学成才的,并不是学院出身,但他实践很多。我觉得他是属于编导中能把木偶编剧理论说得头头是道的。

采访人: 能和我们聊聊您的作品《天使的玩笑》吗?

钟晓婷: 我写过许多小戏。1999年的时候,我跟陈为群导演合作,他曾是一名演员,现在是我们上海木偶的非遗传承人。他是中国杖头木偶界的第一人,因为他的操纵技巧特别高超。我跟他的合作就是另外一种方式了。他的点子特别多,会冒出那种零星的火花,会跟你说很多很多。我觉得我跟他的合作是最能激发灵感的,我可以用我的长处去和他的那些灵感融合在一起。我们合作的《天使的玩笑》,是我执笔写的一部带有幻想性质的作品。剧中有一个快乐天使,一个忧愁天使,她们在天上看到地球上的人类有一种疾病,然后就说应该教育那些养尊处优的孩子们。后来的故事是通过两个孩子暑假去旅游来展开的。其实他们是到了一个架空的地方。比如说原始星球很保守,处于很落后的状态,他们去了以后就有了一番纠葛。第二个星球是到了乐乐星球,这是一个动物星球,人去了以后被当成怪物,他们被抓住了后就受到了动物们的虐待,引起了人类的反思。最后到了铁石星球,那是一个机器人控制的后现代主义社会。小朋友很喜欢这部剧,包括我儿子,他二十几岁了还是很怀念这个戏,他说很有趣。陈为群老师是一个很有天赋的人,特别是他在表演上能提出许多想法,我跟他在合作中不断学习,收获非常多。

后来,我还陆陆续续地改编了一些世界名著。为什么后来方向会转到改编上呢?2005年,我们回迁到仙乐剧场的时候,当时的团长何晓星说,你做编剧那么多年了,是不是可以思考一下我们未来的十年计划,或者五年计划,我们一定要有整体规划。上海木偶剧团作为一个国家剧院,在世界上我们都可以排得上名次的。因为在国外,木偶剧团更多的是家庭班子的规模,特别是东欧地区,只有俄罗斯等国还有些大的木偶剧团。我问何晓星,我们现在市场上需要什么?他说尽可能不要搞原创,因为失败的可能性比较大,现在市场上需要大量的名著改编,孩子们和家长都喜欢。所以后来剧本的发展方向就是改编。直到现在

《天使的玩笑》剧照

我们的许多剧目都是按照这样的方式走的,十年计划肯定是完成了。

采访人: 改编的剧本有没有让你特别难忘的?或者是比较难改的?

钟晓婷: 我们后来都是演人偶剧了,很可惜,我们也是想坚持,因为没有木偶特色的话,那和市场上的儿童剧有什么区别呢?但是制作人回答你的永远是——我们要卖票,卖不出去的话我们就没法生存。所以后来慢慢地"人"的元素多了,"偶"的元素少了。我的改编不是照搬的,修改幅度都是蛮大的,包括《灰姑娘》《海的女儿》《丑小鸭》等,都是我改的。创作《妈妈的丑小鸭》的时候我就想搞音乐剧了,但是说实在的,我觉得我们的表演技能达不到要求。所以这个戏更多的元素还是在音乐配乐上,剧中唱了一些歌,但听不太清歌词。这个剧本发到演员手里的时候,他们反而觉得这个剧本是真正的木偶戏。我就问他们为什么,他们说,全剧没有一句台词,更多的是动作和唱。演员认为,木偶剧其实真的只需要这些,台词过多或者情节过于复杂的话,演起来很困难。如果人物情感特别复杂,一般的常规戏剧需要表达的那部分东西,到了木偶剧里就会显得特别难。因为时间拖得长,孩子们就会很不耐烦,孩子们更希望看到有变化的东西。三五分钟的频率,木偶在舞台上就有一个亮点,那就能紧紧抓住他们的心了。

采访人: 受众不一样,孩子们可能对现代戏的理解不如成人?

钟晓婷: 对,就是这样的。总结起来,我觉得木偶剧是要线索清楚、语言凝练、性格鲜明,人物不要太多太复杂,故事最好是一波三折的,这样更能吸引孩子。木偶剧有别于一般的常规戏剧,编剧在考虑剧本的时候,就要考虑它的木偶性。如果没有木偶性,就不能成为一部好的木偶剧。木偶性,就是木偶能够发挥的特性,还有木偶的情绪也是需要在创作中摸索的。

采访人: 您刚去剧团的时候是以编剧的身份进去的。但是当时上海木偶剧团的人手有限,您不仅从事了编剧的工作,也担负了一些特殊的任务,后来慢慢地是怎么把工作重心转到了非物质文化遗产(以下简称非遗）上的？

钟晓婷： 2005年的时候，我们剧团内部改变了运作方式，是以企业的方式，即以主管、制作人这种方式在运作。我当时就做了创作主管。后来2008年的时候我调到了剧团的办公室，因为没有多余的人去从事文字工作，就让我去兼职。办公室所有关于文字的工作都让我做，有的时候忙起来，连党政的工作也让我去写稿。后来木偶戏申报上海市非遗的事就由我负责，当时我不接手这个任务的话，也就没有人做了。因为那个时候剧团就剩我这么一个专职编剧。我从内心深处对非遗工作有比较深切的感受，而且我不做这份工作，可能老同志的那份功绩就流失了。后续申请的非遗项目，包括钱时信老师出书，都是这次申请以后得到资金才开始做的。非遗申报报告从无到有，都是经过我的梳理，我把木偶剧团的历史都整理了一遍。先是申报上海市的非遗项目，然后是国家级的非遗项目，目前我们剧团有六个上海市非遗代表性传承人，一个国家级非遗代表性传承人。同时我还做着编剧工作，后来也写过一些戏。我真的是很苦恼，因为没有更多的时间。我是2015年退休的，按照我的职称，正好女干部可以放宽到60岁。但是我实在觉得这个担子太沉重了，就想退下来，让剧团马上去培养年轻人，而剧团的意思是想让我留下来培养新人。在我的呼吁下，这个岗位现在是两个人来负责，编剧是编剧，非遗是非遗。我说非遗工作不能再让编剧去做了，以他们现在的能力，能够好好编戏就已经很不错了，于是这两个岗位就被分开了。

当时剧团办公室文字工作人员的流动性比较大，因为社会多元化的选择很多，年轻人来了之后觉得收入不高，同时对这份工作没有更多的兴趣，于是不久后就离开了。然后再换人，又得从头开始教。一开始真的是像老师授课一样，希望他能喜欢这个专业，也耐心跟他说你可以做到什么样的程度。但是教完了他就走了，我非常失望。后来又来了第二个人，两个人都是硕士，他们都会问："我的前途在哪里？

我的上升空间在哪里？"

采访人：整个团当时大概多少人？

钟晓婷：也就一百人左右，其他编剧都比我年长很多，陆续退休了，和我同时代的编剧几乎没有了。那个时候也进来一位，他只待了一年多就离开了，之后也就没有再培养了。当时搞文字工作，能够写写东西的人几乎没有，在这样的背景下团领导让我搞非遗，我觉得好艰难，因为我对木偶的历史可以说是一点也不知道。我只知道我们团里有"老八哥"，上海木偶剧团是从他们那里演变的，但是再具体的我就不清楚了。后来领导说一个月完成任务，我就去找钱时信老师，我觉得他可以给我指路。我事先每天给他出十个左右的题目，就像采访提纲一样。然后天天上午到他家里去，中午回来休息一会儿，下午再去，一直聊了两个星期以后我才慢慢有底气。当时我们有一本上海市的《木偶地方志》，没有公开出版。我看完这本书以后还请教了同事丁言昭，她是我的前辈，是研究中国木偶历史的第一人，她对"老八哥"的情况比较熟悉。她还对从1960年建团开始，到1995年左右的剧团历史比较熟悉。我全面了解下来，就能顺理成章地去写这个报告，最后通过了非遗申报。2009年，海派木偶戏就被认定为上海市非遗项目。隔两年我们就可以申报国家级的非遗项目了，于是2011年我们就去申报了。但是申请要求又有所不同，可能更严格一点，2012年公示国家级非遗项目通过。

采访人：当时谁被评为非遗传承人？

钟晓婷：我们上海市的非遗传承人首批申报了两位，一位是卢萍老师，另一位是郑国芳老师。现在郑国芳老师是国家级的非遗传承人了。非遗的传承人是有非遗项目资金资助的，是需要每年去申请的。当时我们领导认为，把现在还在从事这个工作的人员要先去申报非遗传承人，而已经不再从事这个工作的老同志，就可以暂时先放一放。其间有一次申报的时候，上面领导对我们的做法有一些不认同。他说你们的老同志还健在，徒弟都是非遗传承人了，而师傅还不是，你们要补！当时只给我两三天的时间，把补充资料准备好。好在我之前的工作非常充分，对他们有着很深入的了解，只要再去补充一些内容就可以申请了。

我们马上就去给钱时信老师补报了第二批上海市非遗传承人。然后，我把这个问题考虑得比较全面了，就跟团长说，和钱时信老师同时代的还有一位陈明兰老师，他在舞台上演出了五十多年，十几岁就开始演木偶戏，一直到六十岁退休。上海木偶剧团的前身是"上海红星木偶京剧团"，再前身就是"全福堂"，这是江苏泰兴的一个戏班，就是他们陈家的，这个是真正的传人，我们也要给陈明兰申报。领导说如果我觉得不麻烦的话就报。后来经过一番周折，最后两个人都被批下来，我真的很开心。

我们国家级的项目审批以后，再申报了传承人，第一批是申报了郑国芳老师，我当时觉得很兴奋，因为可以有资金让我们做这部分的工作，我们大概报了五个项目，其中有两个项目是关于老艺人的。

一个就是钱时信老师的《木痴偶德》，这本书记载了他对木偶的观念和从艺经历。钱老师很能说，思路也很清晰，但是写的话有一点困难，一个原因是年纪大了，另外一个是受限于文化水准。我们就请了一位小同志给他做笔录，整理出来以后我们再重新规划，等于出了一个目录。我们多次跟钱老师进行了沟通，有的时候他会打电话给我，让我过去进行修改。每次去之后，他很仔细地说哪里需要补充、哪里需要删除，我们就根据他的要求修改，后来很顺利地在中国戏剧出版社出了这本书。没多久，出版社的编辑就告诉我，有人打电话来，要买这本书。因为这本书是上海木偶剧团自己出的，出版社只留了几本样书。我得到了这个消息后非常开心，马上跟编辑说，让需要购书的读者联系我们剧团。这说明《木痴偶德》在全国还是有影响力的。钱老师出版这本书的愿望，是很久前就有的，但是当时团里不重视。那个时候他更年轻，希望做一些木偶的实例，现在已经力不从心了。他说你能给我搞完

钟晓婷在木偶博物馆

这本书,已经实现了我的大愿望。

另一个是陈明兰老师的项目。陈明兰老师虽然八十多岁了,耳朵比较聋,也有一些慢性病,但是体力还是可以。他说:"我一定要自己演,把我的老戏给录下来,让我们团的资料室帮我录一下。"后来我就想,毕竟年纪大了,他要搞那么多老戏是有困难的。另外,我们也想去做源头的探寻,把它做成片子,寻找我们海派木偶戏的老祖宗到底在哪里。后来有家文化出版公司给他录了《陈明兰的舞台前后》的录像。当时,我们特地还去找了三根棍的木偶,就是江苏最早的杖头木偶的前身。三根棍的木偶在我们单位已经找不到了,我们是到扬州木偶剧团去借的,还有一部分是让我们的设计师重新做的。最早的江苏木偶戏是唱土京剧的,唱和演是连在一起的。按照陈明兰老师说的,唱得好就算演得好。他是唱老生的。这个木偶的局限性很大,只有三根棍,一个"命棍"、两个"手钎"、一个肩膀,衣服是披在上面的。我还联系了位民间艺人,想让她和陈明兰老师一起合演。她是泰兴的一位民间艺人,她家还有几十个木偶,每年非遗日肯定会到泰兴文化馆演出的,但是现在如果让她单靠演出生存是不行的,所以就到处走穴,有的时候在无锡。后来钱时信老师回乡的时候终于找到了她的电话,我都跟她说好了,让她跟陈明兰老师合演,她也同意了,结果后来电话再打过去就是空号了,挺遗憾的。如果我们能找到那个戏班子的木偶,这位民间艺人能来和陈老师合演的话,我想这个片子就更有意义了。

采访人： 那现在您还在进行新的非遗项目的申请吗？

钟晓婷： 之前我们申请的上海市非遗项目，有一个项目已经批下来了，但现在资金还没到位，是给陈为群老师出一本关于表演理论的书。他是钱时信老师的学生，1960年进上海木偶剧团，原先是唱歌剧的，到了儿艺木偶学员班以后，非常喜欢木偶。我个人认为钱时信老师和陈为群老师，他们天生就是为木偶而生的。他们对于木偶的理解，没有人能够赶得上，因为他们脑子里时时都会迸发火花，跟他合作是一件非常幸运的事情。所以我一直和我们现在的年轻编剧说，你们要跟不同的导演合作，就会有长进，不能老是跟一个人合作，那可能就有一点局限性了。现在的实践太少了，我们那个时候每年要报创作任务，我不会只报一台，可能报两三个题材。我希望得到领导的认可，领导让你写，是很幸运的，因为有那么多编剧，什么时候轮得上你啊，心里非常着急。

采访人： 当年的创作氛围是怎样的呢？

钟晓婷： 当时进了上海木偶剧团不久，我们编剧每年都要自己申报题材，团里要求的创作任务是一台大戏和一台小戏，但是作为我来说，小戏我可能会申报两三个，因为我希望得到领导的认可，能够让我有机会创作，如果我申报的题材两三年都轮不上，心里就会很着急。我平时更多的是去关注一些儿童小说，或者是我觉得可以改编成木偶戏的题材，我都会向领导提议。领导也会权衡安排，说这个题材不错，你可以创作。然后到了一定的时候，会有两三个本子一起拿过来，创作组全部人员在那里朗读，大家都可以发表意见。不像现在就只会说"嗯""好""不错"，那个时候是很针锋相对的，有的人甚至全盘否定你的创作思路。那个时候，编剧真的要有一定的承受能力。

采访人： 但是现在事后回想，会不会觉得就是因为这样的氛围，更能激发创作的火花？因为大家只是针对作品，不是针对个人。

钟晓婷： 对。我会想为什么不认可我的，而认可他的作品。我一定要根据木偶舞台的需要去创作。如果不被认可,我就会觉得很难受,当时我们团里那种竞争的氛围特别浓厚,这个状态大概一直持续到2002年。听我们的前辈说,我们剧团最厉害的时候是十八员创作大将,当时真的很厉害。赵根楼老师对我也有一个基本的认定,他说你是从戏剧文学系过来的,先后有很多人来上海木偶剧团做专业编剧,你是进入状态最快的。你能够适应木偶,是因为你的想象能力充足,写木偶需要想象能力,稀奇古怪的想法越多越好。如果你是按部就班、很严肃的,那肯定是不行的。赵老师的评价,我听了心里挺高兴,对我也有一个激励作用。在专业编剧里,我上演的剧目,应该说至今为止是最多的。

采访人: 您统计过您上演的剧目一共有多少部吗?

钟晓婷: 将近二十部。所以现在我觉得,我要坐下来让年轻同志有更多的机会。为什么我要退这步呢?如果我还跟他们在同一条线上,可能他们的机会就少了,我希望能站在身后去支持他们。我去年重写了《灰姑娘》,这部戏卖得特别好,为了适合今天的舞台演出,需要重写。我不能把过去的那些东西再拿出来演,肯定要重新包装,要有一点音乐剧的元素。《小人国大人国》就有音乐剧的元素,里面大概有十几首歌,歌词基本上是我写的。2017年12月,我们要去参加全国木偶皮影大赛,团里要把《小人国大人国》带过去。

采访人: 您跟着剧团到国外出访过,有什么收获呢?

钟晓婷: 编剧一般是不让出国的,但是我写了《哪吒神遇钛星人》以后,老团长张兆祥很看重我,把各种荣誉都给我了,他安排了我一次出访。1996年左右,我去捷克参加布拉格的木偶艺术节,非常有幸看到了世界各地的各种木偶表演,也去了黑光剧场。后来我们团回到上海以后搞了《春的畅想》,就是根据他们这个黑光戏来的,运用了他们那种灯光形式。我觉得出访还是挺开阔视野的,希望有更多的机会去世界各地看看,但是至今为止,我们编剧的机会很少。

采访人：您对年轻人寄予的希望或者感悟有哪些？对目前的状况有担忧吗？

钟晓婷：先说句题外话，我觉得如今社会的选择比较多，年轻人做事总会考虑到经济利益，有时候做这个事情的收入不多，兴趣就不大了。以前我在做编剧的时候，也尝试写其他东西，比如电视剧、电影我都写过。为什么？我觉得这对木偶创作有好处，你能驾驭这些题材之后，再回头来写木偶剧，会觉得很轻松。我们去年招进两个年轻人，一个是在社会上已经有一定的实践，而且他的水平是高于我们现在编剧水平的。但是他不能把握好剧团工作和外面业务的关系，我们剧团给他的工资也只能维持他最简单的生活，他不能全心全意在这里，觉得在这里会饿死，还得去外面发展。他后来几次的行为让我非常失望，到交剧本的最后一天才交或者不交，或者随便给你写一个。当时团里把故事的版权买下来以后，领导安排我跟他合作，我就跟他说，钟老师不跟你合作，把机会让给你，我在幕后，你放心好了，我会全心全意支持你的，你一个人写对你有好处，能力可以得到锻炼。我跟领导也是这么说的。领导怕他撑不住。我说你别担心，我不要名，但是我会支持他，给他一次机会。但是应该到7日申报的时候，他8日凌晨才给我文稿，我非常生气，这样的人我们剧团怎么留下呢？还有一个年轻的编剧是2007年左右进来的，她对木偶各方面有一些了解，也开始创作一些大戏、小戏。但是我真的觉得他们实践不够。年轻人觉得他们的作品不能是废的，写一部就要成一部，这就是问题的根源了。像我们那个时候，因为种种原因有时候写出来的剧本不能上、搁浅了，我们是没有怨言的，现在的年轻人就做不到了。我觉得做这个行当首先要沉下心来，守得住清贫就有出头之日，积累到一定程度的时候，会给你带来无穷的财富。

采访人：现在上海木偶剧团的创作氛围是怎样的？

钟晓婷：目前团里聘我当艺术指导，我们也没有专门的艺术室，后来艺创室的领导还是我来担任。现在我手下有两个编剧和一个导演。2005年以后,编剧、导演特别少,不能让一个人空下来,团里就把我调到办公室,然后舞美设计就到演出队做演员,造型设计就在工场间做木偶了。那个时候的工资在我们艺术院团里算是比较高的,团里说把钱都补给我们了。上海木偶剧团的特色就是——"编剧兼其他""舞美设计兼其他"。有合适我们的岗位我们就要去做,所以那个时候已经没有可以静下心来讨论事情的氛围了。剧本是等领导下拨,或者聘请外来人员给我们写的。2002年的时候已经没有编导组了,赵根楼老师退休了,舞美设计老师也退休了,人一下子变得很少。一个编剧,就是我,一个造型设计,一个舞美设计,就我们三个人了。

现任团长是2013年上任的,希望能够恢复一点老的传统,能够一起讨论剧本,有良好的创作氛围。于是把那些小同志聚在一起,但是不要求每周都碰头,而是过一段时间有事了就集中一下,有剧本了就讨论。其实我们碰头,更多的是对他们进行心理疏导,有的小同志觉得简直就做不下去,前途很渺茫,要离开。我总会跟小同志说,这个事情应该怎么做,你听我的安排,我不会让你们觉得你在这里是没有作用的。只要他们有一点有火花的地方我就拼命表扬,"你比过去进步不少,真的可以的""你一定可以的""我给你规划一下你的人生可以达到什么样的高度",这个时候他们就沉下心来了。

其中有一个导演一直和我有交流,她后来创作了一个小戏《天使的翅膀》,获得了导演新人奖,她非常高兴地跟我说:"钟老师,多亏了你的鼓励,不然我坚持不下来。"她就是我之前说过的离开演出队到我们这里来的,当时她觉得没什么事情可做,大的戏也不让她排,不晓得前途在哪里。去年她还在困惑,我说你不要困惑,现在是你最好的时机,团里没有导演了,没有人跟你竞争了,你要抓住各种机会,不要小看小戏,如果你的小戏能顺理成章地驾驭好,经过多次实践以后就可以飞跃到大戏。人生有些事情可以慢一点考虑,机会只有一次,放弃了就没有了,抓住这次你就会达到下一个高度。她说她希望到更活跃一点的地方去。我说你到别的地方去是从零开始,别人不会认可你"导演"这个身份的,而且经验也不一样,你在团里放着那么好的机会不要,却要到另外一个地方重新开始,未必能够成功。

现在上海大学居然设了非遗专业,非常了不起。我们后来招了这个专业的毕业生,对非遗这个概念我就不需要再去灌输给他了,有人觉得非遗没什么意思,但是这个专业的毕业生懂,她知道非遗的意义在哪里。她说:"我不在乎进来拿多少钱,我在乎发展前途在哪里。"我跟她说,木偶和戏剧对你来说是全新的领域,你只要有作为,就一定有人生高度。我们的前辈丁言昭老师要把她积累了四十年左右的木偶资料都送给我个人,我说要不你给单位吧。我跟领导说,丁老师要把这些资料给我个人,我个人不接收,她就说给单位,我就问你一下要不要。团长说,要要要,怎么不要呢?我还问团长,这是我最关心的一点,我说,你们怎么保管?他说扫描。好,有这句话我就去拿。另外我觉得原件还应该留着,只要我在单位一天,肯定会把原件收好,但是如果我以后离开了,万一原件不能妥善保管,我真的是很担忧。我就跟我现在新来的同事说了,你要了解的中国木偶、皮影情况都在这些资料里了,你去外面找可能都找不到。你可以设立专题去研究这方面的内容,这就是你人生的高度,你完全能够做到全国第一,因为海派木偶戏方面的课题在全国范围内还是空白的。我说你如果有兴趣,将来可以继续跟我交流,我今天在这个岗位上,我们交流很方便,如果我退休了,你有兴趣的话我还可以全心全意地来帮助你。你以后可以去院校和学会讲课,那个时候你是全国性的专家,这就是你的人生高度。她这么一听,就觉得还不错。

采访人: 这些资料都非常珍贵吧?

钟晓婷: 是的,20世纪40年代的泛黄的报纸都在,许多老同志看到这些东西都觉得特别珍贵。我把这些原件都锁在我办公室里,还不让它们进资料室,怕别人保管不力。我们团有几个公认的木偶痴,一个就是钱时信老师,他真的非常热爱木偶,还有丁言昭老师,她对木偶史料非常痴迷。丁老师是我们出版界老领导丁景唐的女儿。她是1969年上海戏剧学院戏剧文学系毕业的。她到我们单位做了编剧以后,写的大戏并不多,大概也就两三个,主要是写小戏。她根据自己的兴趣,写了一本《中国木偶史》,这本书是学林出版社出版的,很有意义,今天已经绝版了,她应该算是木偶史料界的第一人。她退休以后,因为她父亲的关系,去做一些现代女性作家的研究。所以她说,我现在不研究木偶,就不占着史料了,把它贡献出来。

采访人: 从编剧或者剧团的发展角度看,您觉得存在什么问题? 您对木偶的发展有哪些期望?

钟晓婷: 在木偶表演人才这方面,我们还是要学好杖头木偶,这是我们的根基,不能丢弃。时代在发展,我们如果把本体丢失了,那么事业就不会得到发展。我们手里的木偶不是一个道具,而是活生生的人物。现在很多年轻人上台,就耍两下这个东西,这是不行的,必须要全身心投入,所以必须要向老同志们虚心学习,在每次磨炼中得到锻炼,多演、多看、多思考。在编剧这方面,年轻人要多实践,能够守得住清贫,不要怕你的积累是白废的。即便你的剧目今天不能上演,也可以通过每一部戏来累积自己的经验。人生要给自己设立坐标,横向是数量,一定要不停磨砺你的笔。有的同志是"有任务就写,写完就把笔放下",这是不行的。只要几天不拿笔,写作水平肯定就会后退。还有个纵向的人生目标,你要达到一个什么高度,自己一定要先设立。现在好多年轻人都是稀里糊涂的。如果有了横向和纵向坐标的统一,我们肯定能进步。作为编导,我觉得一定要多读书、读好书,保持一颗童心,能够低下身子、弯下腰给孩子讲故事。

(采访:王 颖 整理:陈 娅)

木偶戏太好玩了

——钱时信口述

钱时信,1930年出生,2018年去世,江苏泰县人,国家一级演员,海派木偶戏传承人。曾任上海木偶剧团副团长,上海木偶剧团艺术指导,中国戏剧家协会理事,上海戏剧家协会常务理事,上海木偶皮影艺术学会会长,上海文联委员。1946年起先后在泰县全福堂、民福堂木偶班学艺,1953年到上海加入上海红星木偶京剧团,擅长表演旦角。1956年任上海红星木偶剧团团长,积极进行木偶改革,被评为全国文化先进工作者,并出席全国群英会,后多次被评为上海市文教先进工作者。1960年参加全国木偶皮影会演,被评为制作活动木偶能手。多年来,他创造性地制作了大量的木偶特技,解决了《孙悟空三打白骨精》《红宝石》《白雪公主》等许多木偶戏中的技术难题。1992年因《哪吒神遇钛星人》获特技设计奖。他三次担任学员班的木偶操纵表演教员和木偶制作教员,并编写教材《操纵杖头木偶的基本方法》(共3套)。1984年和1987年两次被派往挪威讲学。在剧团、文化局的支持下,退休前编、创、制作、导演了一台皮影戏,包括《鹤与龟》《鸡斗》《狐狸与乌鸦》《熊猫与金丝猴》。

采访人： 钱老师，您好。请和我们说说您的生活经历。

钱时信： 我叫钱时信，出生于江苏省泰县大泗镇大马村一个贫寒的农民家庭，想想这一切，真是酸甜苦辣马上就涌出来了。我为什么今天要讲这些东西呢？什么事情总得一个圆嘛，从头谈起来好听。我家里很贫寒，但是不缺爱。为什么这样说呢？我爸爸妈妈整天辛勤劳动，家里没有地，租了富农四亩地，要养活我们三四口，哪儿来的钱呢？就靠自己拼命劳动，当长工、当短工、当临时工。我也做过临时工，才几岁就去做临时工，到富农家拔萝卜、洗萝卜，他给我饭吃，但不给我钱。到第二年，账记好了，忙的时候又要我去帮他，到地里干活，一工抵一工，这也算是他们帮了我家的忙。就在这种情况之下，家里是很苦的，但是却很和睦。爸爸妈妈除了整天劳动，同时也关爱我们、养活我们。我们也很听话，不捣蛋。

父母对我最大的爱是供我读书，我一想起来，心中的感觉就没有办法来形容，我感谢我的父母这样做。我从来没有听我爸爸妈妈讲过我祖先谁识字，没有提到我祖辈们读过书，可从我这里开始，父母却让我去读书。难啊，当时不理解，只晓得他们很苦又爱我们，但是现在想想有多难啊，让我读了五年书。怎么读的呢？大概在我七八岁的时候，我妈妈找了一个相命先生给我相命，我也不懂，相就相吧。相命的看看这儿，看看那儿，问我爱做什么，在家里干过什么事，他后来把我爸爸妈妈喊到边上说："你这个最小的儿子活不了三十岁，你们要好好照顾他。"我妈妈就问："为什么呢？""你看，他很瘦，人又长得高，风吹就感觉能飘起来，他活不了三十岁。哦，还有，他聪明，你看他做的事，自己玩的东西都自己做，太聪明的人活不长。"就这两个理由，他说我活不到三十岁，爸爸妈妈始终拿这个事跟邻居说，邻居只是说"他要活多久就活多久，管他呢"。可是，父母有父母的想法，给我特殊待遇，想让我读几天书。我现在才明白，姐妹那么多，一个都不读书，祖上也没人读书，为什么我来开这个头去读书呢，那都是父母的善意、父母的爱。这五年读私塾，对我后来的工作帮了很大的忙，否则我对问题的看法和理解，不可能那样顺利，这五年给我打下了很好的基础。

穷人家被剥夺了很多快乐，但我也有我的童年啊，我的童年别人剥夺不了。我小时候很乖，好动脑子、好发现问题、好问问题、好动手、喜欢玩。有钱人家的孩子玩这个玩那个，我爸爸妈妈没有钱买，我们也从来都不开口要，我看着人家玩，我就自己做。像兔子灯、蛤蟆灯，我都是自己做，邻居的孩子要，我也给他做，开心啊！

采访人：您是什么时候开始接触木偶戏的？

钱时信：我是六岁开始接触木偶戏。那年冬天，一个山东扁担戏到南方来谋生，我哥哥就把我拉去，他说去看木偶戏，我说好啊。一看木偶戏，真热闹啊。他们演《王小二打虎》，王小二被老虎吃到肚子里头，我们小孩都着急啊，后来，王小二出来了，大家拍手。然后伸出一只手，拿出一个锣，问我们要钱，我们傻了，没钱啊！后来我哥哥对我说："老二，回去，问妈妈要个山芋给他。"我就回去了，跟她说："妈妈，我要吃个山芋。"从这时开始，我对木偶戏产生了兴趣，有感情，觉得这个木偶戏太好玩了。但是怎么玩？不知道。后来，我们那里演木偶戏的很多，我们旁边有一个村，我学木偶戏的戏班全福堂就在其中。这一个村子，二十几户人家就有五个戏班，我到现在都记得有陈盛堂、陈盛稳、陈盛昌、陈盛阙、陈盛岭等带领的戏班。

我从这时开始就有一点入迷了。一听到锣鼓响就往那儿奔。我好动、好玩，我也要自己做个木偶来玩玩。拿什么做呢？家里白果很多，把那个白果拿筷子一捅，画个眼睛、插个鸡毛，身上弄个手，在打架。光打架不好看，没有衣服，我就在家里找，把妈妈的一件花衣服剪了，不管做得怎么样，很好玩。最后嘛，妈妈知道了，把我找过去："你这怎么回事？你这个布是哪儿来的？"我说："是抽屉里的衣服剪的。""那是我的衣服啊！你剪了我明天出去穿什么？"我一声也不吭，后来被妈妈罚了，我求饶，以后再也不做这种事了。但是玩的童性还在那里发作，喜欢模仿。我把玉米秆砍下来做手枪、手榴弹，玉米须须做老人的胡子等。

到了十岁，父母才下了决心让我读书，读了五年。后来为什么不读了呢？家里付不起学费，负担实在太重了。当时我读了《三字经》《百家姓》《千字文》《大学》《中庸》《论语》。读到《中庸》就已经很费力了，读到《孟子》就完全看不懂了。我到老师那儿，背一背，就走了，一边读书还要一边帮家里干活。因为要读书，地里的活不用我去干，放学回来去弄猪草。有钱人家的孩子，老师就给他加时间，给他解释。于是我就跟老师说："我也想听一下，讲的这个我还不懂。""你还想听？你到现在家里学费还没交呢。"我就跟爸爸说了，爸爸妈妈商量了一下，伤心得流泪，好了，就这样吧，算了。也读了五年了，所以就这样读了五年书不读了。家里种了四亩地，每亩收两百斤粮食，到了年关的时候，把两亩地的粮食折成钱上交给富农，这样一来，哪儿还有钱呢？另外两亩地的粮食要养家的。爸爸妈妈除了平日田里种地，再就靠家里养猪养鸡。到年终，把猪卖掉，那钱要去租佃，所以就没有钱，是很穷的。但是我们不缺爱，我深深体会到我们的家庭很和睦，我们享受到了父母的爱。后来我常常用这个事情勉励自己，父母很早就走了，我只想把我的工作做好，好好做人，我想这样他们是会开心的。

当初学戏，喜欢不等于就能从事这个专业。1946年，日本人刚投降的时候，情况起了变化。日本人投降了，内战开始了，我们家苏北那一带发生拉锯战，很艰巨，敌人白天来，晚上走。我哥哥比我大五岁，参加了民兵，因为没有别的出路。当时我刚刚15岁。一天，我们正在吃晚饭，我们那里的还乡团带了一帮人到我们家来，我和哥哥走得很快，爸爸和妈妈都没走，结果把我爸爸抓走了，抓到我们河旁边的一户人家家里，把他吊起来打一通，叫他把儿子交出来。父亲说："我怎么交呢？你们不是都在找他吗？""还有呢，大的不交，你还有个小的呢，也十四五岁了，把他交出来。"不交，就打，把他打成了残废，然后邻居把父亲送到家里来。我家里是两间房，祠堂上给我们的，还有一间是工棚，一张床，撑四个柱子，上面盖点东西，冬天盖点草，父亲就被送到那里。家被用封条封掉了。后来，我的邻居，也是我读书的启蒙老师的儿子好心说了："你这样，封条你千万别去碰，碰了会有大难，你把旁边的土墙挖个洞。"这样就可以进去烧饭了，后来这事没有下文了，父亲被打残废了，躺在家里，也没有反抗，他们也没有找到人。邻居对父母说："你把你这个小儿子送到外面去走一走，避一避。"送哪儿去呢，他说有个主意："你小儿子平常也喜欢唱，喜欢说，我们戏班有一个搞木偶戏的，叫钱松芝，能不能跟他去学木偶戏，那不是避开了嘛，先走了再说，他们一般不能把你怎么样。"就这样，就从那时开始，我就跟钱松芝师傅当学徒，请他带带我。当时也没想那么多，这一学戏，就走上了木偶戏的道路。

我从小就喜欢唱，也喜欢动手，看什么东西也容易理解，戏班的人很喜欢我，教我戏，一教我就会，我小时候嗓子很好，人家唱我马上就能学会。以后就开始学演木偶戏了，他们喜欢我，我也喜欢木偶戏。我想，三百六十行，行行都能出人才，起码可以生存。后来叫人跟家里正式谈在戏班学木偶戏了。因为家庭的环境，以及小时候的爱好，我对木偶戏产生了一种情感。

以前农村许身还愿请戏班演出，木偶戏都是为这个服务的。后来解放了，大家的思想也进步了，花钱请戏班的少了，我们也看到在农村木偶戏是没有大前途的，所以就随着老师他们到上海来闯荡了。

采访人：您是哪一年离开家乡的？

钱时信：1953年。整个团到上海是自愿的，签个协议，来，不干了，就走。1953年到上海，1954年就来一个飞跃了。上海木偶戏很多，但演提线木偶的多，我们这种演杖头木偶的不多。苏北一带都是杖头，离我们远一点的地方有提线木偶，我们以前也向他们提线木偶学，却学不到他们那样。他们那里是下河，容易发水灾，就随着船漂泊，以演出谋生。我们是杖头木偶，十几个木偶，七八个人，人家有事

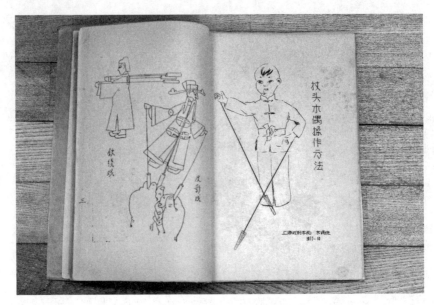

杖头木偶操作方法示意图

来请,我们才活动一下,收入很低。照现在来讲,就四五十斤米吧。

采访人:您到上海之后是在哪里演出?

钱时信:开头是没有方向的,上海这个地方城市大,容纳的人流量大,倒不一定是演戏,只要你勤勤恳恳踏踏实实做事的话,上海还是会有你的立足之地。开始,很多木偶戏也不敢来上海,怕有钱来了没钱回去,后来就派人到这里来学习,看看人家怎么演戏、怎么卖票、收入多少。看到演提线木偶的多,杖头木偶还没有,我们想,这可能还占一点便宜,我们就这样来了。来到上海时,领头是陈明达和刘荣根,陈明达喜欢社交活动,刘荣根当团长。登记在街头艺人协会(简称街艺协会),上海有你的名字了,就可以演出了。第一个演出地点是闸北大洋桥。

采访人:演出是在街边吗?

钱时信:对,在街头,现在这种地方没有了,过去是没有人管的。有的是放垃圾的地方,有的地方是拆了房子没人管,我们把那里收拾收拾,拉根电线弄一个棚,找一些亲友凑一点钱,弄个白布围起来,就和过去乡下演出搭起来的戏台一样。先卖门票,一毛钱,门口有人收钱,进去看一看,不好看你就走。因为我们没有到城市来做过什么事,所以这个事情也不错。正好是春节,人也多,还是收入了不少钱,当时大家都很开心。第二个演出地点是日晖港,第三个是浦东高庙,就像现在的庙会,那是1954年。我们找个空地弄干净,位置弄好,摆几张凳子,弄点广告宣传宣传,人家交一毛钱,就进去看戏了。过去搞演出还是比较容易的,要求也不高,没有人来请我们去演出,也不用赶场子。

采访人: 当时演了哪些剧目?

钱时信: 剧目就是我们以前演过的戏,过去在农村演的什么戏,到上海来没有变动,木偶也是过去的木偶,带了18个木偶到上海。

采访人: 这18个木偶都是以前传下来的?

钱时信: 是第一代传下来的,后来可以找到地方去加工木偶,有的卖了,大家你也去买我也去买,花不了多少钱,这样就可以去做生意谋生了,所以一个小村子五个木偶戏班。我们拼凑了18个木偶到上海来,两个箱子,一个大提箱放木偶,一个小提箱放衣服。

到上海来演出了一段时间,没过几个月,我产生了一种想法,还是朦胧状态,当时总觉得我们演的一直是老样子,不会坚持很久,这样做长不了。当时,我们都是二十岁刚出头,演出完了,空余时间又没钱逛商店,没事干,只好混到小孩堆里,看马路边摆的那些小人书,看到《白蛇传》。在高庙庙会演《白蛇传》时,我就跟团里提出来,我说:"我有个想法,我们演《白蛇传》,许仙逼白娘子喝雄黄酒以后,能不能弄一个蛇?我们从小在农村看得多了,有时候还玩呢,做个蛇一定会受欢迎。"他们听了觉得有道理,"那你弄好了"。我就开始做了,我去裁缝店里买了白布,自己动手弄了一个蛇头,身体一圈一圈的,蛇头顶上的信子还会动,拿毛笔画一画,我读过几年书,有点基础,就弄好了。演出时,我操纵的白娘子交给别人演,我演蛇。幕布一拉开,马上就是一条白蛇出现,下面观众突然轰起来了,哇哇哇,许仙帽子一丢,死了,白娘子一出现,观众有点同情,好久没有平静下来。就这一个动作,让我开了窍,观众喜欢木偶戏,不是看你一个木头人在那里耍,是看你的内容表现得如何。戏里需要什么东西,应该给它什么东西,反正我整天就想这些事。后来我想,我不是喜欢动手吗?那就有事做了,我就做木偶吧,反正好玩,天天琢磨,就买材料开始做木偶了。做了以后,在报纸上登出来了,那个木偶,兰花指的手,能拿东西,其实是很好的木偶,在"文化大革命"中给烧掉了。过去木偶的手都只是一个拳头,不能拿东西。现在木偶可以拿东西,这是很大的一个飞跃。我本人没有读过艺术学校,也没有专门的老师来教我,因为我从小就喜欢动手,对问题的理解比较快,也能够抓得住核心的东西。一个木偶就做成了,虽然还没化妆上台演出,心里就感到开心。原来的木偶是三根棍,一个脑袋,两只手,比划比划就完了。我把平板的衣架式的身体,改成用铅丝做的立体的木偶身架,旦角有胸部、有臀部、有腰、眼睛会瞄,我从白蛇在舞台上出现收到的效果开始,就设想做一个这样的木偶。这样一来,等于是完全崭新的一个木偶出现在观众面前了。

我做了木偶以后,有很多机遇是难得的。文化局接到了北京一个通知,北京一位文化部领导在我们大洋桥演出时看过演出,看过木偶戏,提线木偶也看过,没说什么就走了。这次又来看演出,把我们邀请到北京去,跟中国木偶剧团交流演出。当然这是想不到的事,哪可能想到演木偶戏能演到北京去?简直是不可能的事,大家都很振奋,我自己更加振奋。但是到底如何演也不知道,心里也不踏实,我们还是带着我们老一套的木偶戏在北京演出了。另外,《猪八戒背媳妇》这个戏让人印象深刻,它对我起了很好的促进作用,使我看清了好多问题。

在北京待了一两个月后回来了。回到上海,1955年我们开始在大世界演出,这又是一个起步。当时交流回来,文化局安排说红星木偶剧团你们到大世界去演出一段时间吧。我心里想,市里对我们红星木偶剧团有另眼相待的意思,要培养。进了大世界之后,我们八个人,是民间文艺团体,跟谁也没有什么特别的关系,班主说,我管下去太累了,管不了。在这种情况下我提出来,能不能让大世界来管我们这个团。当时有民间团体改为集体所有制了,我们认为,这是一条路,我们几个人商量,赞成这个事。1956年,大世界提出红星木偶剧团改为集体所有制,成为他们的一员了!那时大家的干劲十足,无法想象,现在是很难形容的。

采访人: 后来怎么会改名为红星木偶剧团的呢?

钱时信: 因为到城市来,叫木偶戏班是不行的,一定要有个团体,就是一个戏团,叫什么团要自己考虑。其他团体也都有团名,提线木偶团有高乐木偶京剧团、长乐木偶京剧团、永乐木偶京剧团等,杖头木偶有红星木偶京剧团、金星木偶剧团、明星木偶京剧团等,就算你街头几个人组织起来,也要有个团名。

来上海的时候要注册,注册就要有个名字,叫红星木偶京剧团。当时我们都唱京戏,直到1960年,我们都是根据京戏的剧目来进行演出的。自从进大世界之后,我们干劲十足。我们这些没有文化、没有美术技术的人,从北京回来,都不搞京戏了,就想搞在北京看到的童话剧、现代剧。我们跟北京提出来,能不能帮我们做一点,我们自己做不行的。他们说:"你们是民间的,我们是国家的,不可能的。你们回去自己干,我相信你们能干好的。"我们回来之后,借着去北京的东风,没有理由去依赖人家嘛,只能靠自己。一年中搞了《秧歌舞》《兔子种豆》等,把京剧撇开了,搞了兜底翻的革命。到了1955年底、1956年初,市里搞了个先进生产者运动,到大世界找人,找了半天没找到合适的。当时有人说:"哎,你们不去木偶剧团吗?说不定人家有好人好事。"他们到我们这儿来了,把我们的情况看了一下,这下子把我"逮住了"。我成为先进工作者,这不是我一个人的事,是全团的光荣呀,得了这么大的荣誉,大家多高兴啊！大世界领导也很关心，有时候抽出空来看看我们，帮我们弄弄剧本，还帮我们搞些舞美，帮我们做个布景。就这样在大世界待了五年的时间。

采访人： 您当时担任什么职务？

钱时信： 评了先进工作者回来以后，大家早就提出来要有个团长，团里没有人出来担任团长。他们说既然这样，那就民主选举，选着谁就是谁，然后就选了我了。当时我不肯干，我到文化局说我没有本事，没有能力，文化也不高，也没学过。他们说："一边干一边学嘛，学着干，你不干谁干，你说谁比你强？"就这样干起来了。大家开会，我说："我谈谈我的思路，我们这个团不要去唱高调，实事求是，我们是这个基础，我们应该怎么做，能怎么做，那就怎么做。首先思想上，我们是集体所有制了，剧团有我们的一半，不管怎么样我们都是有份的，好，大家都好，不好，大家也要承受责任。我们还要为剧团的发展思考问题，出谋献策尽我们应尽的义务，我相信剧团能搞好。"过了两年多，剧团被评为上海市文化教育先进集体，我个人也是先进工作者。在大世界这五年我们搞了很多木偶戏革新，木偶嘴巴能张开了，我们演京戏的人开始演童话剧了，也演神话剧，还演寓言故事，更可贵的是我们演了童话科幻剧。我们还把皮影引进来，把布袋引进来，但是有一条，我们的目的是为杖头木偶发展，而不是来代替杖头木偶。这一点大家都很明确，学皮影戏可以，其他戏也可以，但不是用来代替杖头木偶的，我们要发展我们的杖头木偶。所以到了1960年，市里做了个新的规划，要以红星木偶剧团为基础，建立一个国家管理的上海市木偶剧团，宗旨是"为少年儿童服务"。

采访人： 您参加了当时上海木偶剧团的整个建设规划，是吗？

钱时信： 当时，建团的消息我是事先知道的。1959年，我们到北京会演，后来上海也搞了一个会演，那时候，我跟市局里的领导碰头，他就说："老钱啊，你们现在怎么样啊？如果要国家来管你们的话，你们肯

在中福会少年宫辅导木偶艺术

不肯干啊?"我说:"你开玩笑,怎么可能呢?我们的条件很差、没有文化,都是些民间旧艺人,哪能让国家来管?我没想过这个事。""真的没想?""想了没用啊,不能实现啊。"当然我也有我的理想,我早就想好了,我不做任何别的事了,就搞木偶戏,能搞好更好,但是靠一个人能行吗?当然不行,要靠新文艺工作者的参与,靠青年来接替,靠其他各方面的人才的加入,才能使我们这个木偶戏适应大都市的需要。但是我们现在也只是谋生而已,和以前没有本质上的区别,还是自己挣钱自己花,要谈事业上的问题,难度是很大的。尽管这几年大世界帮了我不少忙,我们也非常感谢,当然我们也为大世界做了贡献。

文化局的领导跟我说了后,我心里有底了,领导对我们有另外的安排和想法。正式列入项目后,儿童艺术剧院的院长任德耀,他们剧院是中福会管辖的,找我谈得很清楚:"市里有这么个打算,我们有这么个想法,但是我们办不了。因为我们没有老艺人,你别看老艺人现在怎么样，很多的潜力都内藏着，挖不光的。我们没有，靠我们自己想来想去就是不行呀，要以你们为基础。"我说："太好了，太高兴了。这样，你吩咐，指哪儿我们到哪儿，要求我们干什么我们就干什么，一定把上海的木偶戏搞好。"后来他说："你想过没有，你老在大世界能干什么？"我说："要大发展真不行，小发展还可以。这么个团体，就是演出玩玩，要大的发展肯定是不可能的，要创造节目，创造很多东西，那肯定不行的。"我又说："要这样的话，必须要有自己的场子，有自己工作的地方，那就是我的家。我要把这个新家创建得像样。"任德耀说："我们先去看看剧场好不好？"见到的第一个剧场是龙门大戏院，我说不行，为什么不行？它比大世界好得多，但周围一点空余地都没有。我们又到红都戏院，地方蛮大，但不行。它在楼上，楼下没有我们的地方，想来排戏都不行。又到了西藏剧场，在西藏路闹市，太闹了，孩子来了老师也管不了。后来就找了仙乐斯，外面是广场，里头一个舞厅。任德耀说："老钱，也看了不少了，这个地方你认为怎么样？"我说："好。地方大，但地方是人家的。""地方是国家的，国家给安排。""人家有老板。""老板还不是一句话，将来我们还要搞共产主义咧。好，行，我们争取。"后来就定下了这个地方。

　　仙乐斯确实是孩子娱乐受教育的好地方。自从在仙乐斯建团以后，剧团就不一样了，从整个的领导机构、部门的充实，到人才的培训，都开始走向正轨了。编剧、导演、演员、设计、舞美等都配起来了。那么多人在干什么？要搞新戏、搞创作呀，要跟国家的文化教育紧贴在一起，把国家交给我们的任务完成得漂亮。所以我们从那时开始培养人才。

　　在大世界演出，我们八个人首先都得参加，后来充实的几个也都来参加。木偶戏不像其他行当那么严格，因为前面有个木偶挡着。每个人物能够有性格，不要乱来就可以了。在大世界演的《猪八戒背媳妇》《小放牛》晚报上都连续评议。建团时演的《猫姑娘》，我操纵猫姑娘，后来演的《南京路上好孩子》，我演医生，这些剧目都是我们剧团独立创作的。所以后来人家讲我们是海派木偶戏,这个不是我们让人家这么说,是我们的做法符合海派木偶戏,如果说我们墨守成规、一成不变的话,那就不能叫海派木偶,改变不了旧的,新戏也是创造不出来的。所以我们首先是继承,而且是认真地继承,是全面地继承。继承还不够,我们必须得向其他兄弟剧种学习,好的东西拿来为我用。在这个基础上,我们题材有了,合适了,就积极向这方面突破。特技,也是这样一点一点发展起来的。

在大世界我们也搞过几个特技,比方说《兔子种豆》,兔子的房子顶上,我建议给装个鸟窝,我要搞一只布谷鸟,童话嘛,不要一本正经地一出来自报家门,没有意思。首先要创造气氛、创造环境,帮助人物突破,让观众认识这个人物在做什么。木偶的形象我是受连环画的影响,特技的东西我是受机械传动启发。缝纫机我很小就会用,布谷鸟我是把缝纫机的车芯的原理变化一下,装上去用了。幕布刚打开,一个小的追光打在鸟窝上,其他地方还是蒙蒙的。"布谷!布谷!"就这么两声叫,下面孩子就拍手了呀。我就想,特技不是为特技而特技,这里也没有开口说话,但它是在告诉人们到早晨了。布谷鸟一叫,公鸡就叫了,"喔喔喔——",接着主人才登场。"公鸡叫,天亮了,好孩子要起身早,伸伸手,弯弯腰,我们天天要做广播操,再把庭院来打扫……"从小教孩子怎么认识生活,掌握生活的规律,要做什么、学什么,这时已经开始铺垫了。这样我就开始琢磨,如何把技术变成艺术,特技怎样对环境、对气氛、对人物发展产生作用,就产生了艺术感觉。

当时我们在演《西游记》的故事时就把皮影、布袋都用上去了。杖头木偶演木偶戏《飞向月球》,怎么演呢?那就是要演得好看啊。当时受苏联宇航员加加林的影响很大,月球往返,报纸上都有登载,我们看了画报,就想搞。我对大世界里的人讲了,他说:"好,剧本我给你搞,但你杖头木偶怎么演啊?火箭怎么飞啊?孩子在火箭里你怎么做啊?"我说:"孩子可以有一种幻觉,骑在火箭上到宇宙不可以吗?可以用小白兔给他带路。""好,你要给一个具体方案,我要给你多少时间的唱词,你这个地方要让观众喜欢看。"我说:"好。"我用两个大的滚筒做火箭,火箭是提线,小木偶就骑在火箭上,都装钉在上面,一拉线,头会动的。前面一个小风扇,红领巾往里飘,孩子就唱歌,一会儿跟兔子交流,是很好玩的。所以说,剧情内容确定了,要思考技术怎么为它服务。

采访人: 能给我们介绍一下《猫姑娘》吗?

钱时信:《猫姑娘》《孙悟空三打白骨精》《红宝石》等都有好多好故事,建团以后,大家都很开心,总想借这个机会多出点力。当时那种精神、干劲哪儿来?也没有人天天给我洗脑,大家很自觉,很开心,又恨自己笨,没有那么多的本事拿出来。建团的时候我们很辛苦,我们好多东西都放在大世界,五年里积累了蛮多的东西,弄了一辆黄鱼车,我带大伙一车一车都拉到仙乐斯去。这个时候儿艺任德耀院长帮我们写了本子《猫姑娘》,当时他用的名字是王十羽,要帮我们排戏了。

排戏是有日程安排的,做木偶、做道具和其他一些事都不在日程之内,不在计划之内,都自己安排,要自己找时间做,只知道一个演出的日期,按时完成。就在演出的前一天,排完戏,导演任德耀跟大家说:"我们今天就排到这里,还有些事就慢慢再说吧。"当时我演主要角色猫姑娘,木偶要我来做,别的事我也要管,当时新的团长还没来,一年以后才来的,所有的事情我都得管啊。我心里明白,"有些事"就是导演认为最难的一个道具没有到位。

剧中的地主要王小二当他世代的奴隶,王小二也想过好日子,但是没本事,又很善良。这个戏实际上是反映反地主的阶级斗争,至少是剥削跟被剥削的矛盾冲突。导演要求王小二在水车上车水,有一段戏体现农民童工的苦,没有吃、蚊子叮,还得踩水车。木偶踩水车,在舞台上要表演得很好看,这些要求我都给达到了。水车是活动的,上面有五根杆子,一根操纵头,两根操纵手,两根操纵腿。用绸波表现活动的水,效果也达到了。地主为了刁难王小二,就出坏主意。地主对王小二说:

"你给我去种芝麻,这边种白的,那边种黑的,清楚了?"王小二种完了以后,地主一看,"不对,你怎么把白的种反了?给我捡起来重种"。这个时候王小二也没办法了,要他哥哥帮他的忙,还请很多小鸟把芝麻一个一个捡起来。我做了很多小鸟,小鸟捡芝麻,配上音乐跳舞。一会儿捡完了,地主又对王小二说:"你给我开条河,从这里开到那边。"王小二吃地主的饭,做完了地里的活后还要再做其他的活。我就做了很多的铁搭,扎上红绸子,铁搭跳舞,配上音乐挖土开河,也很形象。但铁搭开河,还是开不完,这个河到不了目的地。地主说:"明年到期了,再不开好的话,就罚你。"导演觉得这时是戏的高潮,但一个大的道具没有出现,只有音乐,没有形象的道具。

我看出来他的这种感觉,但是我没有更多的时间,大家都走了,我就找了两个人,一个是美工,有点美术基础,一个是缝工。我说:"今天晚上我们加个班,你们没看出来,导演走的时候,情绪不好受,他也觉得我们太难了,做不到,带着为难的情绪回家的。什么意思你知道吗?最后一条龙没有出现,这条河要开没有龙是开不了的,这个道具没有啊。""怎么办?你的意思呢?"我说:"今天我们三个人晚上加个班,把这个道具给弄出来,以后我们还希望他来为我们排更多的戏呢。"我们三个人一个晚上,把六米五、七米不到的一条龙做出来了。到了早上大概七点半,我跟他们说:"你们回去休息,本来排戏没有你们的事,这儿就交给我了。"导演来了,他说:"好吧,人到齐了吗?"我说:"我知道你缺一个道具,我们昨天晚上搞了一个东西,你看看好不好用?""什么?是龙吗?我是要这个东西啊,可你们做不了,没办法。""我做出来了。""龙!给我看看,行了行了,马上合音乐。我就要这样的东西,木偶戏就是在这种地方,要发挥出它该起的作用,才有看头。"第二天演出,这个戏很顺利。

采访人: 能和我们介绍一下上海木偶剧团特技的一些情况吗?

钱时信: 让特技真正起作用,需要大家都有想法。我们有一个导演叫孟远,也在那个年代搞现代戏。当时有段时间,我们传统戏适当放了一放,都搞现代戏,《猫姑娘》是开头,后来又搞了《南京路上好孩子》《向阳河畔》《南方少年》等好多戏。他导演《向阳河畔》时说:"木偶戏如果没有特技的话,这个戏会减色很多。作为我们导演来讲,困难也会增加很多,劲道就不那么粗了。"我就问他什么问题要解决?他说:"《向阳河畔》写的是江南美丽的生活,放鸭子在水上表演,怎么个表现法,怎么来体现江南水乡?没有这个东西,江南水乡的那个意境就表演不出来。"我说:"我有主意,鸭子用两种,上下两层,一种是木偶,可以在水上浮着表演的,在台口上面表演;还有一种是皮影,在台口下面表演,一换包,鸭子到水里面去,观众看得清楚,皮影出来了,木偶拿掉了。皮影在下面干什么呢?捕食啊、嬉戏啊,碰到王八和其他什么东西都有可能,这不就好看了嘛。人在上面赶鸭子,还可以拿个竹竿子吆喝。"后来这个戏到北京参加会演受到了表扬。

"文革"中,虽然把我们过去制作的大量的木偶作品都作为"四旧"给烧掉砸掉了,但实际上,"文革"当中我们没有停下来,还在搞戏。第一个戏是《小八路》,小戏也很多,第二个大戏是《闪闪的红星》,没有一个戏能离开特技。《小八路》里面小虎子掩护杨队长,从敌占区夺回了粮食,两个日本兵阻拦。戏中要求舞台上开枪,一要有声音,二要枪口有明火,感觉真实。这里效果很好,杨队长拉着一车粮食骑在马上,小虎子掩护,一声枪响,一个日本兵倒下,再一声枪响,又一个日本兵倒下。观众看得很清楚,戏里的效果很强烈,大家都热烈拍手。虎子要把敌人伪队长拖住,让杨队长继续完成任务。小虎子拿火柴给伪队长点烟,一根烟抽完了,再点一根,几次折腾,杨队长任务完成了。观众看着小木偶划火柴点香烟很是新奇。

每个戏我都有一个新想法,所谓特技,我觉得它不是雷同的,就是每个特技我只用一次,下次我不用了。特技不可能是同样的时间、同样的地点、同样的表现方法,它是特殊的技术,特殊的服务。

《闪闪的红星》要演出潘冬子思念红军之情，导演跟我说："你能不能在杜鹃花上做点文章，怎么把潘冬子思念红军之情表达出来，渲染出来，我现在碰到了难题。"我说："可以啊，把这个杜鹃花做两个含苞，到了一定的时候，潘冬子手捧他爸爸走的时候给他的一颗红星，有点发光；杜鹃花开的时候，看着两朵慢慢展开绽放着的杜鹃花，随着音乐，他想起吴队长说的话'杜鹃花开了，红军就回来了'。这样，观众明白了，潘冬子在想什么，目的达到了。"就这么一点小道具，报纸还发了评论。特技一定要用到点上，不用到点上，就没有特殊的效果出现。

我们还搞了一个《东海小哨兵》，一个少先队员小红，发现了两个坏人鬼鬼祟祟，但是她也吃不准，就始终盯着那两个人。两个坏人也感觉甩不掉她，但是必须要甩掉，不然会有麻烦。戏中有个过独木桥的戏，我一想，这个倒是木偶戏表现的一个空间，在独木桥上设置一个凹槽轨道，坏人一点一点走过去，走到中间一晃，马上抱着个木头，下面观众反响都很强烈。很简单的原理，就是拉窗帘的技术我用到这里了。那么小红怎么办？坏人过了独木桥，把木头弄掉了，小红过不去啊，她急中生智，看到山里长了好多藤，一跳就抓了一根藤，往后一甩一提，就跳过去了。这里用的是磁铁，电源一关，正好过去了。正面人物解决了问题，反面人物也出洋相了，这个戏的亮点就产生了。所以我们每一个戏都有不同的特技。

采访人：请和我们聊聊《孙悟空三打白骨精》吧。

钱时信："文革"一结束我们就搞了《孙悟空三打白骨精》，这是我们集体创作的。我们先定一个方案，是移植绍剧，还是独创？我说："移植没劲，绍剧剧本动多了不好，不动，我们木偶的长处很难发挥。要站在我们的角度思考，木偶戏的核心在哪里？我们怎么来体现剧情，塑造这些人物？如果离开了这个，那就蛮难的。"所以戏就定下来了，团里明确我什么事都不管，在两个月中集中搞特技，这个戏只排两个月，两个月之后就演出。

　　大家把剧本和讨论的东西反复看、反复琢磨、反复思考,把《西游记》有关的章节翻出来读,当然不能离开原著。最后,随着剧情变化,我的特技也在变化,随着剧情发展,我的特技也在发展,人物需要什么,我就尽可能想办法满足他,就这么短时间里定下来了。

　　第一个难题,孙悟空飞,白骨精飞,怎么飞?往哪儿飞?这个不是一句话就能解决的。在舞台上要表现出来,这一段是个什么样的情景,那一段又是什么情景,飞成什么样,都是有要求的,我们一场一场做计划。后来我就想到了,古代的走线木偶,虽然我没有看到过,但走线是不是用线走来走去啊?我当时喜欢钓鱼,有时候鱼一上来晃到这边晃到那边,不也是走线吗?这样从生活上一点一点把它具体化。一次,我想到了女孩子跳橡皮筋,橡皮筋当中有一个手帕晃来晃去,很精彩,也很漂亮。能不能把这个东西作为一个动力在舞台上试试呢?我就根据这个原理设置轨道式的走线。我拉一根线,观众看不见的,把木偶往上面一挂,从上往下滑,孙悟空在后面一放,跟着追,始终用一根线,可以有变化,拉得紧一点,就可以慢一点,稍微一松开马上就追上白骨精,还会有变化,这样试了一下,成功了。孙悟空走的时候,金箍棒还得动,老是那样飞不行啊。孙悟空救唐僧把白骨精打得没有办法走的时候,白骨精往哪儿飞?往观众里飞。为什么往观众里飞?白骨精正是从唐僧眼皮子底下飞到观众席那边去,观众抬头一看,没了!钻到天花板里去了。下面观众反应热烈,唐僧对孙悟空念紧箍咒时,观众还在那儿议论:这个怎么回事?这个白骨精到底到哪儿去了?有没有到我们这里?演出完了有的孩子还说:"老师你们是怎么遥控的?"我就笑着看着他,我说不是遥控,是橡皮筋拉的,遥控我们还搞不起。

　　一个故事一个情景,最精彩的特技是孙悟空的金箍棒,东海龙王的镇海之宝、定海神针,大起来约有三十六万斤,小起来藏在耳朵里,是孙悟空最好的兵器。这样的金箍棒怎么做？搞了很久，花了一个月，都没有成功。一次偶然的机会成功了，当时我还吸烟，本来是想用火来试探一下涤纶片这个材料是不是易燃，舞台安全很重要。我试了一下，用香烟头一烫，它皱了，再拉，怎么也不能还原。哎，就是说它可以造型啰！我就剪了一块料，用铁管一卷，在煤炉上一烘，冷却后放开来，圆的，定型定好了，像钢笔一样，把它横过来卷，卷成一丁点大，一放，还是圆的，钢笔样，行啦！我兴奋啊，就把这个东西拿到我们造型创作组，说："你们老担心那个东西我解决了。""什么东西？金箍棒？""是的。""你别吹牛。""真的，我手上没有东西吧？""没有，它像钢笔一样，你怎么样弄呢？""涤纶片加温变形处理的。""这个小啊。""大和小是一样的道理，小能做得到，大也能做得到，就是同样的方法，用料上的东西讲究调整。"做成了以后我高兴啊，人家也高兴了，话剧团要我来帮它做，京剧团也让我来帮它做。绍兴绍剧团六灵通特地送票子来请我看戏，看完戏就向我要棍子。北京也来要这东西。一个好的东西出现，是偶然的，但是它还有必然的一面，关键在于我们有没有找到合理的方法、合理的材料。现在我还常常琢磨这个事。

  孙悟空的火眼金睛，这个大家都知道的，为什么看人识妖那么清楚？因为它有特殊的功能呀！它那个火眼金睛一看你逃不掉的。所以，如果孙悟空的眼睛在木偶上不体现一下，观众不答应的。我用电珠机关装在孙悟空的玻璃眼睛里，一看就有神，就有意思。孙悟空的脚得跟演员的配合，现在这个孙悟空，你看掏翎子等动作多神气。所以孙悟空这个人物上的特技、空间的特技、道具制作上的特技，基本上是合理的，一层一层铺垫出来的。白骨精的特技设计也是同样的道理。出来就是一面旗子，黑色的布，白骨精从这儿出来，出来一亮相是个骷髅，再一挥，变成了美女，这样一层扣一层，一环紧扣一环，那才吸引人呢！

  现在我常常说他们："你们现在是减法做得多，不是加法更不是乘法,你们考虑问题的时候要用乘法来看待。"《孙悟空三打白骨精》这个戏,我认为从头到尾,它的特技是和人物以及全场剧情的发展结合的,是比较好的。

采访人:《红宝石》的特技是怎样的?

钱时信:《红宝石》就走了另外一条路,像《孙悟空三打白骨精》里面这些东西也有,但是淡了,它的重点是在人物的表现上,展现人物的个性,显示了特技服务的作用。

当时我们团的编剧傅歆,她搞这个剧本的时候,几次问我:"老钱,我问你,你到底藏了多少特技在你肚子里? 能不能先给我说说,我好去写啊。"我说:"你提的这个问题我很难回答你,我们表现的特技,需要你剧本提供舞台的空间,我来把你的空间再发挥,是为你的主题体现服务,为塑造人物服务,为情绪服务,是这样的关系啊。"所以,她就去强调各个人物的特征了。这个戏里面的特技技术性也是蛮多的。

银蛇扭起来像蛇一样,停下来一个动作一做,一变,当场变成美女,很漂亮,就显示出这个人物在戏中的位置。霹雳山神这个人物,我们都没敢怎么动,因为脑袋会劈开来,里面还闪激光。它雷电都不怕,怕什么呢? 其实很简单,抓住了点子就很简单。一个人物说话两个意思,口是心非,大头边上出一个小头,两个头对话:"不对,没你的事,是不对嘛。"另一个人物阴阳大仙,见到你笑嘻嘻的,一瞬间马上就张牙舞爪,要把你给吃了! 这些要表现在观众面前的,不是你说出来的。伸缩大仙,他可以一个人用两只手占领整个舞台,最后抢红宝石的时候谁也抢不过他,他在观众的位置早就潜伏好了,伸手到舞台当中,把红宝石拿走。这既出乎意料,也合乎情理。观众怎么也不会想到会从自己身边伸出一只手。其实他早都亮相过了,很长很长的手,他有那个功能。《红宝石》就是这样设计的,要塑造一个角色一个性格。

那么凤凰跟白鹤怎么安排的? 最突出的就是他们的爱恋之情,要交换羽毛,当着观众进行转换交替,交代得清清楚楚。最后他们在跟敌人搏斗中虽与敌人同归于尽，但是他们的精神是永恒的，要把红宝石送到更需要的地方去，让更多的人来享用。所以末了他们一瞬间变成一只凤凰、一只白鹤，飞呀，飞呀，飞过观众的头顶，走了。当时，我们让他们飞到一个放电影的放映窗口里边去了。如果最后没有这个画面可以吗？也可以，观众也赞同，但是，有了这个画面，观众就会记住，好人最后无论怎样精神总是很美的，你看凤凰与白鹤，多美啊！

所以，《红宝石》和《孙悟空三打白骨精》这两个大戏，特技的运用、创作者的构思、剧本提供的空间是充足的，很好的。

采访人：木偶的表现方式有些什么创新？

钱时信：舞台上的演出，我把木偶表现的方法增加了很多，木偶原来是三根棒，手也不能动，后来活灵活现，拿东西、放东西也自由了，打也不会掉了。技术都应用以后，用两根钎子表演一个木偶，表现得也很好，一根钎子的表现也很好，最多六根钎子，也很好。我们给它增加了很多表现的形式和特技的运用方法。机械传动和受外界的影响，这不是一天两天能够琢磨到拿得出来的，要靠我们平常搞特技积累，搞艺术的人积累，学习生活，这些东西都是从生活中来，经过提高，再回到生活中去，一切艺术来源于生活。我从小有一个特点，就是对生活中有趣的事看到了就不会放，要问个明白，到时候我就用得上。所以我在制作组带过一批学生，我就跟他们讲："师傅领进门，修行在个人。你们将来要养成一个习惯，无论你接到一个什么任务，你要有五个方案，一个不成第二个，两个不成第三个，四个不成第五个。五个都不行，你得重新考虑是否符合实际，不能就只想一个，想不到其他的方法，那就不行了，就说明平常你学的不多，了解生活不够，积累太少了，熟能生巧，见多识广嘛。"

下面讲两个故事。那是偶然的一件事情，1996年全国第三届农民运动会在上海举办，筹备工作搞了已经快两年了，有个问题没有解决。什么问题呢？农民要的是"吉庆有余"，这个最后是要点题的，但是做出来的道具始终看着不满意。当初是龚学平同志负责这件事，还有一个月零三天就开运动会了，召集上海所有的艺术团体和有关方面，为这次农运会开个论证会，行就行，不行也没办法，发动群众嘛。正好我们团里也不是很忙，一个通知到了我们团长办公室，团长拿着通知找到了我，说："这里有个通知，明天有个会，怎么样？"我说去听听吧，后来我就跟我的学生于亦农去参会。

一到那里，他们就把经过讲了一通，希望大家来献计献策，解决难题。我说："还有33天就是开幕式了，我可不可以发个言？""行啊，邀请你们就是要你们发言的。"我说："第一个问题，你们的鱼没有成功，是选材问题，选的材料不当，所以越搞越难，效果达不到。大家知道吧，竹子，它的韧性、抗力的强度，在植物当中是可以排得上号的。我从农村出来的，扎风筝我都做过，我可以考虑考虑。"我这一说，他们说："你能不能做个模型出来？""可以。要一个礼拜。"当时他就拍板，"一个礼拜就一个礼拜，那还有26天"。

其实说这话的时候已经很悬了，我回来花了五天做了一个模型，把木偶的结构思考了一下，回忆了我小时候扎灯、扎风筝的一些情况，找了一些竹片，扎了一条鱼，一比十，一米四的长度，高度可以升降，无所谓。花了五天时间做好了，我打电话给他们，说："你们来审查一下，行的话我们就定了。"他们来我们团，一看，说："这个鱼很好看啊。"他们说颜色也算不错，就是要能动就更好了。我说："能动啊，拿着头，一晃一甩，鱼就摇头摆尾啦。""怎么动的？"我说我们木偶本身就要动，不动就不是木偶。这也是个木偶，小和大是一样的。接着他们又问："我们那个要那么大，你能行吗？"我说："一样的，我的是一米四，你要十四米，根据这个比例就行了，没事。"这个事就这么定下来了，木偶剧团承接这个任务。我就开口了："三个条件。第一，我负责的，我说了算，能做到吧？第二，经济要到位，我哪有那么多钱来垫啊？费用打到木偶剧团账号上；第三，要剧团支持给我们六个人，我要成立个小组。"因为只有二十几天时间，那么大的两个道具，不是开玩笑的。团长一点头，就定下来了，花了25天做好了。

这时碰到一个难题，做好的鱼进不了体育场，不能用汽车搬，怕草地压坏了。我问："人有没有？""人有的是，解放军。"后来我就用两个架子，就像支架一样，一个是头，一个是尾，每一个里有18个人，36个人一条鱼，两条鱼72个人。操纵的人到哪里去了？我们在里面操纵。领导说："就这样动的吗？还有没有什么？"我说："有啊。鲤鱼里边都是空的，一个鲤鱼里一万个气球，大大小小各式各样的。""要它干嘛？""吉庆有余嘛！鱼一高兴的时候张嘴放气球，那叫水珠啊，那还不吉庆有余啊！"后来果然，那一天这个鱼始终是活的，鳍也在动，两条鱼见面的时候，走到主席台前面，放了两三次气球。

后来龚学平同志在总结会上就讲，你们花那么长时间都搞不出个名堂，人家木偶剧团二十几天就搞出那么好的效果。

后来有一次，我已经退休好多年了，导演就跟我提了一句话，他说："我要弄个木偶能跟人来跳舞。"我一想，这个想法倒是有点意思，人跟木偶跳舞，怎么跳？跳成一个什么样的水平？有难度的才好看呀！没有难度就不好看了。所以我就试了一下，用吸铁石作为主要的连接点。弄好了以后，剧团里有人问我："钱老师，过去的传统都不要了吗？"我说："不对的，我这是在传统基础上的延续，里面有操纵杆子，还是人去操纵它的，以假乱真，那是你的感觉呀。我这里头假的还是假的，真的还是真的，但使你感觉产生了另外一种效果，这就是艺术了。"

我现在也常常在想，我带了那么多学生，我也不是要他们什么都像我，但要有我对师傅的那种态度、那种钻研的劲头，可到现在我还没有发现很多，有，但不是很多。往往都是谈条件，得利多少，先谈这个你能做得好事吗？我们不是商人啊，我们是搞艺术的。艺术的本身，我从老祖宗那里留下来的印象就是这样的，艺人的功能就是"劝世、骂世、颂英雄"。劝世，劝人要有正能量、要正派、助人为乐、与人为善；骂世，不是这样做的人，甚至缺德的人，说两句，要批评，让他们改正；颂英雄，

钱时信工作照

天天在眼皮底下看到的那些好人好事,你不去颂扬,艺人就白当了。

采访人:您曾去挪威讲学,您认为与国外进行木偶艺术交流时要怎么做比较好呢?

钱时信:我们在艺术上是没有什么界限的,你的,我的,中国的,外国的,艺术角度上,它都是从人们中来,经过提炼,到人们中去。有的东西理解不理解、接受不接受,那是文化、习惯、风俗而已,不是它的本意。我到挪威去讲学的时候,我也没有多做特别的事,他们对我很好呀。我觉得我是真诚、诚心、认真地把中国的木偶文化传递给你、交代给你,因为这个事情是国家的文化交流,不是我个人跟你的关系,我没有任何条件,这是第一点。第二点,在交流的过程当中,不要去埋怨,多考虑自己用什么更科学的方法让人家很快掌握,能够对中国的文化有所了解。很多地方我都向他们学习,刚才我给你看的那个老太太,年纪那么大了,练起功来真是认真啊。同时,有意无意地把作品表演给他们看,也看他们的作品,那就是交流。

不认真是很难的，语言不通，生活习惯不同，文化差异很大，交流有那么简单吗？他们有小孩的博物馆，使馆的参赞问我说要不要去看，要去，去了给人家什么东西啊？我就做了一个小木偶。这个小木偶虽然架子不是很高，它给人启发的作用是有的。这么大的一个圆圆的球，用绒布包一包，包好以后变化在哪里呢？形象可以当场变的，鸡是尖嘴，鸭是扁嘴，头上戴个红帽子就是鹅，那个木偶好玩呀。这是什么？是鸭

在挪威讲学

呀，再给它戴个红帽子，就变成鹅。他们馆长一看，高兴得不得了，他说："将来我就把它放在这儿。"后来他们还送了我好多资料。问题就是对人家首先要真、要诚，还要虚心向人家学，学人家的长处，真的学了好多好东西。

采访人： 在木偶艺术普及方面您有什么想法呢？

钱时信： 上一次你们都看到我家里的小作坊，其实我那个小作坊是玩的，想着什么东西，就做什么玩，做好了，别人看着蛮好玩的，挺喜欢的，就拿去玩了。我现在是想找木偶戏的普及方法，本来我在上海搞普及是很积极的，幼儿园、少年官我都去，现在这些事情感觉淡了，效果也不是很明显。我就想，我们表演的那种杖头木偶，想要普及实在是蛮难的。它的制造过程、孩子的操纵能力都存在问题，我就想琢磨琢磨，我现在要做怎样大小的杖头让孩子们玩？要很轻、取材容易，大人可以帮助，模仿起来很简单，但是效果不简单。我就在做这个事，做了不少了，有空就弄。

采访人：您接触过皮影吗？

钱时信：皮影，一般来讲要有个人帮助，因为皮影五根杆子，一个手操纵两根杆子，但是真的要表演很多复杂动作的话，那就有难度了。我学皮影，不是为学而学，是为了提线木偶而学，学人家的秘诀，主要是为了表现杖头木偶艺术而用。现在我们团也搞皮影戏，那是学的另外一个方法。皮影我用了很多，我也搞了皮影戏，但是很多地方就是为了丰富自己，国内的、国外的、同行的姐妹艺术都得学。这样呢，自己的发展条件就优越得多了，成功的机会也就多了。既然有效果，就值得。

（采访：陈　娅　整理：周七康）

有一些传统是可以放弃的
——徐进口述

徐进,1950年出生于上海,祖籍江苏泰州。国家一级木偶造型设计、上海戏剧家协会会员、上海舞台美术家学会会员。毕业于上海戏剧学院舞美系造型设计专业。1976年起任上海木偶剧团木偶造型设计。曾在《闪光的珍珠》《白雪公主》《听话的妈妈》《木偶奇遇记》《太白醉书》等数十个木偶戏中塑造了三百多个不同类型的人物、动物造型。其内容涉及古今中外,人物造型具有夸张、性格化的特点。其中《鹬蚌相争》获1985年上海第三届艺术节造型设计奖,《迷人的雪顿节》获1989年上海文化艺术节优秀成果奖,《哪吒神遇钛星人》获第三届文华奖舞美设计奖、全国木偶会演造型设计单项奖。

采访人: 徐老师,您好! 首先请您做一下简单的自我介绍。

徐进: 我叫徐进,1950年11月12日出生,在上海木偶剧团担任舞美设计。木偶剧团的舞台美术设计包含了两个专业,一个是造型,一个是布景,现在这两个专业合在一起了,统称舞台美术设计。

我小时候就喜欢画画,我是66届中学毕业,属于老三届,我们家正好有两个66届,一个是我姐姐,她是66届高中,我是66届初中。按照当年的政策,我进了工厂,我姐姐到农村插队落户去了。

到了1973年,大学开始招工农兵大学生,我就去报考了。那个时候也要考试的,后来就进了上海戏剧学院。当时我也不知道填什么专业,不知道舞美专业是什么,造型专业是什么,灯光专业是什么,都不懂。我心想,造型总归带一些舞台上面的东西,因为我印象中搞雕塑的是专门弄造型的,我感觉这个造型专业可能蛮好的,就填了造型专业。谁知道进去以后,造型专业是搞化妆和服装的。好了,进也进来了,那么就好好学吧。但是有一点,舞美专业都要画图的,像灯光班、布景班一样,大家都要画图。当时还有一点好的地方,就是开门办学。开门办学实际上就是下生活去写生,对我们搞舞美的人来说特别好,我们造型专业就到农村、到工厂里专门帮人家画人像,搞舞美的主要是靠平时多画。学校里面学的造型和我后来的工作有一点联系,为什么?因为我们搞造型的是把化妆和服装整合在一起的,至于后来搞的塑形和学校里学的关系不大,学校里面没有雕塑专业。

采访人:雕塑要去美院里面学吧?

徐进:没有几个美院有这个专业。浙美(浙江美术学院),现在叫中国画院,它里面有的,央美(中央美术学院)、鲁艺(鲁迅艺术学院)、川美(四川美术学院),几个大的美院有雕塑专业。但是雕塑专业和木偶造型是两回事,雕塑比较高级,木偶相对简单一些。

毕业后我分配到上海木偶剧团,因为我从来没有接触过木偶塑形,就先看看老员工怎么弄,当时也没有老师带,就自己看,自己去了解木偶的制作过程、生产过程,学习怎么塑形。

采访人:是完全从头学起吗?

徐进:等于从头开始,因为原来不知道木偶的制作流程,要经过什么样的工序,什么都不知道。后来主要是靠自己用心看人家怎么弄,留意木偶塑形的时候要注意一些什么。我第一次搞的戏是由《皇帝的新衣》改编的《女皇的新衣》。因为是第一次塑形,团里让一些老同志帮忙指导我。当时我们毕竟学过化妆,而且外国人化妆以后轮廓比中国人好看,形象也生动,头发弄成卷卷的,形象很好。

因为当时我们团里和上海油雕室(上海油画雕塑研究室)关系很好,尤其我们团里的一位领导和他们的关系不错,经常走动,两家单位离得也比较近,我们在南京路黄陂路,他们在长乐路瑞金路,所以没事就到他们那里去看看。有一次我跟团领导讲,我是不是可以到油雕室去学习。我们领导说"我和他们提提",油雕室的领导说:"你明天让他来吧!"我就到那边去学习了。

我原来不知道雕塑怎么搞,只是先拿一个像,根据这个像,自己做一个一模一样的,做得差不多了,他们那边的专家帮我看看,指导一下,我再继续做,直到基本一致为止。在油雕室我学到了很多东西,雕塑有很多讲究。另外,我还学会了翻石膏,油雕室里边翻石膏的也都是一些有名的人,尤其是翻这种小的样稿。我在的时候,他们正在为南京雨花台做一个雕塑,样稿很小,先用泥做好,做好以后翻石膏,很精细的东西全部翻出来,然后做一米左右大的像,再放样找石头雕刻。

那个年代油雕室有很多人都被迫害的,你喊他一声先生,他非常开心。因为"文化大革命"以来,有好多年没人喊过他们先生了,所以他们会非常热情地给你详细讲解雕塑的要领,我在这里学到不少东西,对我后来的塑形帮助极大。因为木偶从设计图开始体现,第一步就是塑形,接下来才是翻石膏,翻模。

采访人:您在那里学了多长时间?

徐进:半年左右。我一方面是自己在做,因为他们也在做,我可以随时去请教。另外他们也有油画组,我去的时候他们正好在画《蒋家王朝的覆灭》(1977年,作者陈逸飞、魏景山)。他们油画组保守一些,一般人不让你进去,因为我在里面日子久了,跟他们熟了,可以看到一些他们的创作和美术资料,包括名家的画和雕塑。后来因为要翻造房子,很多很好的作品都弄丢了。

采访人: 你从油雕室回去以后,就开始搞戏了?

徐进: 开始搞戏了。当时木偶剧团搞设计的有四五个人,后来也分一队、二队。分好队以后,就轮流搞戏。

采访人: 您觉得自己比较成熟的作品是从哪一出戏开始的?

徐进: 是《鹬蚌相争》。但是当时我不是搞这出戏的,因为有出国任务,领导的意思是要搞一台小戏,让我和另外一个设计师一起准备搞出国的戏,她搞《东郭先生》,是折纸木偶,要我搞《闪光的珍珠》。我和领导说我不想搞这个戏,领导说你不弄的话就少了一出戏,我提出来我想搞《鹬蚌相争》。我把自己的想法一讲,当时文化局戏剧处的李茂新也在,他说那就让编剧根据徐进讲的写一个剧本,导演根据徐进讲的搞这个戏。就这样开始了。

采访人: 构思是您想出来的?

徐进: 对。实际上上海美术电影制片厂有《鹬蚌相争》的动画片,是水墨画的,我想我也尽可能弄水墨的,因为全国都没有用水墨画来体现杖头木偶的,我尽可能把它体现出来,但是效果不是很好。因为当时制作的材料有局限,另一个是因为用光不是很好,不过《鹬蚌相争》还是得了奖。

采访人: 它突破了传统?

徐进: 和传统完全是两回事。传统的木偶形很正,很写实,我是很写意的。表演也是两样的。一开场,舞台上面什么也没有,然后像话剧一样,一点一点出来。整个舞台体现和传统的杖头木偶完全是两回事,很写意。

采访人: 这个蚌好像是用管子绕起来的。

徐进: 对,原来是想写意一点,就拿塑料管子一点点接起来,组成蚌的感觉。鹤也是的,当中全部是空的,它还可以吃东西。这是第一次用紫外光,原来紫外光是没有的,我用的是有射线的一种荧光颜料,就是做夜光表上面的材料,两百多块钱只能买一点点,我们买了很多,用来涂这个东西,因为没有紫外光体现不出来。实际上荧光颜料是有射线的,当时是稀里糊涂也不知道。

采访人: 效果达到了吗?

徐进: 感觉还可以,领导感觉也很好。接下来是《听话的妈妈》,这个时候木偶已经夸张了,头很大,身体很小,嘴巴也会动,和杖头木偶不一样,属于大布袋的感觉。现在看看,国外很早就有这种东西了,当时我们没有看见过。肚子是橡胶做的,它可以伸缩,吃多了肚子可以大起来,饿的时候瘪下去。

采访人: 里面也有机关?

徐进: 有机关,肚子里面要另外翻橡胶。所以说想要搞木偶造型,一定要知道木偶的制作,你对木偶制作不了解,图纸画得再好,有很多东西也体现不出来。我到团里后,非常留心看他们怎么装机关,这对木偶设计特别重要。虽然现在我自己没有做过一只木偶,但是我知道怎么做。如果制作的师傅说这个东西不好做,我说可以做,那就肯定可以做出来,我会把怎么做讲给他们听。对木偶制作的了解,我可以说不亚于制作的人,只不过我不动手。还有一个是原料的采购,我尽量和他们一起去,为什么?采购的时候你能知道很多材料的性能,比如说真丝双绉很好,很飘,很顺,那么也有不好的地方,就是一碰就起褶皱。化纤材料也有好的地方,再怎么样不会起皱,不会不顺。所以知道材料的性能对我们搞造型的人很重要。

采访人:《聪明的乌龟》的造型是怎样的?

徐进:《聪明的乌龟》里的造型很简单,基本上什么人都可以操纵。我和制作的人也是这么说的,木偶一定要做到什么人都可以操纵,不要搞得很复杂,但是制作工艺一定要考究,这才是好木偶。

做《聪明的乌龟》中狐狸的塑形,用两只珠子当狐狸的两只眼睛。

头的形状弄好以后,我想这个东西能不能用绒线包在上面,这样就和别人不一样了。一个是形不一样,另外材料也不一样了,狐狸的眼睛和嘴巴只要捏上去都可以动,不管什么人操纵它都会动的。

采访人: 这些木偶里面是什么?

徐进: 就是泡沫塑料,这样不容易碎,然后弄成一个壳,用橡皮筋插在上面,下面一个壳子套上就可以了。弄好以后,演员也很开心,说这个东西很像。我说好了,请大家结绒线,演员都非常卖力在结,演狐狸的演员结狐狸,演乌龟的结乌龟,都是演员自己结的。狐狸的身体没有的,正好在一米七台口下面,把它挡掉了,后面就是一条尾巴,走到什么地方这条尾巴跟到什么地方。乌龟也是,壳子和头是分开来的,不像原来的木偶是连在一起的,实际上都是一个人操纵,效果挺好的。狐狸的眼睛会抖动会弹,实际上是一根线吊着一个球,拿塑料弄成圆的,然后涂上颜色,让它吊着,可以抖动,显得有灵气。这个戏我自己感觉还可以,《聪明的乌龟》放到现在就不可能做了,因为没有人帮你结绒线了,这批演员都已经退休了。

采访人:《迷人的雪顿节》您还有印象吗?

徐进:《迷人的雪顿节》导演是胡伟民,舞美设计是韩生,曾任上戏的院长,我们一起搞的。我们和一个作曲一起到西藏去体验生活,是1988年8月8日。火车开到宝鸡还是天水一带,塌方了,走不了了。然后再换乘汽车,像逃难一样,车上全是人,非常挤。那时到西藏很不容易,从西宁到格尔木有铁路,格尔木到拉萨当时没有铁路,只能乘大巴,而且大巴很破,不停地开36个小时,这段时间很难捱。20世纪90年代我第二次去还是这样子,路还可以,不像川藏公路那么陡,就是时间太长了。我们当时去西藏那边也没有什么资料,到新华书店,看到挂着很多唐卡印刷品,原来不知道叫唐卡,我买了一点,回来以后就开始设计了。

这个戏和传统木偶戏是两回事,为什么? 第一,你可以听这个戏,另外也可以看;第二,还可以闻。因为到过拉萨的都知道,整个城市都是香味，这种香不像印度香，我们买了一点这种香，后来在演出之前在剧场里面点，整个剧场布置得像藏地，有唐卡、经幡，从检票口进来就开始有这种气氛，一直到整个剧场。在舞台的前面，拉了很大的帐篷，雪顿节实际上就是一家人在草地上铺一块毯子喝茶跳舞。我们把剧场营造成这种气氛，看、听、闻，这三个全部都实现了。

另外，这个戏打破了一米七的局限。所谓一米七的台口高度，是表演木偶的时候，人站在后面，观众正好看不到，太低了人要露出来，太高了木偶又看不见了，这个是以前定下来的，现在因为人的身高普遍增长了，有时放到一米八左右。在《迷人的雪顿节》之前，整个舞台，也就是说一米七台口下面全部是黑漆漆的，从来没有人打破过，但是从《迷人的雪顿节》开始打破了。我们把台口搞得像西藏的那种墙，上面有当地的标志性的东西。整个舞台可以打开，当中可以走人，不像以前全部是黑漆漆的，从来不可以碰，像禁区一样。舞台可以打开来，也可以合起来，可以往前推，也可以朝后推。而且木偶和真人演员一起跳牦牛舞

《迷人的雪顿节》剧照

的时候，一米七的台口往后面推，前面空间可以大一点，方便演员表演，结束的时候，两旁拉开，整个舞台推出来，感觉很好，这是第一次打破木偶一米七台口的惯例。

采访人：能谈谈《哪吒神遇钛星人》吗？

徐进：《哪吒神遇钛星人》是我和徐文琪老师一起搞的，徐老师之前，木偶的手部造型不是很好，刻四条槽，再刻一个虎口，就是木偶的手了。徐老师原来是工艺美校的老师，专门搞玉雕的，她来到我们木偶剧团搞制作，先刻了一副手，女生兰花指刻得真漂亮，简直是工艺品。《哪吒神遇钛星人》这个戏她搞正面人物，我搞反面人物太空人。

采访人：太空人没有水了会缩起来，怎么做的呢？

徐进：和《听话的妈妈》一样，里面是橡胶的，有身架，把它挖掉一点，机关装好以后，人物缺水后就会缩掉，面部也会缩掉，这都是我们自己做的。

采访人：这个也要刻模子？

徐进：先翻一个模，翻好模以后拿橡胶按照比例调，这个是在上戏学过的，现在用到了。机关装好以后人物的面孔、身体如果缺水就会缩掉，这是装置上设计的，不然就反映不出缺水的感觉。这个戏得了文华奖的舞台美术设计奖。

采访人：这部戏有一点科技的成分，是吗？

徐进：对。飞船上去的时候，舞台感觉特别震撼。这部戏的舞美设计是王玉卿，也是上戏毕业的。他自己制景，自己敲景，自己绘景，自己设计，自己换景，这个人很厉害，工作非常认真，所以他搞的东西真的很漂亮。

我们搞造型设计，是根据戏的需要，看完剧本以后设想怎么体现，然后先根据剧本内容设想把角色形象画好。再看看人物形象夸张的程度，夸张有两种：一个是形象上的夸张，一个是尺寸上的夸张，可以很大，也可以很小。要考虑演员是否便于操纵，演员一直高举着木偶是很累的，手

《哪吒神遇钛星人》剧照

弯一些举着就省力很多,但是木偶做小了就看不到了,所以要考虑周全。

采访人: 那么钎子做得长一点演员不就可以举得低一点吗?

徐进: 钎子越长越难操纵,钎子越短越好操纵,因为角度不一样,难度不一样。如果本身东西小,弄这么长的钎子来操纵,钎子会干扰表演的。我一直觉得我们团里的木偶戏还是比较保守的,有时候造型上夸张了,但是表演上没有夸张,讲话还是太正常,不像外国的木偶表演,即使实际上没有具体的台词,但是也能知道他的语气在表达什么意思。有一次我看国外的一个木偶戏,是一个提线木偶弹钢琴,台子比茶几稍微大一点。弹好以后,他一边鞠躬一边往后退,然后摔下去了。摔下来以后,它两只手扒着台子的边上,爬啊爬,想办法再爬上来。很简单的动作,他把它夸张了,这才真的叫木偶艺术。

《春的畅想》有些这种感觉,也是打破传统的,我主要是指打破木偶的观念上的传统。就整个形来讲,和我们印象中木偶的形没有关系了。整个操纵上面,说是杖头木偶,实际上它和杖头木偶也没有关系,不是杖头木偶的表现方法,也不像提线木偶,你说是横挑(木偶表演的

《春的畅想》剧照

一种方法）也不是横挑。实际上这个木偶是三个人操纵的，就是一块布当中有一个点，当中的一个点拎起来以后，它另外还有一根钎子一个环，把它套进去，拉出来一个头颈。这个操纵办法和传统的完全不一样，是一种专门的操纵办法。

采访人：看上去像变魔术一样？

徐进：实际上有一点魔术的感觉。因为现在新的东西多了，高科技的东西也多了，不稀奇了，但是当时感觉很好看。一开始舞台上面什么都没有的，一点一点，小女孩的影子出来，出来吹泡泡，这个剧本里原来没有的，是后来衍生出来的。我感觉《春的畅想》还不错，整个舞美是我设计的，舞台上面全部是黑的，台口这边有几块亮，灯光也帮了忙，因为我不是搞灯光的。

采访人：《卖火柴的小女孩》里面有什么故事么？它比《春的畅想》晚？

徐进：比它晚。《春的畅想》弄好以后，副团长何晓星、团长张兆祥

《卖火柴的小女孩》剧照

先后来找我,让我接下来再搞一个戏。何晓星说要搞《卖火柴的小女孩》,我说这个故事可以的,因为场景是晚上,角色也少,容易体现。第一稿剧本出来不理想,后来又改了一稿以后可以了,但是剧本和原著不太一样了,不过改得还挺好。等我图纸画好了,形也弄好了,木偶也做好了,但是演员说不行,脸怎么这么难看,怎么做得和徐进一样的苦瓜脸,眉毛是倒挂的,我说我感觉这个形象蛮好的。他们去跟领导和导演讲了,领导找我商量,要我再塑两个。后来我又重新塑了两个,他们看看觉得好像还不如原来的好看,后来还是根据我第一稿的形象来的。

采访人: 其实小女孩这个角色本身命运是比较悲惨的。

徐进: 他们非要好看,要漂亮。当然,如果不需要我思考,你们怎么说我怎么做,对我来讲很方便,因为不要我有想法嘛,但是我无法忍受。所以每一次搞戏,本子看了以后,我先弄草图,导演一看草图就都知道了,位置、舞台调度都有了。我画造型也是这样,不是木头木脑站着的,我是全部动作都摆好了,尽可能把典型动作都体现出来。所以导

《卖火柴的小女孩》里三人操纵的醉鬼

演有时候会说,你们演员去看看徐进的设计图,你们会有启发的。《卖火柴的小女孩》的布景也是我画的。因为我们在搞这个戏之前,去了一次捷克,正好他们有一个展演,葡萄牙有一部戏是三个人操纵的,我想《卖火柴的小女孩》的醉鬼完全可以借鉴这种表现手段。后来我在塑形的时候,就借鉴了这个东西。

采访人:《卖火柴的小女孩》和《春的畅想》对比呢,你喜欢哪个?

徐进:我感觉《春的畅想》比《卖火柴的小女孩》好看。《春的畅想》完全是与传统的具象的木偶不一样的,其实陈为群(上海木偶剧团著名演员)有很多的东西没有体现出来,还可以弄得好一点。

采访人:对于《妈妈的丑小鸭》,您有没有什么创作心得?

徐进:《妈妈的丑小鸭》的景也是我弄的,真的很好看,毛茸茸的。原来这个戏我塑形已经全部塑好了,形也拓好了,但是我感觉这个形好像和过去的形差别不大,我想要改,我和导演何晓星说,这个形太一般了,我要改一改。他说随便你,你只要在约定时间内弄出来就可以了。后来我就把形全部推翻,弄成毛茸茸的,因为是鸭子,所以专门去买了绒,形全部弄好以后,再让演员把绒手工缝上去。这个戏2008年到捷

《妈妈的丑小鸭》剧照

克演出还得奖了。

采访人：请问木偶的特色是什么？

徐进：我感觉一个是有工艺性，工艺性就是观赏性。我们过去做的木偶，工艺性都不强。去年我和团里一起去参加了一次中青年的会演，我觉得木偶制作方面现在发展得很快，强调工艺性了。雕刻也好，服饰也好，装饰也好，全部是很精细的，不像原来了。这方面最近几年大家都有大幅度提高，但是上海木偶剧团进步不大。作品一定要做到位，要让人感觉看到的是一个工艺品，要让人家感到有一种收藏价值，是可以直接观赏的。否则就像出土文物一样，已经腐朽了，只是因为有历史，人家才不得不承认。但是现在新木偶还这么做肯定不行的。

另外，木偶主要的特色就是可表演性，它不但是一个装饰的、工艺的东西，而且可以表演。我一直感觉木偶是一种有灵性的东西，每一样东西都有灵性，就看你怎么表现它，我们团里缺少的就是这种观念。国外一只杯子和一个茶壶就可以表演一段很有意思的故事，我们就不行

《太白醉书》剧照

了。全国也好,我们团里也好,幽默基本上是很缺失的,连小戏也没有幽默。整个木偶界还是太传统了,有一些传统是可以放弃的,不是全部传统都要继承,你再继承也不见得现在日常还拿毛笔写字。另外也要讲情节,其实可以夸张一点,夸张不是一个人夸张,要整个剧组一起夸张才行。

《哪吒闹海》也是一样的,图纸画好以后,说眼睛太小了。原来哪吒是光头,两个小眼睛,但是你动得厉害一点就可以了。演员说眼睛太小了下面观众看不出,其实不是非要很近看才行,只要稍微有感觉就可以了。演员说不行,硬要我改,后来全部改了。

采访人: 演员对造型影响也是很大的?

徐进: 我们造型做出来主要是给演员看、给领导看,不是给观众看的,演员、领导感觉好看才能过关。

采访人: 因为他们没有距离这个问题,所以考虑的方面可能不同?

徐进: 一个是没有距离,但主要是不会根据角色来考虑,他们觉得好看就行了。我演这个角色,最好眼睛要大一点,最好机关动动观众可以感觉到。实际上很多东西不是眼睛动、嘴巴动的问题。我们去看中青年会演，很多木偶是眼睛不动，嘴巴不动，就靠形体，人家表演也是很好的，主要是看动作，看大的东西，但是我们有时候过于追求小的东西，大的东西反而放弃了。木偶都是假的，就靠表演。现在好的演员也少。

采访人：上海木偶从改革开放以后还是比较超前的，这两年是不是遇到了瓶颈？

徐进：实际上全国木偶界都不是很好过，不像人家话剧是先锋，是走在前面的，木偶多数是跟随的。有一次我在话剧艺术中心看英国的一个演出，它不完全是木偶戏，是真人表演的，木偶不会动，像一个雕塑一样，就靠演员形体来表演，非常生动。我们这方面非常缺乏，几乎没有看到过。我们还是比较落后的，不仅仅是造型方面，是整体的落后。其实有很多国外的东西可以借鉴，看看人家是怎么表演的。讲到这里就要讲《假面舞会》了。原来陈为群搞过一个《衣架人》，这个戏和《假面舞会》有一点像，造型也是我搞的。这个戏演员得奖了，我也得奖了。

《假面舞会》剧照

采访人：现在木偶剧团演出多吗？

徐进：到外地演出多一些，上海演出也有，不是很多。

采访人：仙乐斯拆掉又重建，人气不如过去了，为什么？

徐进：不知道什么道理，仙乐斯人气一点也不足，原来很好，美术馆、仙乐斯、杂技团，杂技团就在我们隔壁，这一圈很热闹。改造后就不行了，到现在也是这样子，就这里一段路不行，到前面、到后面又都热闹了。

采访人：您觉得木偶将来的发展方向是什么？

徐进：接下来，木偶会用3D打印了，我有这个感觉。木偶的传承一个是操纵，还有一个是木偶的装置和制作，这是一种传统的手工工艺，如果用3D打印，木偶估计肯定死了。

采访人：3D打印木偶，但是操纵还是要靠人的，那么装置呢？

徐进：现在3D打印还没有达到，如果3D打印可以达到装置的要求，木偶肯定就死了，以后谁来弄木偶？家里只要花一点小钱打印一个木偶自己就可以玩了，还要你剧团干吗？这个是我的想法。我觉得该保持的还应该保持。木偶除了操纵方面，另一个方面就是木偶的工艺性，这个工艺也是一种传统的制作手法，你不能把传统制作工艺打破，工艺方面是很考究的，都是手工做出来的。以前我一个在日本的同学，他要我帮忙弄一套《西游记》师徒四人像，我们正好做衍生产品，有批量生产的，是泡沫压出来的头，压好头以后在上面喷颜色。但是我是纯手工画的，泡沫坯子弄好以后，我手工画好，服装都做好，寄过去以后，他说："徐进你怎么拿泡沫做这个东西？这个东西是垃圾"，弄得我很尴尬。

采访人：日本人做的木偶很精细。

徐进：他说这种东西一定要用纸壳手工拓的。所谓工艺品就是靠你手艺做出来的，形是泥土塑出来的，是用纸一层一层贴出来的。不是说3D打印出来的东西人家不要看，是因为3D打印的东西可以批量生产，一天可以生产几百个，手工因为是靠手上的功夫，一天生产很少。另外在表演方面，弄不好人家业余的表演比你正规的表演还夸张好玩。插一句题外话，《卖火柴的小女孩》里演圣诞老人的，他本身不是演员，是个装置工，弄布景的。我和何晓星搞这个戏的时候，看《卖火柴的小女孩》的原著，第一页就是安徒生的画像，他的面孔很像这个演员。我就和何晓星讲，要不让他演演看？虽然他从来没有受过专门训练，演了以后还可以。但是正式的演员不买账了，可让他们一试，还没有装置工演得好，太做作了，老是这种舞台腔调，也没有他自然。所以说，如果木偶什么人都可以操纵了，不一定非要举着操纵了，放在台子上也可以操纵了，说不定业余的比你专业的还要好。如果正规剧团没了，可能会普及到下面去，幼儿园小孩都可以玩了，这个反而好了，全民普及了。实际上现在很多东西都在普及，有一种叫做SD娃娃，就像电脑里面的洋娃娃一样，做得非常漂亮，眼睛、头发像真人一样，小衣服、小裙子全部都是手工做的，只不过没有操纵，如果一旦可以操纵的话就是木偶表演了，可看性和工艺性都具备。

采访人：专业要做出专业的样子。

徐进：对，但是我们有时好好刻一双手都刻不出，徐文琪原来刻过的手，到后来也没有人超过她。

采访人：木偶的制作过程，包括机关，普通人了解得比较少，您能介绍一下吗？

徐进：一开始就是画图纸，作为一个设计师，画图纸的时候就要考虑木偶装置的问题了。什么地方该动、什么地方不该动，可能新人不会考虑，但我是会考虑的。另外一个是木偶的尺寸大小、头的比例，这个全部要弄好。以前这是需要导演、演员、领导三方通过，三头六面看好以后，还要和他们解释为什么要这样弄，接下来才开始塑形。塑形像搞雕塑一样，先用紫砂泥塑一个形，一般的木偶头部就是15厘米左右，不带头颈是15厘米左右，因为塑好形以后还要收缩的。

采访人：需要放窑里烧吗？

徐进：不烧。形弄好了，胡子、头发是没有的，就是一个光的，然后翻模，翻石膏，把它分成至少三四块。分开以后，接着是要拓纸壳。翻石膏我们要的是石膏外面的壳子，等壳子稍微干一点，头盖骨这边有一块拿掉，开始糊报纸。我们一般是用三层报纸粘在一起，第一层先不要刷浆糊，先把它一张一张全部按好，然后撕成3厘米左右大小，一块一块全部贴好，要贴15层。贴好以后让它阴干，现在求速度就放在烤箱里面烘，烘的大概70%干了，拿出来，把它剥离。因为报纸和石膏收缩不一样，15厘米大小的东西，大概会缩掉1厘米左右，因为收缩，表面都是褶皱，然后开始手工一点一点打磨。像我们搞造型的基本上先让制作人员打磨，打磨到差不多了，我们还要重新打磨修形。

形修好以后开始装机关，比如说嘴巴，该动的就开一条缝，眼睛也开开来。嘴巴都是设计自己定好的，有很多嘴巴开得不好，翻下来像粪箕一样，所以在塑形的时候嘴角尽可能进去一点，把这条线借过来，这样子圆过来就不会有缝隙。装好机关以后还要重新打磨，因为装机关的时候会碰掉表皮，我们是用白芨粉补，加上木屑调好以后，把脸上坑坑洼洼的地方全部补掉，拿细砂皮慢慢打磨好以后装头颈。头颈都是一块木头刻出来的，正好套住，把它按上去。机关要装得灵活，机关不灵活不行，吱嘎响也不行，眼睛也要能左右动、上下动。

接下来设计还要画身体的正面、侧面，画好以后让专门的人去扎。我们是用钢丝，钢丝外面裹了一层皮纸，裹好以后用纸扎，用纸编成细绳子一样把它扎起来，打成格子，看上去一个一个方孔，孔大概四五厘米大小，架子扎好以后很牢固，基本不会变形。接下来要画手的大小，画一个样子，由专门刻手的人去刻，有的手要动，一个手指动或三个手指动，如果木偶要写毛笔字，设置的机关要正好可以捏住笔。手刻好了还要装钎子，有种钎子就是一条槽，一块插片插进去，它只能这样子，还有一种手是可以翻过来的，刻的时候都有讲究的，手钎是一块铁皮包住,关节全都可以动。做手也有个故事,原来广西的一个木偶剧团到上海来学怎么装机关,他们带来几个木偶,我们一看他们的木偶,手装得看不出来,不像以前木偶的手中间会空了一块,他们的手没有的,他们是合起来的,弯过来也有很薄一层东西,看不出来,非常好。结果,不是他们来学,是我们把他们的东西学过来了,因为他们的关节装的是一个个圆环,是有圆的轴心,很考究。

接着说我们的装置,身架用铁丝扎好外面要用很薄的海绵包好,然后再用布包,用手工缝起来。手臂这边腾一个空,里面塞棉花,当中再拿绳子扎住。肩膀这里要钉成倒三角形的,否则的话往前面拉不过来,朝后面也过不去。当中还有一个命棍,就是杖头木偶主要的部分。以前做得很复杂,现在越弄越简单了,穿两根钢丝过来连接头部,控制左右动的,还有橡皮筋吊住保持平衡,否则演员的手老是这样子撑着吃不消。下面要做成手枪柄的样子,这当中有很多机关,头颈上下左右动,眨眼睛,动嘴巴,机关全部在一个手里,拉翎子什么的都有专门的机关,工艺方面很复杂。有的是用铁丝,有的是用尼龙线,考究一点是用钢丝。孙悟空是钢丝的,因为上面还有翎子,翎子的分量重。孙悟空应该说是最重的,穿龙袍的那个孙悟空,我们称过,有13斤。以前的龙袍也考究,全部是手工绣的,金线都盘进去。做脚还要制作脚的关节,木偶的工艺真的特别复杂。

采访人:《卖火柴的小女孩》好像有脚的。

徐进:对。要把脚削出来,做的人不会削造型,你弄造型的人要把脚削出来,随后他们去做关节。木偶没有化妆很难看的,像灰报纸一样没有眼睛,没有嘴巴,头盖骨也分开来的。打磨要很长时间,灰非常多,手工打磨是无法避免的环节,花多少时间磨出来的东西就是不一样,很光亮。打磨好以后还不算,还要用皮纸,以前叫做棉花纸,很薄很薄的,拿浆糊薄薄地糊两层,糊好两层以后晾干,然后再拿砂皮打磨,要打磨好几次。现在不会这样做了,现在报纸糊好,打磨以后老粉一嵌就可以了，老粉打磨方便。但是以前的木偶不太容易坏，除了虫蛀，或者老鼠咬，一般不太容易坏。现在的木偶一碰就少一块，老粉做的不结实。以后工艺上用3D，如果材料选得好的话，翻模也不用翻了，拓纸壳也不要拓了，工艺倒是简单了，塑形也不要塑了。画图纸也简单了，电脑上调一点素材拼接一下，图纸就出来了，我到现在还是手工画，好像很傻。

采访人：手工有手工的味道，传统工艺不会完全消失，还会保留一部分。

徐进：保留的一部分是业余的来保留了，不是专业单位来保留了。

采访人：业余的是靠爱好，没有资金是很难维持的。

徐进：现在剧团还是国家养着的，真要靠木偶演出养活自己早就饿死了，木偶票价又卖不高，是公益性的演出，国家应该补贴一点，全国有几个代表性的剧团就可以了。

采访人：您觉得对自己以往的工作还认可吗？

徐进：我感觉我对得起这个剧团了。我搞的戏没有一塌糊涂被人骂，我也不和领导提这个那个要求，我可以完成的尽可能完成，尽可能弄得好一点。

采访人：之前采访您的同事，他们也是认可您的。

徐进：很多人喜欢和我一起搞戏，灯光也好，舞美也好，我至少有想法，至于他们采纳不采纳是另外一回事。我的初稿，你要推倒尽管推倒，我不计较。我和河南的剧团合作的《牡丹仙子》，这个戏得奖了，我帮他们图纸弄好，形塑好，我和导演说尽可能把原来的东西打破，把前面一米七的台口改成一米二的表演区。

采访人：一米二的台口演员怎么演？

徐进：蹲着，演员有的时候是蛮辛苦的，尤其是演主角的人，一直举着，跑龙套的下场了就可以休息了。木偶演员也有好处，就是不用化妆，演出结束了木偶一放就回家了。像京戏要勒头、勾脸、扎大靠什么的，木偶演员不用。实际上演员是我们做的木偶，木偶剧演员实际上应该叫操

《牡丹仙子》造型照

纵者,人在一米七后面挡着看不到的。所以说木偶造型特别重要。

采访人:我们通过和嘉宾聊天,对木偶戏慢慢开始了解了。

徐进:木偶并不只是让小孩看的,我前面说到的国外一个弹钢琴的木偶戏,大人看了也感觉这个真的是艺术,表演非常细腻。你知道弹钢琴是假的,你知道他摇头晃脑是假的,但就是像。它的脸部也很夸张,很好玩,看这种作品才是艺术享受,这才叫做木偶艺术。

采访人:你们这些前辈的经历真的非常可贵。

徐进:我进团之前有一批人,如周渝生、陈为群老师。他们之前还有一批人,基本上都是老的戏班子,搞的东西都是传统的戏,比较原始,故事大多是根据京戏改的,造型就是几个木偶,几个头,脸部重新化妆,或者是服饰稍微动一动,几个木偶翻过来翻过去地用,木偶装置也很简单。

采访人:所以后来才有创新。

徐进:陈为群、周渝生他们这一批人,是儿艺帮忙培养的,儿艺院长任德耀带的他们,加入了新的戏剧理论元素,比原来进了一大步。到我们这一届,实际上我和他们木偶班的何晓星、陈燕华(即著名主持人燕子姐姐)他们是一届的。

采访人: 您是舞美专业?

徐进: 我是76届舞美专业的,是木偶剧团定向招的,我们接受的教育比陈为群他们要更进一步,毕竟是戏剧学院教的,比较正规,声、台、形、表各个方面都比较系统,要更完备一些。当然,现在进来的年轻人基本都有很好的教育背景了。

采访人: 肯定是一代好过一代的。谢谢徐老师的讲述。

(采访:柴亦文　整理:李丹青)

任何困难都不怕
——黄大光口述

黄大光，1943年出生。1960年9月进入中国福利会儿童艺术剧院学馆三班学习，1963年起在上海市木偶剧团当演员、舞台监督、团部秘书。1987年起，在上海市文化局担任办公室主任助理、副主任，经市艺术人员系列高级评审，确认二级演员（舞台监督）任职资格。1995年2月起，在上海联和投资有限公司担任办公室主任、副总经理、党总支书记，其间兼任上海航空公司副董事长、上海金虹桥国际置业有限公司董事长等职务。

采访人： 黄老师，首先请您介绍一下自己。

黄大光： 我于1943年3月出生。1960年进入儿童艺术剧院学馆三班学习。三年以后，我就到上海木偶剧团工作了。最开始是当演员，因为工作需要，我兼任舞台监督，后来我在剧团里负责演出工作，并担任团部秘书。1985年，我离开了剧团，到文化局工作。1995年初，筹建上海联和投资有限公司。

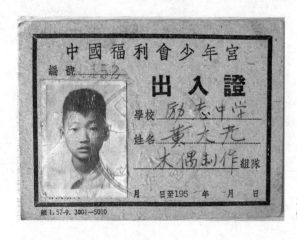

少年宫出入证，参加木偶制作组活动

采访人：能谈一下您的成长经历吗？

黄大光：我是在皋兰路的励志中学念初中，打浦中学念高中的。我父亲做会计工作，家里情况一般，有七个兄弟姐妹。我在念初中的时候，学校派我到中国福利会少年宫小伙伴艺术团木偶小组去学习制作，这样可以把学校里的课外活动搞起来。

采访人：您在念初中的时候，被学校推荐到木偶小组学习，这是您第一次接触木偶吗？

黄大光：对，第一次接触木偶。学校派我去主要是学习制作。初中毕业后，我到打浦中学念高中。突然有一天，大世界的红星木偶剧团的指导员来我的学校找领导，要我去他们剧团。我当时高二了，马上要升高三考大学，家里人都挺反对。为什么？木偶艺术在那个时候来说地位是很低的，大家都觉得这只不过是马路上耍耍的把戏。学校的党支部书记跟我讲，上海要成立一个国营的木偶剧团，这个工作很重要。最后我考虑后决定去。我是1960年9月报到的，那个时候我已经17岁了，但还是需要进儿童艺术剧院学馆三班跟其他比我小的同学一起学习。上海木偶剧团属于市文化局，而儿童艺术剧院跟上海木偶剧团都是搞儿童戏剧的，就合在一起上课了。

少年宫木偶制作组活动

采访人：您在儿童艺术剧院学馆三班学了些什么？

黄大光：1960年9月，我们这一批学员都到儿童艺术剧院去报到。首先学馆方面要求我们都住校，一个星期只能回家一次。一开始不是直接教木偶专业，而是先学声学、台词、形体，包括视唱练耳等都要学。过了一段时间以后再开始学木偶操作。

儿童艺术剧院院长任德耀对我们学馆三班的要求很严。因为学馆的培养任务主要是由两部分组成：一是培养儿童艺术剧院的演员、舞美乐队等，二是要培养一批上海木偶剧团指定需要的专业木偶操作演员。这两个班的学员加一起大概有五十人。学了一年多我们就开始接触木偶了。上海木偶剧团以杖头木偶为主，但是如果是外地来的布袋木偶、提线木偶、皮影剧团等演出，我们也要去观摩，以增加我们的知识面。1962年的年底，我们和儿艺学员一起到舟山群岛部队慰问演出了

在儿艺学馆参加表演唱排演（右一为黄大光）

一个月。我感觉我们那时候真的很累、很艰苦，除了专业课，我们还要上形体课。我们挺想不通的，我们是表演木偶的，为什么要学形体？搁腿、弯腰等动作都很难的。后来才知道，演员必须要理解木偶的这些动作，只有自己懂了以后，才可以完整体现在木偶身上。在儿艺，我还学习传统的木偶剧目，比如《小放牛》《萧何月下追韩信》等。我们木偶班还排了一出戏《兔子和猫》。我们在儿艺生活、学习了三年，毕业后回到上海木偶剧团。

采访人：传统戏有一些什么特点？

黄大光：木偶演员的基本功是，手要能够托到一定的水平，不能太高也不能太低，要保持这个高度。演员的手劲要足，一只手举着木偶的时间要坚持得长，并且另外一只手的操作也要灵活。我印象中，还需要把传统京剧里台步的感觉在木偶身上体现出来。大家是按照这个模式来演的。像我们这批演员，最好个子都差不多一样高。有些女同志矮一点，但是表演的时候她要穿高跟鞋。有些演员实在太高了，就要蹲下来一点，舞台上前面有一个屏风，要把演员挡住的。

采访人：《兔子和猫》是一部怎样的戏？

黄大光：我演懒猫，主角是小白兔，这部剧的主题就是教育小朋友要勤劳，爱劳动。排的时候先是演员在舞台上走位，再用木偶来排练。排练是需要大家互相配合的。比如说我演的猫有四只脚，上面两只脚我操作，另外的两只脚有时候要坐在台口上，那么就要其他演员来帮忙一起操作。

操纵懒猫

类似这种互相配合的情况，在木偶舞台上还是比较多的。

采访人：木偶演员的特点是什么？

黄大光：木偶演员操作木偶，虽不是本人表演，但是本人要知道这个角色的性格等方面，并通过木偶体现出来。

采访人：1963年您到了上海木偶剧团担任演员，到木偶剧团以后排过哪些戏？

黄大光：我在《小八路》中演那个伪队长，《孙悟空三打白骨精》里面演白眼狼，《雪山小英雄》里演一个小地主。总而言之，我到了剧团以后，主要还是演反派角色。

采访人：请和我们说说《小八路》这出戏吧。

黄大光：《小八路》是抗日战争题材的戏。我在《小八路》中担任伪队长。根据剧情的需要，伪队长有一个抽烟的动作，这个动作有一些难度。虎子化妆成了卖香烟的小贩，碰到了伪队长。然后虎子要请他抽烟。伪队长这个木偶下面有根管子，虎子点火的火柴是特制的，灵敏

操作表演伪队长角色

度比较高,只要一碰就能够起火。然后下面有一个演员真的在抽烟,抽了以后再吐出去。演员必须注意,手指夹了香烟以后不能掉,香烟要对准嘴巴里的管子。这些特技观众是看不见的,所以每次演出的效果都很好。

我记得为了创作这部剧,编导人员都曾经去河北下生活,回来以后就写剧本。大家讨论,怎么样才能充分发挥木偶的特点,让木偶可以做到人做不到的动作。

工场间里专业的老师傅负责雕刻,包括做木偶的头、身体。但是最后一道工序,必须演员根据自己的习惯去装配。因为每个人的手指不一样,老师傅装了以后你可能会用得不舒服,你必须自己去工场里亲自调整木偶,这样才能更好地用来实际操作。有时候排练,我们就先不给木偶穿新衣服,为什么?生怕衣服弄脏。用木偶的主躯干表演,或者穿旧的衣服来代替一下。

采访人:木偶演出的衣服其实也是上场前换好的?

黄大光:对,事先全都装好。演出的时候,每一个木偶的衣服都已经穿好了。后台有专门的地方挂木偶,有两个钉子,把木偶的脖子挂在那里,要拿的话,一下子就能很方便地拿起来。为了不让它掉下来,有的则用绳子再往上套一套,需要的时候赶紧拿。舞台后面的气氛是很紧张的,大家抢场,很有意思。很多观众都希望到后台看看。而正因为调度紧张,我们希望他们站得远一点看,不能太近。

采访人：《雪山小英雄》是一部怎样的戏呢?

黄大光：西藏某部队的一位团长,跟我们上海木偶剧团团长的关系挺好的,于是有了这个反农奴制题材的剧本。我演农奴主的儿子,反派角色。

采访人：如何处理反派人物?

黄大光：根据人物的性格来做调整,要体现人物的内在,揭露内心的一些东西。根据导演的提示,自己分析剧本。演员在这个角色里应该怎么体现,心里都要有数,不能太夸张。当然对于木偶戏来讲,夸张因素还是比较多的。特别是一些拟人化的东西,需要夸张。要用形体表现出角色,不像人,可以通过面部细微表情来表演,因为木偶的脸部没有什么东西的,要靠形体表现角色性格。

采访人：《孙悟空三打白骨精》是上海木偶剧团的保留节目,请跟我们说说这部戏排演前后的情况。

黄大光：我演《孙悟空三打白骨精》里的白眼狼。我刚到团里的时候,演的角色比较多,以后就跑龙套了。为什么?大部分的精力都放在舞台监督上了。《孙悟空三打白骨精》是中国的传统节目,其他很多单位也在演。我们团的《孙悟空三打白骨精》要和别人舞台上演出的不一样,要充分发挥木偶的特色。造型的变换很方便,木偶只要一下去,烟雾放出来,就又换了一个角色。打下去以后,木偶还可以飞出去,台上有像橡皮筋一样的机关,一下子就能把木偶打飞。这些特技都需要事先在舞台上装好机关,可以比较多地发挥一些木偶的特点。

采访人：您觉得什么是木偶的特点?是夸张吗?

黄大光：是的,夸张。人做不到的让它来做,让它表演。比如说翻跟头,演员在舞台上翻跟头,是受到身体条件限制的,到一定时间演员也翻不动了。但是在木偶身上做了机关以后,就尽管翻好了,能一直翻下去。要充分发挥木偶的这个特点。

采访人：您对上海木偶剧团成立之初的事情是不是比较了解？可以和我们说说当时剧团的情况吗？

黄大光：上海木偶剧团的前身是红星木偶剧团，我印象中好像是从江苏泰县来到上海，在大世界里面演出，主要演传统的剧目，以京剧为主。当时市里面的领导要求成立专业的木偶剧团。怎么成立？以民营剧团红星木偶剧团的八个老艺人为中心，成立国营剧团，是这样演变过来的。当时这八个老艺人对于团里来说是很重要的，教过大家挺多木偶的技艺。儿艺的师资力量是很强的，我们在儿艺学习的课很多，但是木偶操作表演必须要靠这八个老艺人来传帮带，把他们过去的传统、怎么演的等教授给我们。我们排练新剧的时候，会经常请教老师傅动作该怎么弄，有时候看到你这个动作不对，老师傅也会提出来，新老结合，我们团里的氛围很好。在全国范围来说，上海木偶剧团的综合艺术等各个方面都是走得比较靠前的，就是这个道理。新的、老的结合，形成一个基础。所以以后创作的很多节目，好像都比较顺利。

采访人：您后期在团里担任的是舞台监督，跟我们说说幕后的故事吧。

黄大光：好的。上海木偶剧团过去是没有舞台监督的，因为这个专业也没有地方学。但是平时儿艺有舞台监督、场记，我就向张琯治等老师学习。他们过去记录的东西，我有时候也去资料室借来看。所以我在团里做过场记，也做过剧务。木偶剧的演出很多，那么舞台作用要发挥得更大一点。舞台监督，总的来讲就是以体现导演的意图为己任，演出不要走样，包括音乐、灯光、布景等，都要去全面照顾到，最大的一个任务就是保证演出的水准。木偶使用得多也要出故障的，有时候手臂脱落了，有时候脚断了。这些突发状况，作为舞台监督来讲都必须事先能判断，要随时准备把应急措施拿出来。有时候演员演着演着，头快露出屏风了，我就要提醒他，你的头要下来一些，否则观众要看到你的头了。演员的工作量是很大的,演到后面就很累了,难免举不动,有时候露手,有时候又举得太高。这些情况都要舞台监督来注意。

舞台监督还要保证台上不要走样,不要出洋相。包括正式演出前,也要去认真检查。因为木偶的布景跟真人演出的布景不一样,真人的直接放在地上就可以了,但是木偶布景一般是腾空的,下面有架子,高低都要注意。要检查把演员挡住的屏风,包括鞋垫等小东西,这些也要注意。大家认为这些都是舞台监督的责任,如果没有弄好,就是我的问题了。过去吊布景都用麻绳来吊的,麻绳容易受到湿度等的影响。下雨天,它自己会荡下来,这意味着什么?不准了。所以说我们舞台监督的职责,就是要在演出之前督促舞美把布景检查好。反正工作内容是比较多的,需要每一个部门的配合,不能出什么故障。另外,每一场演出结束以后,还要写报表。报什么?今天几点演出,演什么剧目,里面有没有什么故障。报表是给领导看的,有时候导演也要看看,这样他就不需要到现场了。所以说舞台监督工作挺杂,但是很重要,要管好每一个环节。

采访人:您还兼职团里的行政工作,要和剧场谈场次、谈票价等事,能跟我们说说这方面的情况吗?

黄大光:好的。后来我们成立了演出组,其实组里就一两个人。每个剧团外出演出,都要有人负责跟剧场谈演出时间、票价、场次等事宜。虽然我们上海木偶剧团有自己的剧场,但是那个时候也要到解放剧场、东宫等外面的剧场演出。如果去外面演的话都要事先把细节商定下来的。除此之外,还有巡回演出,也需要事先打点的。那个时候打前站确实很辛苦。首先自己要先走一步,去看剧场和演员住的地方,包括演出场次、时间等事宜,都要先到外地跟剧场方谈好。回到上海,又要把行李,包括被子、脸盆、热水瓶等生活用品打包,然后在大部队到达前自己先过去。等演员到了后,我去接他们,安排演职人员的吃住问题。过去条件没有这么好,演员都住在后台,或者招待所,甚至没有水。

那时候吃的东西还要去申请,比如说我们在青岛演出的时候,大米、面粉、鱼、茶叶、香烟等都是要打申请报告的。另外,那时的交通很不方便,要换好几部车。

采访人: 管理保留票是怎么回事?

黄大光: 那个时候管理保留票是这样的。文化局有一个票务组,每一个剧团演出,都要求这些剧团每场留20张票。万一有外宾或者重要的领导看戏,就可以使用这些票了,通常保留票都是各个场次里最好的座位。到了下午4点,保留票没有人要的话,我们就赶到票务组把票拿回来。我们团里的保留票特别紧俏,大家早就排队要了。为什么要这个票?有的是给家里的小朋友,有的是要谈恋爱的,或者是外地亲戚朋友来了。当时的文化市场很匮乏,大家看不到什么好的演出。差不多5点,就赶紧排队拿票。打电话给家里,今天有票了,你们来吧。那个时候确实一票难求,很紧张。

采访人: 当时上海木偶剧团的票价是多少?

黄大光: 票价那个时候是两毛钱,还是挺便宜的,不光我们这样,其他团的票好像也是很便宜的。而且外宾来看的也不少。那个时候只要到仙乐剧场的广场一看,有小车来了,说明今天有重要外宾来了,是市里安排他们来看节目。

采访人: 您可以和我们说一下上海木偶剧团巡回演出的情况吗?曾经到部队、学校、农村演出过是吗?

黄大光: 都去过。就上海来讲,我印象中那时候几个大的钢铁厂,都有自己的大礼堂。应他们的要求,我们就去演出。空军、海军、陆军,都去过。去学校的次数是最多的了,特别是幼儿园。那时候道具都是用黄鱼车运输的,一个个幼儿园演过来。我印象中我们去虹口区的学校是最多的,差不多演一个月,还轮转不过来,可想而知当时我们的演出有多受小朋友的欢迎。所以在上海来讲,部队、工厂、学校我们都去演出过了。我们去外地的巡回演出也比较多,去过江苏、湖北等省,也跑了山东的好几个地方，比如青岛、济宁、淄博等。

采访人：到外地演出的话，道具等怎么带过去？

黄大光：有几种办法。一种办法就是，比如说去青岛，我们把道具箱子、布景等全都送到码头，跟人一块坐船去了。如果再远到湖北，上海的车子就把东西送到火车站，跟着火车过去。那时候事先都要计划，不像现在，那时候没有高速公路，所以事先都要算好，路程大概需要多长时间，保证演出是一切的前提。根本不乘坐飞机，因为要考虑成本。

采访人：包括乐队也是要跟着过去的吗？

黄大光：乐队就不去了，巡回演出就用录音了。因为团里都挑比较成熟的剧目带去，音乐不需要修改。如果不成熟的话还是要用乐队，随时随地要改。当时巡回演出的次数是蛮多的。那时候已经有两个演出队了，我们属于第一批学员，差不多在"文革"期间又培训了第二批学员，所以他们毕业后，我们团就有两支队伍。当一支队伍在上海演出的时候，另一支就可以去外地进行巡回演出了。一队管一队演，二队管二队演，排的戏不一样。但是乐队只有一个，可以共用的。我们还有一个制作工厂，它担负着两个演员队的木偶制作任务，这也是共用的。

采访人：您对制作工厂了解吗？

黄大光：我觉得工厂里最主要的技术活就是雕刻。木偶的头是要雕出来的。最早是用木头直接雕，要求比较低一点，只要这个脸的架子出来就可以了。我们毕业以后要求就又不一样了，要先塑造，塑造人像是用泥土，因为这时候对于脸部的各方面要求高了。塑造后翻模子，用石膏给它翻好。翻好以后在石膏上面再用纸，一层一层贴上去，翻出来的模子是纸浆的，就不是木头了。主要部位，比如嘴、眼睛等还是用木头做的。全部弄完以后还要打磨，给它涂颜色，包括头发等。一个木偶的制作是有很多工序的。第二个很重要的变化是木偶的手。过去的木偶是不太拿东西的，是固定的。随着技术的提高，后来慢慢发展成手指都要动，这个要靠专业的老师傅来雕。其他比如服装等，可以做小一点，这些都是工厂自己弄的。其实做一个木偶的头，是很花精力的。这等于塑造一个演员，不同的人物不同的头，没有什么是相同的。有时候舞蹈，比如集体舞，干脆做一个脸，都一个模子刻出来，一张脸就可以。但是演戏，就要不同的头了。有一些木偶需要根据演员的手以及动作习惯特制，精确度要高一点，有一些就大路化了。比如说我刚才讲的，我演的伪队长，它对于夹烟动作有特殊的要求，装的线需要特技，所以雕刻方式就不一样，需要师傅特制。根据剧情要求，演员必须事先提出自己的改动想法，让制作工厂来制作。

厂里有一位老师傅，祖传手艺，专门雕刻菩萨，所以他做的脸非常好。还有些专业人员，是各地方推荐过来的。木偶的人物造型非常重要，所以有的是从上海戏剧学院过来的，专门搞化妆的。工厂全盛期大概有十几个人，分工很细致。做道具也很讲究，比如说做杯子，它不是真的杯子，是用纸做的，颜色涂好后就像真的瓷器一样。真的瓷器会被敲碎。用纸做就没有这种烦恼，尽管敲好了，敲不碎的，杯子掉在地上也没事。还有做枪，当然是简单的木头枪。比如《小八路》里有打枪的情节，需要真的火药声音，还要有烟，这些都是制作工厂做的。有乐队在场的时候，是乐队当场演奏的音效。但是比如说打雷声等这些效果，是录音放出来的。慢慢地后来除了音效用录音，音乐也用录音了。如果演出中有唱段的话，配音演员需要当场配唱。那时候好多剧团都来支持过配音工作，比如沪剧院、京剧院、儿童艺术剧院、话剧院、青年话剧团等，都来参与木偶的配音。

采访人： 您跟我们说一下在"文革"的时候上海木偶剧团的情况吧。

黄大光： 因为上海木偶剧团的宗旨是为少年儿童服务，演出内容是教育少年儿童爱祖国、爱人民、爱劳动，我们严格按照这个题材来创作和排练。上海木偶剧团有自己的剧场——仙乐剧场,一直没有停止过演出。好多剧种当时不能演出,比如评弹,帝王将相、才子佳人等这类题材那个时候不允许演的。有服务少年儿童这个因素在,上海木偶剧团的演出还是在一直正常进行的。

采访人:"文革"时期,上海木偶剧团排了哪些剧?

黄大光:《小八路》《兔子和猫》等。又比如《雪山小英雄》反映了西藏反对农奴制度。类似这些剧目,我们也是能够演的。当然剧目也要受到时间的考验,也就是说能不能受到观众欢迎,是不是发挥了木偶特点,符合这两个原则,才能够长久演下去。

采访人:1975年木偶皮影全国观摩演出,您当时也去了?

黄大光:木偶皮影全国观摩演出,陕西、山西、福建、江苏、黑龙江等省都参加了,大家互相观摩演出。那次也没设立什么奖项,或者评选哪一个地方的表演比较好,没有。

采访人:当时演员演的时候,跟小观众的互动多吗?

黄大光:那个时候互动不太多。演员基本上都躲在幕后来操作的。除非是谢幕的时候,演员提着木偶出来,跟小朋友互动。小朋友很高兴,还要摸摸木偶。

排练《兔子和猫》(右一是钱时信老师,屏风后右一为黄大光)

采访人：出国访问您去了吗？

黄大光：我有的去了，有的没去。上海木偶剧团的出国巡演，应该说主要是以商业演出为主。我们去了欧洲五国，以商业演出为主。1984年或1985年，去了两次联邦德国，每次都要三个月。市文化局的两个处长分别是这两次出访的团长。这个任务是文化部批准的，联邦德国的演出商跟北京谈完以后要求上海这边的演员去，就这样去了。

我们也去过日本。1979年春，上海跟横滨、大坂由于是友好城市关系，当时一百多人组成的上海市友好代表团去了，各行各业的都有。我们带了木偶剧《孙悟空三打白骨精》去演出。

采访人：有跟日本的木偶从业人员交流吗？

黄大光：有。

采访人：当时是什么情况？

黄大光：在日本一般演木偶戏的人，为了生存还要在外面兼职，否则光靠木偶演出的收入是养不活自己的。有时候日本方面也会来中国进行交流。日本的木偶，好像跟我们又有一些不同，它主要还是以布袋为主，而且还是比较大的布袋木偶，不是我们传统的小小的布袋戏。另外德国方面也来交流过，他们是用比较大的木偶。日本的人偶对话，演员本人跟木偶同台出现时，演员穿的衣服是黑的，背景也是黑的，这样就把木偶突出出来了。

采访人：后来去联邦德国的交流经历也很难忘吗？

黄大光：对，1984年我们去联邦德国。单从剧场来说，我们的剧场很简单，后门进去就到舞台了，而联邦德国不是的。他们的剧场后台房间多，通道又弯弯曲曲，演员要跑到打追光的地方，弯来弯去，走来走去，这又是门，那又是门。因为就演一两场，不熟悉也不认识路，但是时间又很紧张，怎么办？就在地上做记号。按照地上事先画好的线赶紧去，然后回来也是这样，随着这一条线回来。

另外，德国的观众是非常讲礼貌的，我们演完以后总是热烈鼓掌。

我们国内一般是谢一场幕以后就结束，而德国不止，我们谢了一次又一次，他们不停鼓掌，希望我们再出来。

我们在联邦德国的生活条件也挺艰苦的。自己搬东西，自己搭棚、搭舞台，有时候还要爬到舞台顶棚上去搭。因为要压缩出国的人员，总共二十多人，人手少，所以人人都很辛苦。最麻烦的是，几乎每天都要换一个住处。我们演出回宾馆，常常忘记自己住在哪个房间。后来有专人负责，写下来，某某人是几号房间。因为房间基本都是演出商统一安排的，都是连锁旅店，所以每个房间走进去感觉都是一模一样的，分不清楚。

采访人：当时带什么剧目去的？外国观众看得懂剧情吗？

黄大光：用不着全部听懂。童话剧、神话剧中，有很多表演是夸张的。我们带了《孙悟空三打白骨精》《红宝石》这两个戏，轮换给他们演出，观众看得懂的。不是现场乐队伴奏，是带录音的。

采访人：录音是在哪里录的？

黄大光：在上海就已经录好了，在徐家汇的中国唱片总公司，俗称"小红楼"里录音的。现在"小红楼"已经没有了，早就动迁了。上海民族乐团、上海交响乐团等都有录音棚，根据需要，我们也经常到他们的录音棚里去。

采访人：后来您是1987年到了上海市文化局，当时怎么会去文化局的？

黄大光：我1985年从联邦德国演出回来，然后1986年组织叫我到文化局去，帮助搞艺术系列的职称评定。工作了一段时间以后，到了1987年，就正式把我调到文化局办公室去了，我就是这样离开了上海木偶剧团。

采访人：当时有舍不得吗？

黄大光：那当然，但是想想还可以回团看看，很近，都是一个系统的，其实也不算离开。

采访人： 您在市文化局里负责什么工作？

黄大光： 在文化局我一开始是搞艺术系列职称评定的。这里面分了几类，如美术、表演、音乐等。后来这方面的工作搞得差不多了，成立职称办，把我正式调到文化局办公室。我主要负责接待、联络、信访等工作，当然其他工作也要兼顾一下。领导方面的事宜，要联络，包括大型的活动等。那个时候文化局的大型活动很多，比如全国杂技会演、艺术节，还有运动会的开幕式，都在上海举办的。这些都需要文化局把演员等工作人员组织起来。我负责联络工作，比如你这个地方要出多少人，或者哪个院团要解决什么问题等。国庆、春节等节日，市里面要搞团拜会、春节晚会等庆祝活动，要组织一台戏。我就跟导演一起联系几个院团，你要出什么节目，你要出哪位演员，这些琐事都是需要事先沟通好的。总而言之，当时在文化局的工作是很忙的。

采访人： 您对木偶有着怎样的感情？

黄大光： 上海木偶剧团继承了杖头木偶艺术的传统，并且它也有创新精神，能够不断地创作，不断地改进。它在各个地方的演出也很多的。我们上海木偶剧团的整体氛围是欣欣向荣。它还有自己的专属剧场——仙乐剧场，在全国来讲条件也是比较好的，是综合艺术比较全面的一个剧团。上海木偶剧团真的挺不错的，希望能够坚持下去，把过去的好东西传承下去。

（采访：陈　娅　整理：陈　娅）

木偶戏,常常需要三位一体

——童丽娟口述

童丽娟,1936年出生,上海人。国家二级演员。1949年8月进入中国福利基金会儿童剧团,担任演员。演出的剧目有《小白兔》《海石花》《马兰花》等。1960年5月进入上海木偶剧团,担任木偶戏的配音工作,代表作有《东海小哨兵》等。

采访人: 童老师,您好! 首先请您介绍一下自己。

童丽娟: 我出生于1936年11月,上海人,从事儿童文艺事业四十余年了。1949年8月,我考进了中国福利基金会儿童剧团(中国福利会儿童艺术剧院前身,以下简称儿艺)。我父亲是个高级职员,他说孙中山先生的夫人宋庆龄办的儿童剧团威望很高,你可以去参加。然后他就带着我去参加选拔。

采访人: 当时要考些什么?

童丽娟: 既要考文化,还要考文艺。我会扭秧歌,这点还是很有优势的。老师问我:"你考儿童剧团为了什么?"这个问题父亲早就教过我要如何回答。我说,为人民服务。我就是这么被录取的。进去以后,过的是像军事化那样的集体生活。

采访人: 请和我们聊聊您在儿童剧团的学习情况吧。

童丽娟: 那个时候我才13岁不到,一直是个乖乖女,功课非常好,总是名列前茅。我进了儿艺以后,继续学语文、数学、地理、历史,还加一门俄语。应用课很多,台词、声乐、表演等都要学,还有现代舞、芭蕾舞、中国古典舞等。芭蕾舞是由苏联老师教的,后来是胡蓉蓉老师教的。我非常感恩儿艺对我的栽培,我在文艺的道路上具备了比较扎实的功底。之后我要编个舞,或者设计个动作都能够非常得心应手。

采访人: 您在儿艺最难忘的经历是哪一段?

童丽娟: 1952年我曾随宋庆龄去北京中南海为毛主席以及各位中央首长演出,演的是小歌舞《小雪花》,我演的是安琪尔,是资本家的女儿。

钱时信老师在给学员上木偶操纵表演课(最前排中间为童丽娟)

在《小雪花》中饰演安琪儿

之后陆陆续续我还演过《小白兔》,演过《马兰花》里的小鸟,《海石花》里的珊瑚,都是歌舞类的。

舞蹈节目比较多,我演过匈牙利瓶舞、罗马尼亚舞、俄罗斯舞、德国纺织舞,中国舞蹈有《采茶扑蝶》、荷花舞。反正有十来个舞蹈。

采访人：第一次上台表演的时候紧张吗?

童丽娟：我是打腰鼓出身。那时候为了迎接新中国第一个国庆,我进团的第一个任务就是打腰鼓。我打着腰鼓走遍了上海最热闹的地方,比如南京路、淮海路等。那个时候人小,腰鼓挺大、挺重的,但是我打一天没觉得很累。

在剧团里,我们还有腰鼓比赛,我得了第一名。奖旗是剧团里自己做的那种红旗,上面写着——"腰鼓模范打得好"。这之后我就开始演秧歌剧了。剧里打腰鼓的还需要领诵。第一次上台,我觉得很新奇,怎么台下有这么多人在看,他们怎么都不讲话,黑压压的一片。跟我一起领诵的男孩子在演出中突然忘记了台词。他就问我:"童丽娟,下面是

罗马尼亚舞蹈

匈牙利瓶舞

什么台词?"我当场懵了,我说不晓得呀。他立马转身跑到后台去,后台有一个架子上面都写着台词,他就奔出去看了,一边说着"我知道了",一边继续演下去。下面的观众哄堂大笑,但是他们觉得我们都是孩子,也就算了。当时没觉得这事儿是好玩的,心里就觉得怎么连这点台词都背不出来。以后我的胆子就慢慢大起来了,观众越多,还越来劲。

采访人:您是怎么进上海木偶剧团的?

童丽娟:我的爱人陈志秋长我一岁,他是1949年11月进入中国福利基金会儿童剧团的。刚进团的时候,是不分行当的,大家一起打腰鼓。后来,他因为擅长画画,就到了舞美设计组。1960年5月,我被调到上海木偶剧团。

当时我不太了解上海木偶剧团是做什么的,只知道他们规模比较小。我去大世界观摩他们的演出,当时他们大多演传统戏曲节目。后来他们也让我一起参与演出,让我为《长坂坡》里的糜夫人配音。演这个角色是要有京剧功底的,我虽然学过唱歌,但是并不会唱京剧。一位打鼓的老先生说:"没有关系,我来教你。"后来我就豁出去了,唱了几句京剧,他们说唱得挺好。我到正式演出的时候心里就有底了。

采访人:您在上海木偶剧团的第一个作品是什么?

童丽娟:在上海木偶剧团排的第一个作品是《猫姑娘》,由儿艺的任德耀院长担任编导,舞美设计是我的爱人陈志秋。这是我第一次正儿八经地为木偶配音。但是大幕一打开我就很不自在,因为在儿艺当演员的时候,舞台上灯光一打开我就马上进入角色了,但是这个幕打开后我得先躲着,必须等我配音的木偶上来后才能开口,我觉得很不自在。我总想到台旁边去站着,但这是不行的。那个时候的扩音条件比较差,只有一个麦克风,就放在固定的位置,演员只能站在这个点,不能移动,因为试音都是提前试好的。这是我第一次配《猫姑娘》里的小王小,里面也有唱的部分。从那以后,我配了好多剧,角色都是小孩子。

采访人:您跟我们说说上海木偶剧团成立之初的情景吧。

童丽娟:1960年我刚进剧团的时候,团里只有13位同志。11位男同志,2位女同志。他们都比我年长,我那个时候23岁,他们二十八九岁左右。另一位女演员主要是搞服装的,兼配音。她平时喝水是用那个小茶壶直接喝的,我觉得挺新奇,怎么不是杯子。当时团里有八位老同志,清一色的苏北人,一开口都是家乡口音,必须要我们去帮他们配音。

我觉得木偶是三位一体的,本身它是个木偶,然后操纵演员赋予它动作,再加上我们配音演员把语言加上去,那就是一体化,木偶形象就在台上立起来了。

采访人： 虽然在儿艺的时候也是做演员，但是之前没有尝试过配音和操作木偶，您是如何适应这个转变的？

童丽娟： 首先也是和学员们一起学习操纵木偶。各个部位都有着什么机关，拇指和食指如何扳动，杖头木偶的竹竿怎么动，幅度不能太大，这些都要慢慢学。我也尝试去操纵木偶，但是我的步伐跟老师傅是不一样的。我走的样子就好像水上漂一样，一下子过去，又一下子过来。后来我就跟老师傅学，看他们怎么动，他们的一步一步都走得比较夸张。然后我就学他们走路的姿势，这样我的木偶也慢慢开始有步伐感了。木偶都是在舞台的台口演出的，如果操纵的幅度很大，给观众的感觉就是这个角色一会蹦上天，一会又下地，非常不好看。操纵木偶首先要稳，演员操纵木偶的手脚都要练基本功，就是要练臂力，不让木偶忽高忽低。慢慢地，我就把木偶当成是我自己。

我过去演的都是比较活泼、可爱、天真的形象。比如说《东海小哨兵》里的少先队员，这个角色是爱憎分明的，勇于和特务斗争。剧里面有五段唱，不需要花很多力气。

20世纪70年代，巴基斯坦的外国朋友来团里学这个剧目，为了便于他们学习，我们把《东海小哨兵》改成了英文版。旁白由他们演员来说，唱他们唱不了，要我来唱。这是一个难题，原来大概13个字的歌词，一下子要用好几个英语单词来唱，挺有难度的。那个时候还有工宣队，工宣队对我说："童丽娟，你叽里咕噜在唱什么？"当时还请了外国语学院的孩子们来看戏，工宣队就问他们："小朋友，你们看得懂吗，听得懂吗？"他们齐刷刷地回答，听得懂，看得懂。那就说明我唱得还不错。

采访人： 能谈谈白骨精这个角色吗？

童丽娟： 《孙悟空三打白骨精》里的白骨精这个角色对我是一大挑战。白骨精这个人物形象比较复杂。她是一个妖魔鬼怪，但她又披着美貌女子的外衣，善变人形，诡计多端。排戏的时候我就在设想她的装

与巴基斯坦同行合影

束肯定是偏重戏曲形式的,那我就不能用话剧的形式来对付,必须向戏曲靠拢。而且这个角色不能像纯唱歌一样,得要像唱戏又不像唱戏的样子。我跟编曲的陆建华商量,我希望有些台词能够清唱,结尾的一句话让他帮我用音乐托一托。我必须要从台词和唱腔上,有点拖腔拖调。而且这个角色动作很有难度,她的服装上有翎子,她也有她独特的台步,白骨精的很多动作不是一个演员可以完成的,要由两个演员合作来配手、配脚。为了等她的动作完成,必须拖一点腔和调。我跟指挥陆建华的配合是很默契的,既像唱点戏一样,又像唱点歌一样,完成了这个角色。

另外,难度比较高的是,白骨精每一场的结束都是在笑声中结尾。第二场的笑声我设想她应该是很得意忘形的样子。声音从低到高,像阶梯一样慢慢地爬上去,到达制高点就停留这么一两秒钟,然后再慢慢地像台阶一样下来。这一口气绝对不能松懈,因为一松懈就笑不出来

《红宝石》剧照

了。第五场抓到了唐僧后还有一场笑,白骨精是狂笑,声音必须一下子就要冲出去,爆发力要很强,然后再收回。第七场是洋洋得意的笑。这是慢悠悠的笑,我需要把不同的笑都设计好,然后把音量稍微提高一点,凸显白骨精的妖媚。

采访人:《红宝石》这部戏中您给哪个角色配音?

童丽娟:导演把所有女演员都聚集在一起对词,想挑选出《红宝石》的主要角色。我是这样想的,《红宝石》里的凤凰跟白骨精是截然相反的。女主角是一个很美的仙女,台词一定要充满诗情画意,需要运用诗歌朗诵那样的语调。最后领导决定由我来配凤凰。直到现在《红宝石》还经常排演演出。之后我就配《师徒大战黄风怪》里的菩萨,那个菩萨是人偶同演的。

采访人:人偶同演跟之前演员在幕布里面操作木偶有什么不一样?

童丽娟:单纯为木偶配音,既不受年龄的限制,也不受演员形象的限制。我配《好好学习》里的一个五六岁的小女孩,她跟姐姐撒娇要去看电影。那我对这个小角色的设计就是要把音量提得高一点,语速要慢一点,再嗲一点,语气夸张。如果人偶同台演出,由我来演这个角色,那是绝对不可能的,那不是给观众看笑话吗?我当时已经40岁了,却还去演一个小孩,我自己也不自信。所以木偶配音的优势就是——它没有年龄的限制,只要演员相信,那么木偶跟演员合二为一,演员就是这个形象。木偶是很可爱的,大眼睛,小嘴巴,随着操纵演员的摆动,它的动作就很灵活。作为演员我就相信我自己就是这个形象,配起音来就非常自信。当时我下工厂配这个《好好学

童丽娟饰演观音

习》,观众就问工宣队:"你们有小演员在配音?""没有。""那怎么像小孩一样在讲话?"观众又说:"那我们到后台去看看好吗?"工宣队同意了。观众来后台看到是我配音后,就和工宣队说,真不容易啊,配得太好了。因为有幕挡着,不受任何因素的限制,所以再小的小孩我都可以把声音处理得游刃有余。我觉得我就是这个女孩子,跟姐姐撒娇,吵了半天。台下的观众有很强烈的反应,都笑了。后来他们一看原来是一个中年演员在配小姑娘,他们都觉得很有意思。木偶配音演员不受声音、形象的限制,当我自己内心对这个角色深信不疑时,那么这个角色就出来了。木偶角色,一个人是完不成的,总是两个演员一起合作,一个是操纵演员,一个是配音演员。如果是小的木偶角色,那我可以一个人边操作、边配音。如果动作很多,则操纵和配音必须分开,要不然会影响演员的发挥。因为演员做了这个动作,

发音就发不出来，会分心的。所以主要角色都要有配音演员来承担，这便于比较完美地完成角色塑造。

采访人： 在"文革"的时候，上海木偶剧团是什么样的情况？

童丽娟： 给工农兵演出的都是小节目。气势磅礴地冲杀上舞台的，语言要铿锵有力的，动作都要带革命性质。因为我有舞蹈基础，一般都是由我领诵。有一次给外国朋友演出，他们看了后吓一跳，怎么乒乒乓乓地这么厉害。一般在工厂演出，女生弹唱西藏舞，都是自己出台的。先演一些节目，然后把幕往后一拉，我们演员就出去跳了。这些都是由我来编舞，因为我学过舞蹈和编舞，我清楚如何设计动作才有利于木偶的发挥，尽量把脚下的动作减少，多体现在手或者袖子上。当时我们是四个演员在台口跳，跳完了以后把幕往后一拉，演员们拿着木偶出场了。小节目里还有女声弹唱，也有乐队当场伴奏，我跟搭配的演员边唱边带有简单的动作表演。因为这种形式的表演很简便，不需要什么道具，也不需要复杂的布景，表演形式也比较欢快，非常受欢迎。

在工厂表演木偶戏

采访人：能跟我们聊聊演出的趣事吗？

童丽娟：我回想起当时我们到日本演出，需要用日语报幕，这个就不能借用翻译了，我们站在木偶边跟日本小朋友直接交流。第一次表演的时候，我不知道他们能不能听懂。先拿着小木偶出去，跟他们先鞠一个躬。然后木偶做动作了，我就开口了，就很简单的四句话，后来他们都拍手，我倒不是要掌声，这说明我讲的内容至少他们都听懂了。之后就是用日语唱关于熊猫、樱花等这类歌。

采访人：所以说当演员也挺不容易的，又要学英文，又要会日语，您当时怎么学语言的？

童丽娟：都是翻译教我们说的。演员的抢记能力比较强。听到发音后，记几遍就能记得住，而且也知道什么意思。说得准不准，那就要由观众来检验了。

采访人：有什么跟观众互动的小故事吗？

童丽娟：我们去做开场前的准备工作的时候，帮小朋友把座位弄好，拿一个木偶给他们看看，问他们喜欢不喜欢。他们讲，这个抱在手里的是洋娃娃吗？我说，是，待会儿阿姨就拿这个洋娃娃跟你们说话，好吗？小孩子们都非常天真。因为我那个时候也有孩子了，把这些小朋友当作是我自己的孩子。我自己的孩子也是在剧场里长大的，那个时候每周只有一个休息日，我们演员平时也没有什么假日，需要演出的时候必须随时待命。那么我只能把我的孩子也放在剧场里看戏，他是看着《小八路》等木偶戏长大的。台下的这些小朋友们，都是祖国的未来，都是我们的下一代，所以对待他们也就像对我自己的孩子一样。

采访人：在台上随机应变的能力对于木偶演员来说很重要吧？

童丽娟：有一次在广场演出时，台下人山人海、满满当当的。我把我三岁多的儿子安排坐在最前排的地上。我叮嘱他，你看见妈妈不要讲话。他说，哦。结果等我上台，转了圈一个亮相完了，开始说话了以后，只听到台下我儿子的声音，"妈妈，我要尿尿了"。哎呀，我心想，这下完了。我也没有朝他看,也没有分神,脑子里一转,儿子啊,你就尿裤子上吧。

要下乡送戏上门的时候,演员就要用上海话演出了。我跟陆建华两个人合作,把有关计划生育的宣传思想演给农民看。当时没有其他男同志会讲上海话,只能临时叫陆建华来演。我们演员是从来不笑场的,如果遇到说错了台词等情况,我们也不会笑场的,这是责任。结果这位临时演员,他说错了词,本来应该说"我是你的老公,你是我的老婆",结果他很一本正经地说"我是你的老公,你是我的'老虎'"。哇,当时观众是没听出来,我听了后倒没笑,他自己一听不对了,就捂着嘴笑,我马上就拿别的台词冲过去了。

采访人: 有没有遇到很紧急的突发状况?

童丽娟: 1952年,我演《马兰花》里的小鸟。小鸟的服装里有一件内衣是保险衣,它有两个铁钩,用钩子钩着可以在空中飞。小鸟的翅膀动两下作为暗号,然后聚光灯一打,就从这个山头飞到那个山头了。

负责钩子的一位老同志疏忽了,他钩住了下面一个点,而上面的一个点没有钩好。等马郎一叫,我飞过去的时候,力点不对了,倒栽葱,那很危险的,我"哇啊"大叫一声。舞台监督张琯治赶紧闭幕,把我吊到那头放下来。那个时候我只有十五六岁,很害怕,就哭了。但是紧接着我还要上场,也没带手帕什么的,就把眼泪擦一擦,一上台就全都忘了。下面小朋友不知道发生什么事了,以为是真的闭幕了。这是《马兰花》的一段小插曲,也是我第一次碰到的比较危险的突发状况。所以说有时候演员虽然可以根据情况随机应变,但是如果遇到像这种技术性的问题就完全没辙了,超出我的能力范围了。

采访人: 能和我们聊聊木偶工艺的发展过程吗?

童丽娟: 我们演员要根据木偶本身的特性来设计动作。如果制作木偶的师傅告诉你这个木偶有哪些机关可以动,那么演员就要根据这个木偶的特性来操作。有的木偶眼睛转动得很灵活,有些是不能转动的,这主要是看该角色重不重,还有它需要表现什么样的剧情。像复杂的角色孙悟空,它要三个人来完成,一个拿竹竿,一个配手,还有一个要配脚,难度是比较高的。一般的木偶角色,一个演员自己都能完成,复杂的则需要三四个人。

采访人: 所以说木偶这一个角色的诞生是一个集体创作的过程。

童丽娟: 木偶戏,常常需要三位一体,第一个是木偶的形象,第二个是操纵演员,第三个是配音演员,必须三位一体结合起来塑造角色。作为话剧演员,一个人就能完成角色,演员自己设想动作然后把感觉表现出来就可以了,但是作为木偶演员就不行了,因为完全需要依靠木偶的形象。观众的视觉对象是木偶,不是台口下面的操纵演员,更不是配音演员。他见到的就是活灵活现的木偶,我们付出的动作、语言、声音、表达等都是为木偶这个角色服务。所以说木偶演员跟其他剧种演员有着很大程度上的不同,发挥余地比其他剧种演员更大,更淋漓尽致,因为它不受任何因素的限制。

采访人: 人偶同台出现后,大家都觉得挺新鲜的,挺有意思的,观众是不是一下子就接受了这种表演形式?

童丽娟: 人偶同台刚出来的时候,观众们第一反应是觉得不敢相信,我那个时候演《师徒大战黄风怪》里的菩萨,听到台下小朋友在说,这个人到底是真的还是假的。因为他们之前看到的木偶是小小的,人偶同台了后,由演员来扮演木偶,特别高大,小朋友们从来没有看到过,就一直在议论这个话题。

采访人: 您在上海木偶剧团学会了操作木偶,然后又演了这么多的剧目。请跟我们说说您对木偶有着怎样的一种情结?

童丽娟: 我之前从来没接触过木偶,也不知道木偶戏是怎么一回事。我进了上海木偶剧团以后,从陌生到喜爱,慢慢地熟悉了这门艺术。在动作多、台词少的情况下,我自己也在较小型的戏里同时为木偶操纵和配音。我曾在《大灰狼》里操纵二妹,还操纵过一位女红军。我

在国外演出（后排右四为童丽娟）

起先也不知道该怎么摆弄木偶，都乱套了，带着木偶走路的样子像水上漂一样的。我就经常对着镜子练木偶的走路方式，琢磨怎么样才像木偶的走路。木偶该如何跳，幅度又是怎么样的，有的时候超出一定的范围就不像木偶了。因为木偶的举手投足都是有规范的，要讲究角度的。比如木偶的眼睛，肯定不能转过去以后不转回来，不然就变成斜眼了。如果角色是有很多台词的话，我基本上只需要负责配音就可以了。木偶戏发展到后来都是用语言表达为主，我大多数是以配音为主。

采访人：上海木偶剧团经常会出国演出，您跟我们说说，在国外有什么有趣的事？

童丽娟：德国、日本的孩子们，他们比中国孩子安静一些。中国孩子比较外露，想说什么，想叫什么，当场就发泄了，有时候为了看清楚台上，还会站在凳子上。外国孩子就比较安静，可能是受语言的影响，不一定听得懂，他们就完全看动作、看场景。为外国小朋友演大的剧目，会场一般都很安静。演小戏的话，虽然语言交流上有点难度，但是他们会来

童丽娟和陈志秋

弄弄你的小木偶,跟你握握手,亲一亲木偶。他们会问,木偶的眼睛为什么会动,怎么动。然后我就拿着木偶,拨给他看。他们想把衣服翻开来看看里面的机关,我就给他们摸摸,让他们自己亲自体验一下。怎么摆动眼睛会转,嘴巴是怎么张开的,这些新奇的事让他们非常开心。

采访人: 您能说说您的爱人陈志秋老师吗?

童丽娟: 在中国福利会儿童艺术剧场,他主要设计了两部戏,《兔子和猫》和《大灰狼》。后来我们调入上海木偶剧团后,在新的设计人员还没有进团之前,所有剧目都是由他设计的。他的代表作是《孙悟空三打白骨精》《红宝石》《南京路上好孩子》。《南京路上好孩子》的舞台是一个非常有趣的转台。它的地点、环境,随着舞台的变化而马上切换,一会儿是路,一会儿又是房子,这在当时来说是比较新颖的。陈老师曾自编过两部作品,《泥菩萨》和《龙凤呈祥》。《龙凤呈祥》是舞蹈节目,曾经在德国演出过,主角是很优美的两个人物,以歌舞形式表现。他是个工作狂,设计起来没日没夜的,非常热爱工作。

(采访:陈　娅　整理:陈　娅)

不断创新,敢为人先
——翟羽口述

翟羽,1954年出生。先后在上海人民艺术剧院、上海木偶剧团工作,曾为十余台木偶皮影担任灯光设计。2003年因《卖火柴的小女孩》获得第二届全国木偶皮影比赛"灯光设计奖",2005年因《羚羊飞渡》获得中国唐山国际皮影艺术展演"灯光设计奖",2010年因《卖火柴的小女孩》获上海舞台美术学会"灯光设计奖",2010年因《华山神童》获第三届全国木偶皮影戏比赛"灯光设计奖",2010年获得上海市重大文艺创作领导小组办公室"上海文艺工作者2010年度荣誉奖"。

采访人: 翟老师,请您先介绍一下自己。

翟羽: 我叫翟羽,1954年11月生,1972年学校毕业以后就分配到上海人民艺术剧院,搞灯光。我之前从来没有接触过这方面的工作,到了人艺以后我才开始接触舞台艺术,接触灯光操作。

采访人: 请问当时学到了什么东西?

翟羽: 上海人艺是一个艺术氛围比较浓厚的单位。它有一种特殊的气场,让你在单位里很自觉地学东西,而不是领导要我干什么,不是的,是自己找事情干。我跟着我的老师学灯光。我是学校毕业之后直接进入人艺的,所以人艺既是我艺术启蒙的地方,也是我成长的地方。在人艺,你会觉得它的艺术氛围可以感染人,就养成了我自己对艺术不懈的追求。在人艺的20年,我慢慢从不懂艺术,到知晓艺术,最后觉得自己有一定的艺术细胞,是这样一个过程。虽然我没有经过专业院校的培养,但在人艺老师们悉心的带教下,自己取得了一定的成绩。从灯光操作来讲,舞台灯光有演区光和天幕光之分,我最早跟的师傅是黄锡华老师,学习演区光操作。当时我们演了一台戏,叫《第二个春天》,这部剧的天幕的海浪等效果都很神奇,所以我就慢慢想往那方面转。在自己掌握了一定的演区光操作技能以后,我自己开始去搞天幕特技。最后天幕光我也知道,演区光我也能够操作,具备了这样的专业技能。

采访人: 演区光和天幕光具体操作时有什么不同吗?

翟羽: 肯定有不同。天幕光就是让观众看到蓝天、白云下面的景,不像现在完全用LED的屏幕,那个时候都是靠自己画的幻灯片来布景的。在人艺的时候,看着自己的那些前辈老师我就有一种自豪感。什么道理?那个时候天幕的幻灯,包括天幕的一些特技部分,都是由我们人艺的前辈老师们自己画的。我们人艺的老师都参加过《东方红》舞美设计,《东方红》里面有许多天幕出来的效果,都是他们去画的。所以我就有一种憧憬,我希望自己能够在特技灯光方面,至少要达到他们那样的水平。我说的是特技灯光,不是画幻灯,画幻灯已经属于一个非常紧俏的专业了。

演区光起到了照明作用。从话剧角度来讲,当时的情况都是以写实为主。所以时间、地点、场景等的分配,都是通过光来体现的。演区光里面分为面光、顶光、侧光、耳光等,这是舞台的基本样式。这20年,人艺培养了我,让我对灯光有了比较透彻的了解,这也为我之后在上海木偶剧团的工作、参与木偶艺术创作奠定了很厚实的基础。

采访人：您在人艺参与了哪几个剧目？

翟羽：印象比较深刻的是《第二个春天》，但是更令我难忘的是《清宫秘史》。我在人艺主要的工作就是开灯，《清宫秘史》这部戏让我完全把自己的感情和剧中的内容合在一起去操作，剧情把我的感情不由自主地带动起来了，这是我印象最深刻的。戏的最后，光绪皇帝和慈禧太后之间的冲突到了高潮，演员演得好，音乐也配得准确。这些对我的灯光操纵就是一种感染力，在这个地方自然而然地会根据剧情给起光、收光、加光。

采访人：您在1992年离开了人艺，后来是怎么进入木偶剧团的呢？

翟羽：那时候上海木偶剧团正好缺一个灯光。我的邻居何晓星，他当时是上海木偶剧团的副团长、导演。他知道我喜欢这方面的工作。正好我在人艺面临着要转行的问题了，我们人艺的领导送我出去脱产读了两年书，学的是艺术管理，回来以后不搞舞美了，做行政管理工作。我既把灯光作为一种职业，又把它看成是自己的事业，所以我从内心来讲很不愿意转行。正好有这么一个机会，人艺的领导也理解我的想法，最后我就顺利地到上海木偶剧团去了。

采访人：您1992年到了上海木偶剧团，还是做老本行？

翟羽：还是搞灯光，第一个戏《哪吒神遇钛星人》，参加里面的具体工作，也就是天幕部分的灯光操作。那个时候《哪吒神遇钛星人》这台戏基本已经成形了，我去了之后就是接手一下。我其实经历了两次启蒙，第一次是对话剧灯光的启蒙，第二次就是对木偶表演的启蒙。刚开始看我根本看不懂，因为舞台演员可以跑来跑去，木偶是在演员的手上操纵，这些我都没接触过，不懂。通过《哪吒神遇钛星人》，我慢慢开始对木偶戏的灯光有了一个渐进的了解。这中间起码有三年的时间。

采访人：这三年您学习了些什么内容？

翟羽：木偶分成三类，杖头木偶、提线木偶和布袋木偶，另外还有

《哪吒神遇钛星人》剧照

皮影。提线木偶和布袋木偶不是我们上海木偶剧团的强项，因此基本不接触。杖头木偶有80厘米高，手要举起来表演。从当时的灯光来讲，我觉得这完全是一个全新的门类，为什么这么说？现在常规的舞台面光基本上从面光到底幕，一般的角度是40度到45度。我们表演杖头木偶的时候，前面有一个一米七高的台口。所以面光照了以后，就会把下面的台口全部打亮。如果把面光提高，就会把后面的布景，包括后面的天幕全部照亮。对我来说，这是一个全新的行当，我必须要重新认识、研究它。我在人艺的这20年，使我在这方面有底气，觉得我可以对它有所改变。慢慢地我形成了自己对于木偶灯光运用的方法，这中间至少经过了大概三年的转变，也就是从话剧灯光转到木偶灯光上面去。

采访人：《哪吒神遇钛星人》是一部怎样的木偶剧呢？

翟羽：《哪吒神遇钛星人》这部剧的题材一直到现在都是有现实意

义的。为什么这么说？钛星上面没有水了，于是钛星人就到地球来吸水。哪吒发现了，就与钛星人进行了激烈的战斗。最后哪吒到了钛星，他看到那里满目疮痍，没有水，于是施法降雨，拯救了钛星。其实，对于人类来讲也是一样的，水对我们多么重要呀！

我刚来剧团，首先接触的剧目就是《哪吒神遇钛星人》，这个剧目给我很多震撼。第一，木偶的舞台灯光和话剧的灯光完全是两回事。由于一米七的台口，工作人员可以在台口后面根据需要随时布光。而且光和演出的配合是直接的，不是间接的。话剧的灯光需要提前都对好了，之后再演出，而木偶则是可以在需要灯光的时候，直接打光，而且可以随时进行操作。比如1992年，我们带《哪吒神遇钛星人》到北京去演出，引起轰动。钛星上的飞船升起的场景，把下面的观众全部都看得一愣一愣的。通过我们的直接操控，当飞船飞起来的时候，完全像在发射场里面起飞的模样。在话剧舞台上是做不到这点的。第二，地球、钛星在太空中的转、走，在天幕上完全就是靠灯光特技来展示的，如果是话剧舞台，也不能达到。什么道理？话剧舞台没有一米七的台口。所以木偶的布光当时就非常吸引我，许多的想法完全可以通过技术手段达到艺术要求。木偶剧《哪吒神遇钛星人》演出之后获得了很多奖项。

翟羽工作照

采访人：木偶剧的布光有些什么样的特点？

翟羽：木偶剧小巧玲珑，木偶小、舞台小、布景小。舞台的纵深很浅，台口到天幕，距离一般不会超过八米，表演区域一般在三米内，很浅的一个舞台就能演木偶剧。小巧玲珑的木偶剧能够吸引那么多的孩子来看，是为什么？因为布景不是很深奥的，木偶剧能够不受场地的制约，今天到这里，明天到那里演出。

木偶的布光属于舞台灯光的范畴，但由于有一米七的台口，可以在下面非常准确地，或者说可以随心所欲地配光。举个例子，《华山神童》里沉香倒地了以后，他要起来的时候，在台口下面，可以直接在他身体里面布光，之后不断地闪，这样现实的效果就出来了。所以木偶戏的布光特点就是在舞台灯光的范畴里面，有它自己的特殊手段。

木偶戏布光的另一特点是没有地板光。话剧，或其他戏剧在布光方面，要考虑到地面上的光影不能乱，人的影子上墙只能有一个。但是在木偶舞台上面，你不用考虑这些东西，不管是怎么样的手段，只要能够达到效果，你都可以用。这又牵涉到另外一个问题，它没有大开大合的那种灯光的气氛。因为有很多灯光气氛，我们往往是从舞台的反光

《华山神童》剧照

起来的,而它没有,观众能看到的是空间区域光。所以木偶戏最注重的是色调的要求和用光的干净度,这是非常要紧的。因为木偶的灯光,第一,要看得清楚;第二,布景方面不能喧宾夺主,不能太亮。光和光之间的关系是对比的,这里亮了那里就暗了,那里亮了这里就暗了。所以一方面要让观众看清楚木偶,另一方面后面的布景要清晰,包括天幕也要让观众看懂,看得到它的透感。在布光上面一定要下功夫,舞台那么小,如果没有掌握好光比度,舞台出来的光就会是乱糟糟的。我自己通过多年的实践,得出的结论是——木偶灯光就是要干净。干净有两方面:第一,用光一定要用巧;第二,色调上面不能互相打架。如果用得不巧的话没用,相当于不能叠加。

采访人: 叠加的概念是什么呢?

翟羽: 叠加有几个概念。第一,是在光不够的情况下加光。我有一个习惯,喜欢在允许的范围里面都有叠加光。但是这个叠加光我对好了以后不一定用。为什么这样?就是以防万一。万一原来用的光出了问题,比如灯泡坏了,或者人把灯碰坏了以后走掉了,那么叠加的光就可以补上去。第二,是在一种布景上面,通过不同的色彩造成一种奇幻的感觉,这也是一种叠加。另外还有一种叠加,我是反对的。不应该上的光把它叠加上去了,上去了以后又影响到了其他的地方,这个叠加我们是不想要的。

采访人:《华山神童》是一部怎样的木偶剧呢?

翟羽:《华山神童》是我在上海木偶剧团担任灯光设计时第一个自我挑战的剧目。

采访人: 为什么说它对于您来说是一种挑战?

翟羽: 分析了剧本以后,可以用各种方法处理这个剧目的灯光。常规的处理方法是怎么样的?基本照亮、局部巩固,这台戏就成功了。还有一种方法就是我现在采取的,用定点光的方法突出人物、突出应该交代的环境,使得整台戏在三个层面上都能成立。第一个层面是人间,第二个层面是仙境，也就是天上人间。还有一个是中间的，中间的是什么？可以把它说成是仙境，也可以把它说成是人间。

比如像《华山神童》这个戏里面的冰石洞，这就是第三个层面。我考虑了以后觉得，应该把我自己在人艺掌握的灯光知识，用在《华山神童》上面。所以，这个戏也改变了在木偶戏演出的时候以大光为主的一种习惯。那个时候我们采用定点光，即介绍人物时就用一个灯。这也要感谢演员的配合。当时木偶表演的演员对地位不是很在乎，大致是在这个地方表演就可以了，绝对不是说你这个演员一定要在某个地方表演。这个灯一出来，他们已经提前候场候在那里了。灯出来的时候是照亮的，如果出来的时候站偏一点，等于是没用的。他们都是按照指定地方站位的，最后是他们演员自己在指挥对光了。所以要感谢这些艺术家们，他们现在都退休了，他们一直积极、耐心地配合我的工作。在整个《华山神童》的戏里面，以定点光为主、以组合灯光为主，同时削弱面光，以顶灯作为主光，作为特殊光，两顶灯投景。我对木偶灯光了解了几年以后，在这台戏里面，我是放开了手脚，获得了很大的成功。

采访人：这也是一种创新？

翟羽：实际上也不能说是完全创新。创新不能是为创新而创新，正好是机缘巧合，这台戏正好符合我的构思，还依靠当时我们创作团队互相之间的配合。比如说，第七场里面有一个冰石洞，整个舞台从上场门到下场门，包括中景一块软景，要表现的是冰石洞里面的阴森和可怕。根据当时的剧本，我就跟舞美设计王玉卿老师说，把这块布剪成冰石洞的样子，适当勾勒了以后，其他的东西都不要画了，让我用灯光的方法来提炼表现。他同意我的想法。最后导演何晓星从外面进来，一看见就说，我要的就是这个氛围。实际上在看剧本的时候，我已经跟导演何晓星说了，这台戏里面，灯光成功与否就是看冰石洞这场戏的布光。最后这场戏的布光是达到了我自己的要求，所以《华山神童》对我来说是我对自己的一种挑战。

采访人：什么是隔离灯光？

翟羽：《卖火柴的小女孩》实际上用的就是隔离灯光的效果，但是它不是第一台使用隔离灯光的，第一台是《春的畅想》。隔离灯光，通俗地讲，就是灯光照在木偶上是明亮的，演员在后面操作木偶，但是坐在前面的观众是看不见演员的。

采访人：演员是不是穿黑衣服？

翟羽：都是黑的，演员穿黑衣服，后面布景也是黑的。灯光穿过演员，前面的木偶是亮的。《春的畅想》这台戏的布景，应该说是国内首创。《春的畅想》其实是上海木偶剧团的一个里程碑式的剧目。在它前面，我认为《孙悟空三打白骨精》也是一个里程碑式的剧目。

采访人：为什么说这两部剧具有代表性？

翟羽：上海木偶剧团始终在全国木偶界起到引领作用，综合能力在全国范围来说，没有一个剧团能和它比。当时《孙悟空三打白骨精》

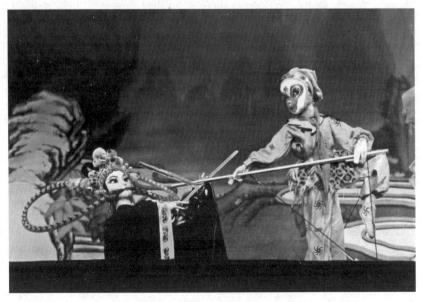

《孙悟空三打白骨精》剧照

这部剧在各个方面,使木偶表演提升了几个台阶。作为海派木偶戏,《孙悟空三打白骨精》是一个里程碑式的剧目,后面一个就是《春的畅想》。为什么这么说?《春的畅想》不论是从艺术创作的内容还是形式上,对传统木偶有了一种全面的革新。材料、木偶、布景、表演方式等各方面都在创新,包括隔离灯光的使用。当时全国范围内,大家从来没见过这种表演方式。

采访人:隔离灯光是如何创造出来的?

翟羽:《春的畅想》是建国50周年的献礼剧目。当时我们剧团经常到外国去演出,看到欧洲的一些国家的许多小节目,不是剧目,是节目。他们穿着黑衣服,在黑的背景前操作木偶。他们穿黑衣服的目的,不是为了把演员和木偶区分开,而是要减弱人对木偶的干扰。观众一直看着操纵演员那么大一个人在那里晃来晃去,对他的干扰很大,而穿了黑衣服,相对来说,观众注意力会集中在木偶的身上。当时在场的几位领导就觉得,既然如此,如果我们把演员隐掉,不是看得更清楚吗?

采访人:之前一直有一个一米七的台口,演员是在幕后面操作,后来有了隔离灯光以后,幕就没有了?

翟羽:对的,有一米七的台口,这是传统杖头木偶的表演方式。《春的畅想》使用了隔离灯光以后,就产生了一种新的木偶,叫横挑木偶。举在那里的是杖头木偶,横挑木偶是大家一起配合着操作的,一般最多是三个人操作一个木偶。使用横挑木偶的剧目中,最有代表性的就是《卖火柴的小女孩》。

《春的畅想》实际上是奠定了隔离灯光在上海木偶剧团的地位。我们当时所有的创作团队在副团长何晓星的带领下,干劲很足,要把这个戏推上去。对我们灯光来讲,当时面临着两个难题,一个是技术的,一个是艺术的。灯光应该如何打,才能让观众看到的是木偶,而不是后面的演员。既然后面的演员要隐掉,那么常规的布光是不可能用的。木偶要照亮，同时必须对演员没有干扰。这是技术问题，也是艺术问题。

1999年，当时的灯具和现在的灯具完全是两回事。挑选灯具，是一个很漫长，同时又是个很艰苦的过程。最后经过多次的试验以后，在五米之外，是看不见后面的演员的。光对人影总是有影响的，但五米以外基本看不见，所以坐在第一排的观众肯定是看不见演员的。为了把后面的演员隐掉，我们采取的方法是多种多样的，最后选定的这种灯在当时来说，应该是剧团最好的灯了。当然，可能在其他的单位里面也不算是最好的。我们剧团在这种灯现有基础条件下，进行技术改造，所用的每一个灯都是单独编号的。那个时候同样一个外型的灯，里面的性能完全不同，不像现在的灯出来都是完全一样的，那个时候的工艺达不到现在的标准。所以每个灯必须放在特定的位置，它才能够起到作用，这些都是严格选定的。装台的时候必须都编好号，这个灯只能装在那里，如果你换错了一个灯，效果就出不来。

我们当时的团队是一个非常团结，而且非常忘我的团队。你有什么好的点子就可以马上说出来，大家都在集思广益，定下来以后，就是大家做大家的事情。我的搭档是一个女同志，心比较细，她有时候会突然之间冒一个想法出来。比如说水珠，当时有七个水珠，是"do, re, mi, fa, so, la, xi"，七个水珠在很欢快地跳舞。因为跳舞的时候一定要有色彩，挂在空中完全是根据"1234567"排列的。你是do它就是do下来，你是mi它就是mi下来，这样的七种色彩。我那个时候是用四盏灯，割成八个颜色，每个灯上面的颜色是不一样的，是一半一半。后来我的搭档说，与其这样的话，还不如用小的水灯直接从上面照下来，既透亮，而且延续的距离也长。当时就是集思广益，大家一起来想办法。如何用灯具做隔断？演员和木偶之间，一点一点地缩短距离，到最后能够看不到演员就可以了。哪怕有时候站在舞台上，或者在侧幕边上，也不一定看得见。

采访人：巧妙运用隔离灯光的是哪部戏呢？

翟羽：这个就是第二台戏了。《卖火柴的小女孩》是安徒生的童话剧，是上海木偶剧团近年来演出最多的一台戏。我们的制作人在外面走市场的时候，《卖火柴的小女孩》是最受欢迎的剧目之一。人家问："你在干嘛？"他说："我在卖火柴"，受欢迎程度可想而知。《春的畅想》以后，布光上更加丰富了，不是处于一种探索的状态，《卖火柴的小女孩》在原有基础上加工、提炼，所以基本可以达到各个角度演员都能隐身的效果。

采访人：之前《春的畅想》是从一个角度或者几个角度，让演员能够隐身，而在《卖火柴的小女孩》中演员从各个角度看基本都能隐身，是吗？

翟羽：基本上都能了。不是说演员走到哪里，哪里就隐身了，而是在光照的范围里面，只要是需要隐身就都能隐身，而且体现的手法也更多了。举个例子，《卖火柴的小女孩》中，小姑娘在冰天雪地里划三根火柴，然后开始做梦。我就总想着，这个时候如果是从上面给她一种感观的感受，好像有些弱。反过来，在冰雪里面装闪烁的光源，既能使观众看到她做梦，有着梦幻的感觉，同时对人物又没有影响。冰天雪地里她在划火柴，慢慢地，在一片冰雪里面，有许多灯在闪烁，这样的话观众能感受到她开始做梦了，马上就进入一种梦境的感觉。不像《春的畅想》，完全是很干净的，观众看到的就是我们的木偶表演，而《卖火柴的小女孩》更加多元化，已经有一种戏剧处理了。

采访人：这部剧很受小朋友喜欢？

翟羽：我们现在的幸福生活和"小女孩"的苦难，使孩子们有所触动。有许多孩子看了戏以后，都会和自己的爸爸妈妈，或者是更上一辈的爷爷奶奶说，我会对你们好的。

采访人：《羚羊飞渡》是不是您的第一个皮影戏？

翟羽：对的。这部剧对我来说是个挑战。上海木偶剧团在1960

年建团的时候，是上海木偶皮影剧团，后来就变成了上海木偶剧团，皮影就不弄了，只攻杖头木偶。2000年，上海举行小剧目会演。上海木偶剧团拿什么剧目去呢？当时的领导就决定用皮影去参加演出。当时一篇报道是有关偷猎羚羊的，我们就根据这篇文章改编了一个剧，叫《羚羊飞渡》，是讲母羚羊如何救小羚羊。这是根据真实的故事改编的，我负责这部剧的灯光设计。我之前从来没看过皮影，也不知道具体工作是怎么样的，只不过知道皮影的光是反射的，光是从后面打过去的。皮影是横着操作，而操作的杆子是绝对不能被看见的。当时领导要求：光是能够调的，能慢慢亮，也能慢慢暗。现在的皮影用的是48瓦的日光灯，当时也是一样，你必须要去先配相应的设备。这属于技术活，技术活容易解决。最怕的是什么？最怕我们用的表现手段，特别是灯光的手段，其他同行一看觉得落伍了，那个时候关于这点我是最担心的。所以当时尽管搞了这台戏后自己觉得好像还可以，但心里还是会有些忐忑。观看了全国各地比较有名的皮影剧团演出以后，我才知道原来我们是异曲同工，我们都是用相同的方法表现了我们想要表现的东西。为什么我一直强调是上海人艺培养了我？因为天幕上的那些灯光特技，在《羚羊飞渡》里面使用得非常顺畅。月亮、弹痕等，包括母羚羊中了枪之后晕厥的感觉，类似这些东西都能真实地体现在剧中。当时《羚羊飞渡》演出的时候，我们上海木偶剧团是和上海的其他剧种一起表演的，比如京剧、越剧、沪剧，最后实际上是我们获得了第一。

采访人：杖头、布袋还有提线木偶中灯光的表现是什么？

翟羽：我看过布袋木偶的演出，但是并没有具体介入过它的工作。布袋木偶是所有木偶中最小的，对于它的布光要求实际上我没有太大的感受。我有幸接触了提线木偶的两台戏。第一台戏是《钦差大臣》，第二台戏是《火焰山》，都是泉州木偶剧团的优秀剧目。提线木偶和布袋木偶的共同点就是台搭台，它的舞台不能演剧，只能演节目。

采访人：这是什么概念？

翟羽：什么是节目呢？就是一个个小节目。操纵的演员可以直接面对着观众来操纵提线木偶。布袋木偶也是台中台，它和杖头木偶的共同特点是前面都有一米七的台口。演员躲在后面用手来操作布袋木偶。我们的手指只能张开这么宽，而他们能90度。通俗讲布袋木偶、杖头木偶是演员站在地上往上举，而提线木偶是演员在上面，往下吊着木偶来演。三种木偶形态里面，我个人认为提线木偶在表现人的行为动作方面是最惟妙惟肖的。三十几根线或者是四十几根线，外行人看觉得这些线乱七八糟，但是在操纵演员的手里，每根线支配着什么动作都分得清清楚楚，操作非常非常难。

相对来说，提线木偶的布光比较难，这是什么道理？因为提线木偶的线长，而木偶大概50厘米不到。如果把下面木偶照亮的话，上面的线肯定也要碰到的，而且色彩越斑斓，对上面的影响就越大。所以相对来说提线木偶的布光比较难一点。提线木偶是台中台，舞台的伸展度是不高的。舞台宽6米，灯只能装在6米范围之内，而且它的深度也就5米，灯也只能装这个范围内。边上的灯再多都不行，所以相对来说，提线木偶的布光是比较难的。

采访人：您曾去泉州支援过木偶剧团，是吗？

翟羽：当时是这样，泉州木偶剧团的《钦差大臣》，要参选全国十大戏剧精品。他们打电话到我们团里，希望能够支援一个灯光设计人员过去，帮他们恢复这台戏的灯光。因为他们在灯光方面相对弱一点，而且是以技术操作为主，设计方面比较弱。领导就找到了我和同事杨大鸣。我们两个就去了。他们演了一遍给我们看，希望我们能够帮他们恢复这台戏。我觉得有很多东西可以挖掘，所以就提出来，是不是按照原来的方法？如果之前的演出有录像的话，让我们看一看就可以了。还有一个方案就是推翻重来，按照我的思路来给他们布光。他们领导说："你觉得怎么弄比较好，就按照你的思路来布光、设计。"

最后决定由我负责艺术，杨大鸣负责技术。我们把整个舞台卸掉以后，按照我们的思路重新装。最后达到的效果是，舞台的亮度一下子提高了，用的灯也多了。因为《钦差大臣》是一部写实的戏，有些地方他们忽略了。举个例子，灶台上肯定是有火的，不可能搁个锅子在上面就完事了，一定需要喷烟，有火苗。另外屋子是临街的，晚上肯定有灯光，然后灯光照在帘子上，肯定会有树影。把这些手段全部装上去以后，他们完全接受，很满意。

采访人：《火焰山》是如何恢复的？

翟羽：《火焰山》完全是由我和他们一起恢复的。《火焰山》的演出是好几年前的事情。他们也是要去参加一个比赛，但是已经记不起当时这部剧是怎么样来布光了。他们以前用的灯具和我们现在用的已经不一样了。他们希望我能够去帮他们恢复，就给我看录像。后来他们把我们装的舞台变成一个固定的模式了。

不是专业的灯光人员是不可能恢复成功的，看了当年的演出录像以后，也不知道应该怎么弄。当时的工作人员有些退休了，有些转行了。演员是不把握总体的，当时的导演也离开了，有些东西只能靠回忆。但是具体应该怎么样，留下来的人就说不清了。那么怎么办呢？就要去恢复。我做的工作是在灯光上面帮助他们恢复。

采访人：您接剧的时候，是不是也要看先剧本？先吃透剧本，想象场景，再设计灯光，是按照这个步骤来的吗？

翟羽：对的。接一个戏，首先要研读剧本，看了剧本以后，会形成自己的一套方法。但是你的方法只不过是你的，你的一切方法都必须符合导演的想法。我们当时的创作团队，彼此之间比较默契，大家的想法基本上都接近，互相之间能够做到添砖加瓦，而不是做减法。

采访人：对于木偶剧来说，导演、编剧，包括舞台灯光等都是不可或缺的，少了哪个环节都不行。对吗？

翟羽：上海木偶剧团能够有今天，在全国始终处于领先的位置，是和上海的艺术氛围和艺术院校的大力支持密不可分的。上海木偶剧团的舞美,在我前面的那批老师都是上海戏剧学院舞美系毕业的。我们对木偶剧的演出,完全是作为一部完整的剧来对待的。不是像其他地方,大多演小节目。上海木偶剧团演出是以小剧目为辅,大剧目为主。而且小节目也是一个一个的,都是非常让人称道的。

采访人: 灯光照在人身上,跟照在木偶身上,其实是不一样的。是吗?

翟羽: 不一样的。实际上人偶同台有几种方式。一种方式是演员穿着服装操作木偶,举着木偶。还有一种是演员横着操纵木偶,木偶在前面,木偶的两只脚实际上就是演员的两只脚。这对灯光来说,是最让人头疼的。因为不可能把灯光的光圈缩小到只照映在木偶身上,否则只看到一个影子在晃,观众会怕的。所以只能相应地叠加灯光。前面的面光给整个木偶和演员,全部都提亮。然后,顶灯再给木偶,让木偶适当地提亮。上下之间会稍稍有点差别,但是差别不多。如果是人穿着动物的衣服表演,那就另当别论了,基本上布光就没区别了,这种没什么难度。总之,不同情况,有不同的处理方式,总体来讲就是要突出木偶。

采访人: 请说下上海木偶剧团的舞美组吧。

翟羽: 应该说是上海木偶剧团的舞美,在全国的木偶界里面是翘楚,能够与之比肩的基本上没有。我们很多工作人员都是从上海戏剧学院毕业的,所以设计的东西非常细腻。

采访人: 《羚羊飞渡》中,蓝天、月亮、星星等,都根据需要很好地体现了出来。其中有一幕"羚羊中弹",那个戏的灯光是怎么处理的?

翟羽: 这完全取决于对灯具的一种了解,尤其是对反常规的灯具的了解。这个成像灯,我们把它的镜片放在最后,就产生了一种散光的效果。后面那个灯里有反光瓦片,如果靠得太近,它反而不聚光,投出来就有一种虚幻的晕影的感觉。反光瓦上的图案,不是很完整地投在那上面,而是放大又虚掉,互相叠加以后,就产生了一种虚幻的感觉。前面你再通过移动的盘一遮挡,完全就感觉是在天旋地转。

　　这段非常精彩,观众看了以后都会拍手的。主人公中弹了,但是还要救自己的小羚羊。这个时候人流血了,有一种晕厥的感觉,灯光起来以后,从外部加强,让观众感受到了他的晕厥,晃晃悠悠。《羚羊飞渡》这个戏,天幕灯、特技灯光,我在皮影上面是反着用,就是把天幕反过来投。所以星星也可以出来,月亮也可以出来,包括猎人打枪,一打以后,弹痕也在皮影的幕上面划过去。实际上是很简单的方法,但是效果就出来了。

　　采访人:《沉香救母》这部剧是怎样的?

　　翟羽:既然是要劈山,那我就联想到电视里放的火山喷发时的那种空间感。我就把这种感觉用在舞台上。当时就约定,劈山的时候,山必须要一分为二。我们特地自己制作了一个旋转的高速钠灯,放在一米七的台后,可以随时随地配戏。山是有缝隙的,这个灯就在下面转,钠灯的光束很亮,在山还没裂开的时候,它实际上在缝隙里面已经一闪一闪了。慢慢出来以后,再加上烟雾的效果,最后通过色调的渲染。三圣母缓缓升起,下面的光一照,这种效果完全就是地裂,人往上升,效果全部体现出来了。

　　采访人:您后来还参与了哪些剧目的设计?

　　翟羽:后来还有《三毛流浪记》等。实际上2007年以后,我基本上脱离舞台了,做行政去了,干了自己原来在人艺不愿意干的工作。但是断断续续地我也参加了一些剧目的创作,但是创作的主要目的是带新人。因为年轻人必须要有一个实践的机会,如果他们实践的时候前辈去把把关,或者是给一定的指导,能使他们更早地成熟起来。

　　采访人:海派木偶的特点是什么?

　　翟羽:这是我自己的一家之言。海派木偶的特点我觉得就是"不断创新,敢为人先",海派木偶的精髓应该是"海纳百川,兼蓄包容"。

从我的角度来讲，我也算是在海派木偶成长过程中走过的一员，如果没有那种海派木偶的创新精神，没有一种敢为人先的勇气，是做不了上海木偶剧团那些剧目的。同时上海木偶剧团在上海生根发芽，上海各种各样的文化背景，多种文化演出，给上海木偶剧团提供了充足的养分。

采访人：您的设计特点是什么？

翟羽：找细节是我的特长，我绝对喜欢细节。细节往往能够起到画龙点睛的作用。

举个例子，《春的畅想》里，一个少女在河边拉《春江花月夜》的乐曲。当时在这场戏里，除了给柳树、桃花、百合花等布光以外，灯光是没有任务的。看他们排练的时候，我坐在那里就在想，既然是《春江花月夜》，没水怎么能行？后来我就用灯光特技，把镜头换成最高的光度，打在黑的幕布上面，月亮下面水的倒影就产生了。所以坐在正面的观众一看，马上就有身临其境的感觉。《华山神童》第五场，师傅是仙人，沉香是凡人，在这个地方要一种仙幻的感觉。怎么样找细节？演出的时候，用真的香点在那里，然后烟雾缭绕地在飘。正面光投上去是没反应的，所以我特地把正面光收掉，从后面打灯上去。人物在台上走的时候，灯一打，烟通过反投光就露出来了，完全能够看到烟在上面飘。这些细节有画龙点睛的作用，如果没有这些细节观众也不会说什么，但有了这些细节，就觉得更加细腻了，上了一个台阶。

采访人：您在1992年调到上海木偶剧团，您对木偶有怎样的感情？

翟羽：我对木偶的情感是受到这个集体的感染的。我刚去的时候，就觉得那里的员工好像对剧团有一份特殊的感情，任何人一有什么事情，只要一呼，马上就是百应。大家都把这个团当成自己的家一样。如果有什么事情我几天不去单位了，我总感觉哪里不对，应该到团里看一看。我感觉，上海木偶剧团的团队精神，在当时上海18个文艺院团里面是最好的。特别是那些女演员，人家看了以后很惊奇，你们的女演员怎么这么能干。实际上木偶演员在演员里面是最苦的那种。他们手上要拿一个几公斤重的木偶,一直举在那。所以人家说,《孙悟空三打白骨精》里面最辛苦的是谁？不是孙悟空,不是唐僧,不是妖怪,而是沙和尚,而是幕后英雄,因为这个木偶始终要举在那里,挑着担不动。他们是绝对的幕后英雄。他们在底下付出的劳动,绝对不会比其他行当的演员少。而且他们更辛苦,哪怕观众都不知道他们是谁。

采访人：木偶戏的声音处理哪些方法？

翟羽：有几种方法,一种是录音,另一种是现场配,配音的演员是在边上的。要根据具体的木偶形式来调整。如果你的木偶是杖头木偶,现场配可能更有激情。如果是戴着面具的人偶同台的,就不能现场配了。因为如果现场配的话,声音会"嗡嗡嗡",就必须要录音。

1987年,第一次剧团改革的时候,把乐团取消了,后来一直是靠音响。我1992年到上海木偶剧团的时候,已经没有乐队了。从我的角度来讲,我之前从事的话剧,没有乐队,所以我对乐队的概念是很弱的。当时有乐队的前提是上海木偶剧团有自己的剧场,就是仙乐剧场,当时的剧场是很大的,无论是台内还是台外,它都可以容得下一个乐队。后来我们到各地去演出,就没有这个条件了,有的是很大的场地,也有的是很小的场地,乐队跟着也就不行了。而且我们乐队的规模不小。到现在为止,那些老前辈们,始终有两种意见:一种是认为不应该取消乐队,还有一种就是取消乐队用录音也是可以接受的。

（采访：陈　娅　整理：陈　娅）

后记：留下一扇记忆的窗户

出版社跟我商量能不能写个后记，我发呆了许久，十多年来的一幕幕如同电影画面般闪过，个中的酸甜苦辣咸五味杂陈。有太多想表达的时候，反而不知从何说起了。

2005年年底，电台资深音乐编辑毕志光来找朱践耳（1922—2017）的音乐资料。朱践耳是我国著名作曲家，也是新中国第一代留苏学习作曲的留学生，他作曲的《唱支山歌给党听》传唱了几代人。当时我负责广播节目的数字化转存工作，看到过很多民国时期的老音乐家的作品，由于他们的资料很少，普通人对他们很陌生。当时我脑子里突然闪过一个念头，为什么不把目前还健在的老艺术家用镜头记录下来，给后人留下一份鲜活的资料呢？顺便也可以把他们手中保留的作品做数字化保存。我把想法跟时任馆领导的郭克榕、刘敬东做了汇报沟通，他们很支持。我们跟朱践耳先生一说，他也很高兴，一口答应了。最后，我们用了3—4个月的时间，把对朱践耳的口述历史采访和作品数字化全部完成了。为此我们还搞了一个小型的研讨会暨成果发布会。当时朱践耳先生推荐上海音乐学院著名音乐史家戴鹏海教授（1929—2017）在会上发言，但是他自己又不便出面去邀请。我没多想，从朱践耳家告别后直接奔到复兴路上海音乐学院宿舍去找戴鹏海教授了。老人住在一个平房里，阴暗潮湿，屋子里全是书。当我说明来意，老先生一口回绝。看情形似在气头上，果不其然，因为房子问题，他窝了一肚子火。事后得知，老先生在音乐界素以秉性刚直著称。那一下午足足谈了三个小时，终于把他说动了，我感觉自己的舌头都磨秃了一截。此后，我们成了朋友，而且第一批上海音乐家口述历史的名单也是他给开的，权威性毋庸置疑。可惜，由于家人在美国，老人赴美与家人团聚，最后终老他乡，好在他做了口述采访，他的故事留下了。

之后，我们又为闻讯而来的著名二胡演奏家闵惠芬女士（1945—2014）也做了口述和作品数字化保存工作。通过尝试为两位音乐家做口述积累的经验，我觉得可以推而广之，为更多的老艺术家做口述服务。但是，如果大面积推行，经费是个问题，我们毕竟是台里的职能部门，不是生产单位，没有专项资金可以提供支持。

2006年10月的一天晚上，我在《新民晚报》的文化版看到上海文化发展基金会刊登的资助项目启事，真是上天开眼。我对照着基金会的相关条款，觉得我们的项目可以达到资助要求。那么，以什么剧种作为开局呢？2007年正好是越剧进上海百年的大日子，以此为契机，连同戴鹏海教授开的音乐家名单，我们以《老艺术家口述历史》（越剧、音乐部分）的名义向上海文化发展基金会做了申报，没想到第一次申报就获得了通过，解了我们的燃眉之急和后顾之忧。从此，老艺术家口述历史系列项目扬帆起航了，历年来开展的项目如下：

2006年，音乐家、越剧艺术家口述历史；

2008年，老广播人口述历史；

2009年，老电视人口述历史；

2011年，音乐家、京昆艺术家口述历史；

2012年，话剧艺术家口述历史，上海科教片厂艺术家口述历史；

2013年，淮剧艺术家口述历史；

2016年，杂技艺术家口述历史；

2017年，木偶戏艺术家口述历史；

2018年,老广播人口述历史(二期),音乐家、舞蹈家口述历史(二期),沪剧艺术家口述历史,滑稽戏艺术家口述历史;

2019年,老电视人口述历史(二期),上影厂艺术家口述历史(一期)。

还有1 000余位非艺术类人士的口述采访,这里按下不表。

不知不觉间,我们已经采访了近400位老艺术家。

我们早期采访的老人,有些已经不在了。这些老人经历了岁月的风雨,在他们风华正茂的时代,以那一代人特有的吃苦耐劳、特有的聪明才智,创立了属于他们特有的辉煌。他们身上有着许多鲜为人知的故事,他们的奋斗经历对后来者,对这座城市都有着非常重要的意义。

在如今这个浮躁的年代,还是需要有人沉下心去认真做一些利在未来的事情的。这些老人的感悟和经历是时代所赋予的,在与这些老人的交谈过程中所触摸到的,则是来自于他们那个时代和当年的这座城市所独有的印记。历史需要后来者去梳理,有温度的历史真相有时并不存在于书本里,而是在人的记忆里,而人的寿命是有限的,当人逝去了,某些历史片段与细节也就消失了。历史记忆是亲历者、当事人对历史事件的回溯,口述历史在保存历史记忆方面具有其他形式文献资料无可替代的价值。

当然,口述者提供的信息也会存在误差或失真。客观而言,人的记忆会因时间久远而发生误记。原因一般可分为两类:一类是无意为之,是受个人经历、情感等影响,或因时代变迁导致后来的认识覆盖了先前的认识,从而导致口述者提供的信息失真,作为当事人不一定对此有清醒的意识;另一类则是有意为之,为了"趋利避害",在口述中着意修饰提升个人的形象,遮蔽了个人不光彩的一面。上述因素提醒我们在采访、整理、汇编口述素材时要细加辨别、谨慎对待,在定论时要多方考证确定。

人的一生,做成一件事不难,但是要把一件事做成一个事业则不容易。我们希望能将老艺术家口述历史项目打造成上海城市的文化名片，为后人留下一个鲜活的、留存着上海文化事业发展脉络的记忆库，使上海的文化历史得以延续和保存。

我不是历史学家，只能算是一个历史爱好者，机缘巧合地做了一些记录历史的活儿，既然做了，也总想把事情做好，给自己一个交代，就像阿Q先生一样给自己画一个圆圆的圆。但是，我知道人生总有遗憾，我已过了知天命之年，即将迈入六十耳顺，后续还想将其他几个剧种的老艺术家口述资料也结集出版，但是能不能实现，要看天意了。

好了，拉拉杂杂说了这些，既是坦露心迹，也是立此存照，没准若干年后让我口述这段历史时，也好有个依据。

在此郑重鸣谢李尚智先生、郭克榕女士、刘敬东先生，你们三位是上海音像资料馆口述历史工作最早的推动者；

感谢历任馆领导对口述工作的支持，感谢你们容忍我的"不务正业"；

感谢各分册的主编们，你们在日常工作之余审订几十万字的口述采访文稿，个中甘苦我深有体会；

感谢因为种种原因离开的参与者，成果中也有着你们的付出；

感谢上大社·锦珂优秀图书出版基金对这套丛书的出版提供的资助；

最后，要特别感谢上海文化发展基金会，没有你们的扶持，我们走不了这么远。

SMG上海音像资料馆口述历史工作室

李丹青

2020年5月20日